倉庫證券論

フォン・コスタネッキー 著
住友倉庫本店 飜譯
草鹿丁卯次郎 飜譯代表

明治三十八年發行

倉庫證券論

日本立法資料全集 別巻 1194

信山社

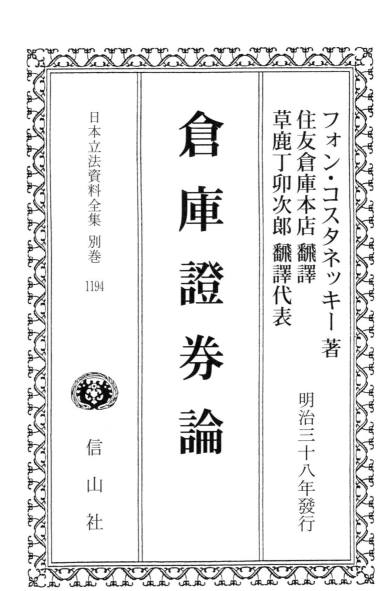

瑞西 フラヰブルヒ大學教授
フォン、コスタ子ッキー氏著
日本 住友倉庫本店飜譯

倉庫證券論

東京 合資會社 吉川弘文館發行

凡例

一本書ハ瑞西國「フライブルヒ」大學敎授ドクトル、フオン、コスタネツキー氏ノ著述ニ係ル一千九百二年伯林刊行ノ Der Lagerschein als Traditionspapier (引渡證劵トシテノ倉庫證劵)ト題スルモノヲ譯セシナリ

一倉庫又ハ倉庫證劵ニ關スル著書トシテハ「エルラ」「スカンザー」「ヘヒト」「アドレル」「レヴキー」等アリ而シテ本原書ハ就中最近發行ノモノニシテ參照資料モ亦豐富ナリ然レトモ原著者モ自ラ言フ如ク本書ハ特ニ澳國倉庫法ニ鑑ミ而シテ法律ノ方面ヨリ倉庫證劵ヲ解釋セシモノニシテ經濟ノ方面ヨリ生スル需要ハ本書ニ依リテ滿足ヲ獲ル能ハサルヘシ

一譯者ハ原書ノ一句一語ヲモ增減添削スルヲ欲セサリシナレトモ意味ヲ明ニスルタメニ意譯ニナセシトコロアリ又同一原語ニテモ前後ニ別ノ譯字ヲ下セシトコロモアリ又羅馬法中ノ原語或ハ「ワラント」抔ノ語ハ其儘ニ記セリ

一、當初我住友倉庫ニ於テ此書ヲ譯セシ目的ハ單ニ我店員ノ參考ニ資スルニアリシナリ然ルニ近來我國ニ於テ倉庫證劵ニ關スル訴訟屢々起リ法曹社會ノ議論

モ亦未タ一定スルニ至ラス是ニ於テ吾人當初ノ目的ヲ改メテ本書ヲ公刊シ一般ノ參考ニ供スルコトトセリ讀者本書ニ依リ多少裨益スルトコロアラハ我倉庫ノ本懷之ニ過キス唯譯文譯語ノ穩カナラサル所ハ幸ニ之ヲ恕セヨ

明治三十八年五月

住友倉庫本店

倉庫證券論

目録

倉庫證券論目錄終

倉庫證券論

緒論

一千八百八十九年ニ發布セシ澳國倉庫法ハ學理上ニ於テ既ニ種々ノ研究ヲ經タルモノニシテ就中「アドレル」氏ハ其之ニ關スル論文ニ於テ殊ニ明細ニ且ツ根本的ニ之ヲ論究セリ

然レトモ此法律ノ發布セラレタル爲メ更ニ深遠ナル原則上ノ疑問ハ茲ニ再ヒ攷究セラルルノ機會ヲ招ケリ蓋シ如此疑問ハ曩キニ此法律ニ均シキ特別法ノ(他國ニ於テ)發布セラレシ際ニ於テ既ニ喚起セラレシモノナリト雖モ今尚一層親切ニ攷究セラレンコトヲ欲スルモノナリ

茲ニ所謂疑問トハ倉庫證券ハ法律上如何ナル性質ヲ有スルモノナルヤト云フニ在リ而ンテ之ヲ分明ナラシメンカ爲メニハ先ツ極メテ一般ノ見地ヨリ倉庫證券ノ性質ヲ研究スルヲ要ス

倉庫證券ハ有價證券ニシテ又殊ニ引渡證券ナルコトハ今日殆ント疑問外ニ屬ス

就中「ゴールドシュミット」氏ノ其著商法論ニ於テ之ヲ論シタルアリ又其他ノ學者ニシテ同氏ノ議論ヲ是非セシ者アルモ皆倉庫證券ヲ以テ有價證券ナリ引渡證券ナリトノ解釋ヲ益々明ニシ益々確ニセリ

然レトモ學者之ヲ論スルニ當リテ或ハ有價證券カ通有スル一般ノ性質ヲ以テ立論ノ主トスルモノアリ或ハ特ニ引渡證券ノミノ有スル性質ヲ以テ主トスルモノアリ是故ニ從來學者ノ攷究シ論結セシ所ノモノヲ判斷スルニハ之ヲ明ニ差別スルヲ要ス卽チ倉庫證券ニ有價證券一般ノ性質ヲ具備スルコトハ一點ノ疑ヲ起スコトナシト雖モ引渡證券ノ性質ト云フニ就テハ多少ノ疑ヲ生シ易キヲ以テナリ

蓋シ或國ニ於テハ常ニ倉庫證券ヲ目スルニ諸種ノ相異ナレル立法及ヒ法律系統ヲ包含スル綜合制度ナリト云フヲ以テセリ是等ノ場合ニ於テ之ヲ證明スルニハ唯タ引渡證券ニ固有ノ原則ノミヲ以テシテハ盡スコト能ハサルカ故ニ更ニ引渡證券ニハ本來無關係ナル且ツ引渡證券中何レノ種類ニモ屬セサル所ノ法文ヲ引用スルヲ要ス卽チ手形法規中ノ或ルモノヲ引用セサルヘカラサルナリ吾人若シ此事實ヲ顧ルトキハ則チ如上ノ疑ヲ生スルニ至ルナリ故ニ玆ニ研究ヲ要スルコ

トハ(一)手形法上ノ法文ハ引渡證券特有ノ原則ニ對シテ本來如何ナル關係ヲ有スルモノナリヤ(二)倉庫證券ニ就テハ引渡證券ノ性質ヲ全ク破棄スヘキヤ或ハ又此場合ニ於テ引渡證券ノ性質ハ恐ラクハ一種特別ノ發達ヲ爲スモノナリト云フヲ得ヘキヤ(三)倉庫證券ハ嚴格ナル意義ニ於ケル引渡證券ノ一部ナリト論スヘキヤ又ハ其所屬外ナリト論スヘキヤニ在リ

要スルニ是等ノ點ヲ攻究スルハ倉庫證券ヲ引渡證券ナリト認ムルニ當リテ必要ノ批評ヲ下スモノナリ又他ノ一方ニ於テハ此批評ヲ下シ得ンカ爲メニ採ルヘキ方法ハ最モ確實ナルモノナラサルヘカラス此方法ニ就テハ更ニ後ニ說明スヘシ」右ニ述ヘタル手形法上ノ法文ヲ引用スルコトハ吾人ハ如何ナル倉庫證券ノ場合ニ於テモ必ス之ヲ見出スモノニ非ス唯タ全ク特種ノ國ニ限リテ存在スル倉庫證券ニノミ適用セラルルモノトス詳言スレハ倉庫證券ニ關シテ所謂一枚證券制度ヲ襲用シタル國ニ於テハ之カ引用ヲ見ス若シ又設令引用セラルルコトアルモ是レ全ク取除ノ場合ニシテ卽チ他國ヨリ襲用セシ規定トシテ特ニ引用セラルルニ過キス又之ニ關シテ所謂二枚證券制度ノ行ハルル國ニ在リテモ彼ノ手形法上ノ

法文ハ全ク一般ニ採用セラルルモノニ非ス卽チ英國ニ於テハ二枚證劵制度ハ之ト同時ニ行ハルル一枚證劵制度ニ並立スルモノニシテ而シテ英國ニ於ケル二枚證劵制度ハ手形法上ノ法文殊ニ其內最モ必要ナル償還請求(Regress)ニ關スル規定ノ爲メニ拘束セラルルコト全ク之ナキナリ

之ヲ要スルニ倉庫證劵上ニ手形法上ノ趣ヲ顯ハスハ非英國的二枚證劵制度卽チ大陸ニ於ケル二枚證劵制度ノ特色ナリト稱セサルヘカラス而シテ大陸ニ於ケル二枚證劵制度トハ卽チ一千八百五十八年ノ佛國法律ノ精神ニ據レル倉庫證劵制度ヲ以テ最モ古キモノトナシ又一千八百六十二年ノ白國法律ノ意味ニ從フモノヲ其第二ニ古キモノトナス所ノモノニシテ其他一千八百六十二年以後ニ於ケル諸國ノ制度例ヘハ一千八百六十四年「バーゼル」市ニ於テ、一千八百七十五年匈牙利國ニ於テ、一千八百七十七年「ブレーメン」市ニ於テ、一千八百七十九年「ソロッールン」市ニ於テ、一千八百八十二年以國ニ於テ採用セラレシモノヲ云フナリ又同制度ノ最終ニ採用セラレシハ前ニ掲ケタル一千八百八十九年發布ノ澳國倉庫法ナリトス尤モ一千八百八十二年發布ノ露國倉庫法ハ一枚及ヒ二枚證劵制度ノ不完全ナ

ル並用法ナルヲ以テ爰ニ之ヲ省ケリ
於是乎前ニ述ヘタル如キ所謂批評ヲ下サンカ爲メニ吾人ノ當ニ取ルヘキノ順序ハ全ク判明セリ卽チ一枚證券制度及ヒ二枚證券制度ノ關係ヲ明ニシ之ト同時ニ英國及ヒ大陸ニ於ケル二枚證券制度ノ關係ヲ明ニスルヲ要スルナリ而シテ此目的ヲ達センカ爲メニハ右ニ述ヘタル諸制度ノ其全ク純粹ナル且ツ其特色ノ儘ニテ行ハルル所ニ於テ研究スルヲ要ス之ニ反シテ例ヘハ白國法律ノ如キハ大體大陸ニ於ケル二枚證券制度ヲ採用シ之ヲ英國制度ノ意味ニ從フテ特ニ修正シタルモノナルヲ以テ爰ニハ之ニ論及スヘカラサルナリ其他二三國ニ於ケル法律規定ノ如キモ隨時斟酌變形セラレシモノハ皆全ク之ヲ除クヲ要ス
之ヲ約言スレハ先ツ冐頭ノ第一編ニ於テハ上ニ述ヘタル諸制度ヲ明ニ差別シ且ツ之ヲ對。照。比。較。スルノ方法ヲ採ルヘシ此ノ如クシテ大陸ニ於ケル二枚證券制度ヲ其他總テノ制度ニ對比シテ能ク劃然ト差別スルノ機ニ達セハ則チ之ト同時ニ本來ノ問題ニ連絡スルノ途ヲ得ヘシ蓋シ單ニ引渡證券ノミニ據レル倉庫證券ノ法規ニ背馳スルモノ、新奇ナルモノ、相異ナルモノハ大陸ニ於ケル二枚證券制度ニ

特有ノ兩性卽チ引渡證劵法ヨリ生セシ規定及ヒ手形法ヨリ生セシ規定ヲ理解スル爲メニ必要ナル方法ヲ與フルモノナレハナリ
此所謂必要ナル方法ヲ應用スルコトハ本書第二編卽チ敍述ノ部分ニ於テ之ヲ爲スヘシ而シテ之ヲ應用スルニ特ニ錯雜ナルカ如キ場合ニ於テハ吾人ハ大陸ニ於ケル二枚制證劵制度ヲ一括シテ論スルコトヲ避ケ却ツテ其個々ニ應用セラレタル場合卽チ再三述ヘタル濠國一千八百八十九年ノ倉庫法ニ定メタル倉庫證劵ヲ論シ以テ之ヲ簡易ニスヘシ

第一編　大陸ノ二枚證券制度ト其他ノ倉庫證券制度トノ關係

第一章　英國ニ於ケル二枚證券制度及ヒ大陸ニ於ケル二枚證券制度

緒論ニ於テ述ヘタル如ク諸種ノ倉庫證券制度ヲ比較論究スル方法ノ最簡易ニシテ且ツ最適切ナルモノハ先ツ英國ニ於ケル二枚證券制度ヲ大陸ニ於ケル二枚證券制度ト比較シ而シテ後チ始メテ一枚證券制度ヲ二枚證券制度ト對照スルニ在リトス

惟英國ニ於ケル二枚證券制度ト大陸ニ於ケル二枚證券制度トノ關係ヲ論スルニ當リテ豫メ確認ヲ要スルコトハ英國ニ於ケル二枚證券制度ノ起原ハ大陸ニ於ケルモノヨリモ遙カニ古シト云フコト是ナリ「エルラー」氏ノ說ニ依レハ英國ノ「ウエイトノート」(Weightnote) カ「ワラント」(Warrant) ト並ヒ行ハル、證券ナリトシテ始メテ認メラレタルハ一千七百三十三年ニシテ即チ英國ハ十八世紀ノ上半ニ於テ既ニ二種並行ノ倉庫證券ヲ有セシモノタルコトヲ知ルヘシ之ニ反シテ大陸ニ於ケル二枚證券ノ最古キモノト認ムヘキハ既ニ緒論ニ於テ述ヘタルカ如ク一千八百五十八年ノ佛國法律ニ依テ始メテ出現セシ所ノモノトス然レハ英國ニ於ケル制度ト佛國ニ於ケル制度トヲ對比スルニ其起原ニ於テ一世紀以上ノ間隔アルハ動カスヘカラサルナリ

此兩制度ノ歷史上ノ間隔カク大ナルカ如ク其由來スル所モ亦大ニ異ナレリ即チ英國ニ於ケル「ワラント」制度ハ通シテ其商業取引ヨリ漸々發生セシモノニシテ彼ノ「ワラント」ト「ウエイトノート」トノ並立スル所以モ亦實ニ之ニ外ナラス然レハ英國ノ二枚證券制度ニ就テ之ヲ視ルモ尙明ニ習慣法ノ淵源ヲ窺知スルヲ得ヘシ然ルニ此習慣法ハ近世ノ倉庫證券上ノ事ニ關シテ其造出力ヲ失ヒ了リタルノ觀アリ且ツ既ニ一千八百五十八年ノ佛國法律ニ對シテハ全ク關係ヲ有セサルナリ何者此佛國法律ハ其前者タル一千八百四十八年ノ倉庫法ニ於ケルカ如ク下モ民間ノ必要ヨリ發生セシモノニ非スシテ上ミ政府ヨリ施行セシモノナレハナリ而シ

テ人若シ佛國ニ於ケル此前後ノ法律ノ發生セシ所以ヲ强テ差別セント欲セハ卽チ一千八百四十八年ノ法律ハ國內ノ窮狀ヲ救ハンカ爲ニ發布セラレシモノニシテ從ツテ之ヲ單純ナル彌縫的法律ナリト云フヲ得ヘシ之ニ反シテ一千八百五十八年ノ法律ハ干涉ノ結果ヲ再ヒ治療センカタメニ發布セラレタルモノニシテ一千八百四十八年ノ法律ニ比セハ其商業界ノ利益ニ適ハンコトニ注意セシヤ蓋シ大ナリト謂フヘシ

儲一千八百五十八年ノ法律ノ精神ニ據レル佛國ノ二枚證劵制度ニ就テ有效ナルコトハ直チニ大陸ニ於ケル二枚證劵制度ニ就テモ亦然リト云フコトヲ得ヘシ故ニ唯此佛國法律ニ依リテ立法セントシタルモノハ直接ニ之ヲ模倣セルト否トニ拘ハラス常ニ進步セル立法ヲ以テ之ニ伴ハサル商習慣ヲ引率センコトヲ勉メ縱令商習慣ヲ斟酌セシニモセヨ尚立法ノ意思ニ從フテ之ヲ成長セシメンコトヲ期セリ

右ニ述ヘタル如クナルヲ以テ英國ニ於ケル二枚證劵制度ト大陸ニ於ケル二枚證劵制度トヲ比較セント欲スルトキハ不文法ト成文法トヲ比較シ且ツ斷エス進步

變遷スルノ法律ト一定不動ノ規矩ニ箝入セラレタル法律トノ比較ヲ爲サヽルヘカラス此ノ如ク二種ノ相異レル現象ヲ比較スルニハ不文法モ亦可成的一定ノ規矩內ニ移シテ以テ之ニ成文法ト同一ノ分母ヲ與フルヲ要スルナリ然ルニ此事タルヤ英國ノ制度ニ就テハ決シテ單純ノコトニ非ス何トナレハ英國ノ制度カ其形體ヲ作成スル所以ハ別ニ他ノ二個ノ制度ニ負フトコロ大ナレハナリ故ニ此二個ノ制度ヲ無視スルトキハ重要ノ關係ヲ充分ニ理解スルヲ得ス又吾人ハ英國ニ於ケル倉庫證券其者ヲ研究スルノ前ニ於テ必ス先ツ此二個ノ制度ヲ研究スルヲ要ス

此二個ノ制度トハ第一ニ英國ニ於ケル競賣(Auktion)ナリトス競賣トハ多量ノ貨物ヲ定時ニ公然賣買スルヲ云フ而シテ此競賣制度ハ英國ニ於テハ其沿革上倉庫及ヒ倉庫證券ヨリモ遙カ以前ニ成立シタルモノニシテ倉庫及ヒ倉庫證券ハ如何ナル性質ヲ有スヘキモノナルカヲ最初ヨリ明瞭ニ定メテ以テ其據ル所ヲ知ラシメシモノハ實ニ此競賣制度ナリ故ニ此制度ニハ特ニ注意スルヲ要ス換言スレハ英國ノ倉庫證券ハ通シテ賣買取引ニ對シテ法律上ノ補助手段ナルコト及ヒ其何故

ニ然ルヤハ唯タ競賣制度ヲ研究シテ後チ始メテ之ヲ了解スルコトヲ得ヘシ第二ニ商業仲立人ナリトス卽チ「ブローカー」「ファクトル」(broker, factor)等ト稱スルモノトス彼ノ英國ノ倉庫證券カ發達シテ引渡證券トナリシコトハ主トシテ是等仲立人ノ力ニ依リシモノナリ且ツ英國ノ二枚證券制度ニ特有ナル各個ノ證券カ合同作用ヲ爲スニ當リテ卽チ「ワラント」及ヒ「ウェイトノート」カ各趣ヲ異ニシテ流通スルニ際シテ種々ノ點ニ於テ媒介者タルモノハ實ニ此仲立人ナリ故ニ先ツ此點ニ於テハ仲立人ハ英國ニ於ケル倉庫制度ニ大ナル影響ヲ及ホスモノト云フヘシ此等重要ノ關係ハ「エーベルマン」氏ノ述フル所ニ依リテ之ヲ視ルニ卽チ彼ノ仲立人ナルモノハ賣買ヲ周旋スルノミナラス尙亦銀行ノ爲スカ如ク貸付ニ於テモ補助スルモノナリト知ルヘシ「ダマッシノ」氏ノ云フ所モ亦大要之ニ同シ爰ニ「エーベルマン」氏ノ述フル一節ヲ擧クレハ曰ク「仲立人ハ貨物賣却以前ニ於テ既ニ其價額ノ四分ノ三ヲ限度トシテ貸出ヲ爲シ之ニ對シテ「ワラント」ヲ取得スルヲ常トス而シテ「ウェイトノート」ハ尙寄託者ノ手裏ニ殘留ス其後寄託者若シ貨物ヲ賣却セント欲スルトキハ仲立人ヲシテ買主ヲ捜査セシメ之ニ「ウェイトノート」ヲ引渡スモノトス(中略)買主ハ假リニ買受價額ノ二割乃至二割五分ヲ仲立人ニ支拂ヒ仲立人ハ更ニ之ヲ賣主ニ交付ス而シテ此取引ハ仲立人ト賣主トノ間ニ於ケル計算ノ決濟ヲ待チテ始メテ終ルモノトス又買主ハ買受價額殘額支拂ノ爲メニ三十日乃至九十日ノ期日ヲ得、此期日ヲPrompt《プロムプト》ト稱ス仲立人ハ支拂期日手附金及ヒ支拂殘額ヲ「ウェイトノート」面ニ記入ス(中略)買主若シ支拂ヲ爲サヽルトキハ手附金ハ勿論貨物ニ對スル權利ヲモ喪失ス又「ワラント」ノ支拂期日ニ於テ貨物ニ附帶スル債務ノ辨濟セラレサルトキハ貨物ハ債務者ノ費用及ヒ危險ニ於テ公ノ競賣ニ依リテ賣却セラルヽモノニシテ此場合ニハ裁判上ノ方式ヲ要セサルモノトス」ト

右ニ述ヘタル如キ實狀及ヒ之ニ類似スル實狀ハ屢々之アルカ故ニ之ヲ思ヘハ「シモンソン」氏ノ論ニ賛成シテ「英國ニ於ケル二枚證券制度ノ機關全體ハ仲立人ノ一身ニ集中スルモノナリ」ト云フヲ得ヘシト雖モ然モ此制度ノ最深遠ナル法律上ノ性質ヲ發見センカ爲メニハ此等ノ實狀ニ據ルヲ以テ適切ナリト云フヲ得サルナリ蓋シ仲立人ハ自ラ賣買當事者間ニ入交リテ以テ是等ノ場合ニ於ケル關係ヲ非常ニ錯雜ナラシムルモノナリト雖モ爰ニ此制度ノ法律上ノ性質ヲ發見センタメ

ニハ實際ノ有樣ヲ簡單ノモノトシテ觀察センコトヲ要ス而シテ實際ノ有樣ヲ丁寧ニ觀察スルトキハ之ヲ簡單ニナスコトハ敢テ爲シ難キコトニアラス何トナレハ商業仲立人ノ制度ハ公然ノ競賣《オークション》ノ制度トハ異ナリテ彼ノ英國ノ倉庫ノタメ又其倉庫證劵ノタメニ歷史的根底トナルモノニ非スシテ却ツテ唯タ倉庫制度ノ更ニ發達スルタメニ甚タ重要ナル條件ナリト云フニ過キサレハナリ殊ニ又賣買當事者カ直接ニ相對シテ取引スル場合モ屢々少ナカラス又從前ヨリ既ニ之レアルヲ以テ之ニ因リテモ亦彼ノ錯雜ナル關係ヲ簡單ニスルヲ得ヘキナリ

吾人ハ更ニ進ンテ云フヲ得ヘシ上段最終ニ述ヘタル如ク賣買當事者直接相對ノ場合ニ於テ吾人ハ英國ノ二枚證劵制度ノ純然タル狀態ハ如何ナルモノナルヤ並ニ其競賣制度ト賣買取引ト自然ニ關連スル狀態ハ如何ナルモノナルヤヲ明カニスルヲ得ルナリト何トナレハ此場合ニ於テハ買主ハ手附金ヲ支拂ヒシ後ハ賣主ハ之ニ「ウェイトノート」ヲ給付シ而シテ賣主自ラハ猶豫シタル代金殘額ノ爲メニ「ワラント」ヲ所持スルノ狀態ヲ示スヲ以テナリ偖コノ「ウェイトノート」ハ如何ニシテ發生セシヤニ就テ「エルラー」氏ノ説明スル所ニ據レハ買受約束ヲ有効ナラシメ

ンカ爲メニ一部代金ノ支拂若クハ手附金ノ支拂ヲ要求セシハ一千六百七十六年以來ニシテ而シテ「ウェイトノート」ニ依リテ賣渡スハ雙方ノ要求ヲ同樣ニ調和セシナリ

倘賣主及ヒ買主カ直接ニ相對取引ヲナシ賣主ハ「ワラント」ヲ所持シ買主ハ「ウェイトノート」ヲ所持スルトセハ其詳細ナル關係ハ如何ナルヘキヤ此點ニ就テ「シモンソン」氏ノ意見ヲ尋ネント欲ス蓋シ同氏ハ此點ニ就テハ其他ノ場合ニモ應用スルコトヲ得ヘキ議論ヲ確守スルノ人ナリ卽チ其說ニ從ヘハ此場合ニ於テハ期限經過ノ前後ニ依リテ差別スルコトヲ要ス期限前ニ於テハ貨物ハ兩證券ヲ所持スル者ニノミ引渡スコトヲ得ルモノニシテ從ツテ「ウェイトノート」所持ノ買主カ若シ倉入貨物ヲ處分セント欲スルトキハ更ニ「ワラント」ヲモ取得セサルヘカラス然レトモ期限後ニ於テハ「ワラント」ノ所持人ヘ單ニ其ノ所持人タルノ故ヲ以テ貨物ヲ引渡スコトヲ得ヘシ故ニ此場合ニ於テハ「ワラント」ノミニ注意スヘク「ウェイトノート」ハ最早何等ノ効力ヲモ有セサルナリ期限前ニ在リテハ卽チ「ワラント」及「ウェイトノート」ハ並ニ有効ナリト雖モ期限後ニ至リテハ唯タ「ワラント」ノミ有効ナリ是

レ吾人カ先ツ事實上ニ於テ認識スル所ニシテ而カモ此事實上ノ認識ハ更ニ進ンテ法律上ノ說明ヲ求ムルヲ要ス蓋シ此說明ナクシテハ彼ノ事實上ノ認識ヲ充分ナラシムルコト能ハサレハナリ

右ニ述ヘタル點ニ關シ諸學說中ノ最モ有力ナルモノヲ擧クレハ(一)「ウェイトノート」ハ買主ノ爲メニ一時的所有權證券トナルモノニシテ若シ期限ニ至リテ代金殘額ノ支拂ナキトキハ「ウェイトノート」ハ事後的ニ其所有權證券タル性質ヲ失フモノトス(アドレル氏)(二)　然レハ「ウェイトノート」所持人ハ期限前ニ買入代金殘額ヲ支拂フヘキ義務ヲ有スト雖モ尙貨物ノ所有者ナリト看解サルヘシ(シモンソン氏)(三)　故ニ「ウェイトノート」所持人ノ方面ヨリ之ヲ說ケハ彼レハ解除條件付所有權ヲ有スルモノナリト謂フコトヲ得ヘシ(ヘヒト氏)等トス

尤モ是等ノ說ニ反對ノ意見アルコトハ亦之ヲ默過スヘカラス「アドレル」氏ハ右ニ引用セシトコロニ續ヒテ曰ク「此場合(期限ニ代金殘額ノ支拂ナキ場合)ニ於テ生スル諸權利ニ關シテハ議論種々アリテ或ハ貨物ハ代償法ニ準シテ「ワラント」所持人(賣主)ノ所有權內ニ復歸スルモノナリト謂フアリ或ハ此所有權ヲ種々ナル程度ニ

於テ薄弱ナラシメ遂ニ之ヲ普通ノ質權及ヒ留置權ナリト迄謂フモノアリ」ト然ルニ此二説ヲ對照スルニ第一説ハ是レ解除條件付所有權ナルモノヲ構成センタメノ説明ヨリ生セシ結果ナルコト全然明了ナリト謂フヲ得ヘキモ第二説ハ全ク此種ノ構成ヲ破棄スルモノト謂フヘシ

「カール」氏ハ之ヲ一層明細ニ論シタリ其論ニヨレハ「ウェイトノート」ヲ以テ所有權ノ表示物ト爲シ「ワラント」ヲ以テ質權ノ表示物ト爲スコトハ是レ倫敦ノ大商業取引界ニ於ケル法律思想ト全ク背馳スルモノナリ「ウェイトノート」ハ一種ノ掛金證書(Prämienschein)ニシテ此證書ニヨリ滿期日ニ於テ代金殘額(Saldo)ヲ支拂ヒ以テ彼ノ「ワラント」ノ形ニテ流通スル貨物ヲ引取ルノ權利ヲ生スルモノナリ「ウェイトノート」ハ其記載貨物ニ就テノ所有權ヲ代表スルモノニアラサルコトハ例ヘハ恰モ定期取引ノ株式百個ニ對スル證據金證書カ此株式百個ノ所有權ヲ代表スルモノニ非サルト同一ナリ」ト然ルニ此見解ノ是非ヲ判斷センタメニ正當ナル見地ヲ與フルモノハ又實ニ「カール」氏自ラノ所説ナリトス同氏ハ普通學問上ノ解釋殊ニ「ダマッシノ」氏ノ所論ニ反スル見地ニ立チ而シテ「著大ナル倫敦ノ商業家ノ書信報告

ヲ論據トセリ」即チ爰ニ事ニ慣レタル一商人アリト假定セヨ今日ハ定期ニテ株式百個ニ對スル證據金證書ヲ取得シ而シテ明日ハ當月限ニテ支拂フヘク且ツ其支拂濟ミノ上始メテ受取ルヘキ荒鐵一百「セントナー」ニ對スル「ウェイトノート」ヲ取得セリ此場合ニ於テ此商人ハ能ク證據金證書モ「ウェイトノート」モ同一部類ニ記帳スルヲ得ルニアラスヤト然レトモ此問題ハ法律學者ニ對シテハ大ニ其趣ヲ異ニスルハ勿論ナリ蓋シ法律學者ハ實際ノ取扱ニヨリテ誘惑セラル、事ナク且ツ又此等制度ノ歴史的濫觴及ヒ此濫觴ニ依リテ定メラレタル其法律上ノ性質ニ注意スル者タルヲ要スルナリ即チ法律學者ノ方面ヨリ之ヲ觀ルニ「ウェイトノート」ハ倉庫證券ノ部類ニ計入セラル、モノタルコト勿論ニシテ「ワラント」ト共ニ合シテ或ル一體ヲ現ハスモノナリ故ニ此「ウェイトノート」ヲ證據金證書ノ定義ノ下ニ屬セシメントスルコトハ倉庫證券ノ歴史ニモ亦其引渡證券タル性質ニモ反スルモノト謂フヘシ茲ニ「ウェイトノート」ト證據金證書トノ相異ナレル一要點ヲ摘記センニ一般ノ引渡證券又殊ニ倉庫證券ト離ルヘカラサルモノハ實ニ物權的効力ナリトス尤モ此効力ハ各國其法律ヲ異ニスルニ從フテ輕重アリト雖モ通シテ之レアラサルハナシ之ニ反シテ彼ノ證據金證書ニ就テハカヽル物權的効力ヲ發見セント欲スルモ一ツモ據ル所ナシ實ニ極微ノ根據モ之レナキナリ此一點ニ就テハ後段更ニ詳論スル所アルヘシ

此ノ如クニシテ「ワラント」及ヒ「ウェイトノート」ノ並行作用ヲ解決スルニ所有權ノ定義ヲ標準トナスコトハ目下最モ有力ノ議論ナリト認メサルヘカラス或ハ時トシテ質權若クハ留置權ノ意味ノ加味セラルヽカ爲メ多少薄弱トナルコトアリト雖モ然カモ之レカ爲メ其性質上決シテ衝突背馳スルモノニ非ス縱令時トシテハダルロー」氏ノ出版ニカヽル一千八百五十八年發布佛國法ノ理由書ニ於テ述ヘタルカ如ク「ウェイトノート」單獨トシテニハ非ラサレトモ「ウェイトノート」ト「ワラント」トヲ合シテ以テ期限前ニ於ケル所有權ノ表示物ナリト論スルモノアリト雖モ然カモ該理由書ノ一節ニヨレハ「此二個ノ證券ハ合シテ寄託者ノ所有權ノ表示物ヲ組成ス……此等ノ證券ハ其代表スル貨物ノ所有權ノ單純ニ且ツ無條件ナル移轉ヲ爲ス」トアリ畢竟スルニ此議論トテモ特ニ「ウェイトノート」ヲ以テ期限前ニ於ケル所有權表示物ノ一面ナリト謂フナリ卽チ解除條件付所有權トシテ論ス

ルモノニシテ是レ實ニ英國ニ於ケル二枚證券制度ニ關シテ最モ有力ナル意見ヲ最モ明ニ代表スルノ議論ナリ

之ニ反シテ吾人若シ眼ヲ轉シテ大陸ニ於ケル二枚證券ノ制度如何ヲ觀ルニ殊ニ其歴史上ノ本源タル一千八百五十八年發布ノ佛國法律ヲ觀ルニ其事情全ク異ナルモノアリ第一ニ大陸ニ於テハ二枚證券制度ハ競賣及ヒ商業仲立人ノ如キ他ノ制度ニ依附スル所ナキナリ

尤モ佛國ハ一千八百五十八年五月二十七日ニ於テ相關連セル二法律案ノ理由書即チ第一ニ倉庫寄託物ニ關スルモノ第二ニ貨物ノ卸賣的競賣ニ關スルモノヲ公ニシ次テ此倉庫法及競賣法ノ二法律ハ相關連スル法律ナリトシテ之ヲ一括シテ發布シ學者モ亦之ヲ一題トシテ論シタリシコトハ事實ナリ然レトモ是等ノ關係ヲ以テ直チニ佛國ノ競賣制度ハ英國ニ於ケルカ如ク倉庫ニ對シ從ツテ又倉庫證券ニ對シテ確固タル基礎トナルモノナリトハ決シテ認ムルヲ得ス獨リ基礎トナルモノニアラサルノミナラス却ツテ佛國ニ於テハ競賣法ハ倉庫法ノ結果ナリト看做スヲ至當トス一千八百五十八年四月三十日ノ法典編纂委員ノ報告ニ曰ク「競

賣ニ關スル法律ハ質入證券《ワラント》ニ依ル借入ニ關スル法律ヨリ生セシ自然ノ結果ナリ而シテ此二法律間ニハ實際上ノ連帶關係アルナリ何トナレハ先ツ第一ニ貨物ニ依リテノ借入ヲ容易ニシ而シテ後チ此等貨物ノ處分ヲ大ニ單純ニ且ツ經濟的ニ爲シ又債務者ノ責任ノ消滅ヲ容易ナラシムルコトヲ要スレハナリ」ト

之ニ均シク佛國ノ倉庫法ハ英國ニ於ケルカ如キ意味ニテ商業仲立人若クハ其他商法ニ述ヘタル媒介者例ヘハ佛國ニ於ケル仲立人(Commissionaires)ノ制度ニ倚頼スル所アリト云フコトモ亦之ヲ否認セサルヘカラサルナリ

「ソーゾー」氏ノ説ノ一節ヲ讀ムトキハ之ニ反對ナルカノ如キ觀アリ其所説ニ據レハ「吾人ハ仲立人ハ質入證券取引ノ重要ナル且ツ恐ラクハ唯一ノ要素タルヘキモノナリト謂フ(中略)即チ貨物ハ通常二三ケ月間保管セラル、ヲ以テ仲立人ハ此期間ヲ利用シテ證券ノ取引ヲ爲シ即チ無限ニ幾度モ其取引ヲ重ヌルナリ……他方ニ於テ取引者ハ質入證券ニ其名ノ記載セラル、コトヲ欲セス……設令ヒ諸取引者ハ此方法ニ依リ賣却質入ヲナスノ必要アルコトヲ信スル場合ト雖モ自己ノ名ヲ表ハサスシテ其依頼スル仲立人ノ名ヲ以テ之ヲナスナリ」ト然ルニ更ニ「ソーゾー」氏ノ説ヲ追讀スルトキハ同氏ハ上ニ引用セシ箇所ニ於テ佛國ニ於ケル仲立人ノ實際ノ仕事ハ之ヲ眼中ニ置カスシテ却ツテ佛國ノ事情ヨリモ寧ロ英國ノ事情ニ適シタルカ如キ抽象的理想ヲ立テシモノタルヲ知ルヘシ卽チ其説ニ曰ク「一千八百七十年八月三十一日發布ノ法律(此法律ニヨリテ倉庫業者ハ其保管貨物ニ對シテ自ラ貸付クルノ權ヲ得タリ)以前ニ於テハ三種類ノ人ヲ必要トセリ卽チ(一)倉庫營業者(二)銀行業者(三)商人是レナリ而シテ商人トハ通常仲立人ニシテ商品ノ集散ニ從事スルモノナリ然ルニ一千八百七十年ノ法律以後ハ單一ノ管理者ニテ倉庫業ト金融作用トヲ兼ヌルコトトナリ又之ヲ完全ニセンカ爲メニハ此二營業ニ加フルニ第三ノモノ卽チ仲立ナルモノヲ附加スルヲ要ス」ト又更ニ數ケ條ノ積極的提案ヲ爲シ其第一條ニ曰ク「商品寄託及ヒ質入證劵割引ニ關スル普通及ヒ臨時ノ用務一切ノ外更ニ特別ノ用務卽チ仲立及ヒ商品賣却ニ關スル諸事一切ニ任スヘキ特別機關ヲ要ス」ト尙其提案ノ第四條ニ於テ此所謂特別機關ノ職務ヲ説テ曰ク「此仲立機關ノ當局者ハ常ニ活斷力ヲ要スルモノニシテ商品所有者ノ指圖ニ從ヒ其者ノ計算ニテ倉庫ニ寄託セラレタル農工生產品ヲ隨意ニ

賣却スヘキモノナリ」ト

是ニ由テ之ヲ觀ルニ「ソーゾー」氏カ單ニ佛國ニ於ケル仲立人ノ特別ノ職務ノミヲ說ク所ニ於テハ此仲立人ヲ以テ一千八百七十年以前ニ於テハ貸出ヲ爲ス銀行業者ニ、又一千八百七十年以後ニ於テハ融通者タル倉庫營業者ニ對立セシメシナリ又其職務ハ一千八百七十年ノ法律ヲ廣ク解釋スル結果トシテ恰モ銀行業者ノ職務ニ均シク之ヲモ亦倉庫業者ニ依リテ補ハシメンコトハ同氏ノ冀望スル所ナリ而シテ其職務トハ結局其當時ノ寄託者ノ委託ヲ受ケ其寄託者ノ計算ニ於テ爲スヘキ賣却行爲ナリト說ケリ借此ノ如キ單ニ賣却行爲ノミヲナス仲立人ヲ以テ彼ノ貸付ヲ爲シ又賣買當事者双方ノ間ニ媒介者トシテ參加スル英國ノ商業仲立人ト比較セハ如何吾人ハ佛國ニ於ケル仲立人ノ制度ハ英國ニ於ケル制度ト大ニ其價値ヲ異ニスルヲ見ルナリソレ英國ニ於ケル仲立人制度ハ競賣制度ノ如ク倉庫證券ノ基礎ナリト云フヲ得スト雖モ然カモ其倉庫證券制度ハ仲立人制度ニ倚賴スル所アルハ吾人之ヲ明言スルヲ得ヘシ然レトモ佛國ニ於テモ亦之ト類似ノ狀態アリト云フコトハ全然否認セサルヲ得サルナリ如此論シ來レハ仲立人制度ノ狀態ハ何レノ方面ニ於テモ啻ク一貫シ「ソトゾー」氏ノ提案タル佛國ノ仲立人ノ業務ト倉庫ノ業務トヲ混同セントノ理想ハ佛國ノ立法ニ倣ヘル他ノ諸國ニ於テハ如何ナル目的ヲ以テ勸奬セラレシカヲ知ルヘシ卽チ此理想ハ佛國ニ於テスラモ唯タ極メテ僅ニ其一部ノ實行セラレシノミニシテ全部ノ實行ヲ見ルニ至ルハ前途尙遼遠ナリト謂フヘシ而シテ他ノ諸國ニ於テハ「其商品仲立人ノ制度カ英國ニ於ケルカ如ク蔓延セサル間ハ」（シモンソン氏ノ一節）英國ニ於テ仲立人ニ依レル業務ヲ玆ニハ倉庫自身ヲシテ執ラシメントスルニアリ

更ニ一歩ヲ進ンテ上ニ論述シタル見地ニヨリテ之ヲ觀ルニ彼ノ一千八百五十八年ノ佛國法律及ヒ其他諸國ノ法律ニシテ大陸的二枚證券制度ニ屬スルモノハ何故ニ其自然ノ結果トシテ仲立人ノ關與ヲ認メサリシカノ理由ヲ察知スヘキナリ（而シテ以上論シ來リタル關係上結局此論點ニ歸着ス）今假リニ大陸ニ於ケル二枚證券制度ニ對スル仲立人ハ英國ノ制度ニ對スルト同一ノ效力ヲ有スルモノナリトセハ則チ大陸ニ於ケル法律ハ吾人カ先キニ英國ノ習慣法ヲ他國ノ法律ト比較

スル爲メニ一定ノ規矩ニ適合セシメントシテ選擇シタリシト同一ノ方法ヲ採ラサルヘカラサルヘシ之ヲ換言スレハ大陸ノ法律ハ仲立人カ兩證券(預證券及ヒ質入證券)ニ依リテ權利ヲ取得シタルモノノ中間ニ入リテ媒介周旋スル場合ヲ之アリトシテ認メサルヘカラサルヘシ又法律ハ媒介者ナクシテ雙方直接ニ對立スル場合ヲ單純ナル原狀ナリトシテ彼ノ仲立人ノ關與スル場合ヲ此原狀ヲ複雜ナラシメシ修正狀態ナリト記述スルヲ要セシナルヘシ然レトモ實際ニ於テハ之ニ反シテ仲立人ノ効力ハ大陸ニ於テハ英國ニ於ケルヨリモ遙カニ微弱ニシテ法律モ亦爰ニ述フルカ如キ處置ヲ要セス單ニ雙方當事者ヲ直ニ關係スルモノトシテノミ規定シ上ニ所謂單純ナル原狀ニ就テノ規定ノミニ限ルコトヲ得シナリ

大陸ニ於ケル二枚證券制度ノ原狀卽チ上ニ述ヘタル單純ナル原狀ナルモノノ詳細ナル性質ニ就テ第一ニ確定スヘキ點ハ倉庫營業者カ貨物ノ寄託者ニ對シ二通ノ證券ヲ發行スルコトトス一千八百八十九年澳國倉庫法ノ用語ニ從ヘハ一通ヲ「ラーゲルベジッツシャイン」(占有證券又ハ預證券)ト云ヒ他ノ一通ヲ「ラーゲルパンドシャイン」(質入證券)又ハ「ワラント」ト稱ス次ニ此寄託者ハ預證券ニ依リテ當該貨物

ニ對スル所有權及ヒ其他總テノ權利ヲ讓渡スルコトヲ得ヘキモ質入證劵ニ依リテハ唯單ニ貨物ニ對スル質權ノミヲ讓渡スルコトヲ得ルモノトス

如此二重ノ讓渡ハ必スシモ之ヲ要セスシテ單ニ質入證劵ノミヲ讓渡スルヲ得ト雖モ法律ハ二重ノ讓渡ヲ以テ通則ト定メタリ而シテ之ヲ實際ニ徵スルニ左ノ如キ順序ニヨリテ行ハルヽモノトス

第一　寄託者ハ最初質入證劵ニ依リテ其質權ヲ甲ニ讓渡シ後チ叉預證劵ニ依リテ貨物ノ所有權若クハ其他ノ或ル權利ヲ乙ニ讓渡ス

第二　寄託者ハ最初預證劵ニ依リテ貨物ニ對スル或ル權利ヲ乙ニ讓渡シ(尤モ所有權ノ讓渡ヲ爲ストキハ其後チ質權ノ讓渡ヲ爲スコトヲ得サラシムヘキヲ以テ此場合ニ於テハ所有權ヲ除キタル他ノ權利トス)後チ叉質入證劵ニ依リテ質權ヲ甲ニ讓渡ス或ハ

第三　寄託者ハ質入證劵ニ依リテ質權ヲ甲ニ讓渡シ之ト同時ニ預證劵ニ依リテ貨物ニ就テノ所有權若クハ其他ノ權利ヲ乙ニ讓渡ス

若シ夫レ大陸ニ於ケル二枚證劵制度ノ原狀ヲ誤ルコトナカランド欲セハ則チ右

ニ述ヘタル三種ノ場合中何レノ場合ニ於テモ二個ノ法律行爲ヲ區別セサルヘカラス而シテ此二個ノ法律行爲ハ相前後シテ生スルコトアリ又ハ同時ニ生スルコトアリ次ニ二個ノ法律行爲ト云フハ其一ハ寄託者ト甲者トノ間ニ行ハレ其二ハ同一寄託者ト乙者トノ間ニ結ハル、モノニシテ一ハ質入證券ニ依リ他ノ一ハ預證券ニ依リテ成立スルモノトス

彼ノ大陸ニ於ケル二枚證券制度特有ノ原狀ト英國ニ於ケル二枚證券制度ノ原狀トノ根本的ニ異ナル點ハ實ニ此ニ存スルナリ卽チ前キニ英國ニ於ケル二枚證券ニ就テ述ヘタル所ヲ觀ルニ又前キニ英國制度ノ最モ單純ナル場合トシテ揭ゲタルモノヲ以テ玆ニ所謂英國制度ノ原狀ナリトシテ之ヲ觀ルニ則チ之ヲ上段ノ如キ順序ヲ以テ下ノ如ク說明スルヲ得ヘシ第一ニ寄託者ハ同時ニ賣主ニシテ貨物賣渡ノ場合ニ於テ「ワラント」ヲ自己ノ手裏ニ保有シ上段ニ所謂甲者ニ該當スル者ナリ而シテ此甲者ハ彼ノ「ウェイトノート」ヲ取得スル買主卽チ上段ニ所謂乙者ニ對シテ直接ニ取引スルモノナリ次テ甲者ハ其「ワラント」ヲ第三者丙者ニ讓渡シ得ルコトハ之ヲ否認セスト雖モ此場合ニ於テハ先ツ甲乙間ノ關係卽チ雙方間ニ行

ハレタル唯一ノ法律行爲(信用賣買)ニ着眼セサルヘカラス

之ヲ要スルニ英國ニ於ケル二枚證券制度ニ在リテハ甲ナル寄託者ト乙者トノ間ニ於ケル一個ノ法律行爲ヲ生シ大陸ニ於ケル二枚證券制度ニ從ヘハ二個ノ法律行爲ヲ生ス其一ハ寄託者ト甲者トノ間ニ於ケルモノ又其二ハ寄託者ト乙者トノ間ニ於ケルモノトス是レ即チ此二制度ヲ比較スルニ當リテ直チニ吾人ノ眼底ニ映シ來ル第一ノ現象ナリ

吾人ハ之ヲ第一ノ現象ナリト云フ固ヨリ嚴格ナル定義上ノ形式ヲ包含スルモノニアラサルコト明ナリ英國ニ於テモ亦寄託者ト甲乙兩者トノ間ニ二個ノ法律行爲ヲ生スルコトアリ(此場合ニハ寄託者ハ債務ノ爲メニ其「ワラント」ヲ甲ニ付與シ後又賣買ノ爲メニ「ウェイトノート」ヲ乙ニ付與ス)又之ニ反シ大陸ニ於テモ時トシテハ二種ノ倉庫證券ニ對シテ唯タ一個ノ法律行爲カ其基礎ヲ形造ルコトアリ(此場合ニハ寄託者ハ質入證券ヲ自ラ所持シテ甲者ノ地位ヲ兼ネ而シテ乙者ト信用賣買取引ヲ取結ヒテ之ニ預證券ヲ付與ス)此等ノ事項ハ何人モ直チニ承認スル所ニシテ殊ニ又注意スヘキコトナリトス

然リト雖モ前ニ述ヘタル現象ハ現象タルヲ妨ケスシテ兩制度ノ普通ノ狀態即チ重要ナル方針ヲ示シ從フテ之ヲ細ニ研究シ密ニ比較對照スルヲ要スルモノナリ吾人カ玆ニ兩制度ニ就テ論定シタル反對現象ハ法律上如何ナル差別ヲ包有スルヤ先ツ最明瞭ナル差別ハ英國ノ制度ニ從ヘハ甲ノ地位ニ立チテ乙ニ對立スル者卽チ賣主ノ地位ニ立チテ「ワラント」ヲ保持スル寄託者ハ乙ニ對シテハ信用付與者ナリト雖モ大陸ノ制度ニ從ヘハ同一ノ寄託者モ質入證券ヲ取得スル甲ニ對シテハ全ク反對ニ信用受取人トナルノ點ニアリトス

此差別ヲ殊ニ重視セシモノヲ「ハーヘンブルヒ」氏トス氏ハ第二十一回法學者會議ノ席上ニ於テ述ヘテ曰ク「英國ニ於テ「ワラント」ノ信用證券タル以上ハ信用付與者タル者ハ主トシテ且ツ第一ニ彼ノ貨物ヲ賣却スル所ノ寄託者ナリ此寄託者ト買主卽チ信用受取人トノ關係ハ「ワラント」ヲ論スルニ當リ最モ緊要ナルモノナリ佛國(又ハ一般ニ云ヘハ大陸)ノ質入證券制度ニ於テハ寄託者ハ信用ヲ需ムル人ニシテ彼ハ其寄託シタル貨物ヲ質入スルノミナラス實ニ彼レハ質入センカ爲メニ其貨物ヲ寄託スルナリ故ニ此制度ニ於テ重ナル點ハ此債務者ト其債權者トノ關係

ニ在リ」ト

上ニ述ヘタル差別ハ重モニ經濟上ノ差別ニシテ尙之ニ伴フテ法律上ノ差別ノ存在スルモノアリ卽チ英國ノ制度ニ從ヘハ寄託者カ信用付與者トシテノ所爲ハ何ニ職由スルヤト云フニ彼ノ賣渡取引ヲナシテ之ト同時ニ貨物ノ價格ヲ貨幣ニ換算シ其貨幣價格ヲ自己ノ財產ヘ記入シ從ッテ其貨幣價格ノ一部分ヲ猶豫スルコトヲ得ルニアルナリ之ニ反シテ大陸ノ制度ニ依レハ寄託者カ信用ヲ需ムル人トシテノ所爲ハ如何ニ之ヲ說明スヘキヤト云フニ貨物ノ貨幣價格ハ彼レ自己ノモノトスルコト能ハス彼レハ唯タ貨物ノ物體ニ關シテ命令スルコトヲ得又從ッテ貨物ノ價格ハ縱令到底彼レノ財產ニ記入スヘキモノニアラサルモ尙之ヲ融通セシメンカ爲メニハ貨物ヲ質入スルヨリ外ニ方法ナシト云フニアリ

是ニ由リテ之ヲ觀レハ上述ノ差別ハ賣買ト質入トノ反對現象ニ歸ス而シテ此反對現象ハ有名ナル學者ノ皆重キヲ置ク所ナリ「ヘヒト」氏曰ク「英國(及ヒ和蘭)ノ諸學者ハ賣買ニ關スル學說ヲ論シ佛國ノ學者ハ商業質權ニ關スル學說ヲ主トスルハ實ニ妙ト云フヘシ」ト又就中「ソーゾー」氏ハ爰ニ述ヘタル反對現象ニ就テ幾回モ繰

返シ論スル所アリ氏ハ一千八百四十八年ノ佛國法律即チ氏カ目シテ彌縫的法律ナリ御都合法律ナリト稱スルモノニ關シテ曰ク「佛國倉庫ハ專ラ擔保者ノ爲メニノミ組織セラレシモノニシテ露骨ニ之ヲ云ヘハ實ニ商業上ノ必要ヨリシテ餘義ナク設ケラレ且ツ僅ニ完全セル質屋ノ如キモノニシテ單ニ其形式ヲ異ニシタルモノニ外ナラス」ト又「ソーゾー」氏ハ謂ラク「佛國ノ倉庫カ有スル右ノ如キ性質ハ一千八百五十八年ノ法律ニヨリテ薄弱トナレリト雖モ然カモ未タ全ク消滅セズ」ト又曰ク「一千八百五十八年ノ法律ハ倉庫ニ質屋的特權ヲ附與セシ假政府ノ勅令ノ大半ヲ削除セシメタリ然カモ全ク之ヲ抹消シタリト云フヲ得ス」ト抑又佛國及ヒ之ニ類似セシ諸國ニ關シテ極メテ一般ニ論シテ曰ク「ドック組織ハ多少質屋ニ類似スルモノナリトノ偏見ヲ免カレサリシ」ト而シテ「ソーゾー」氏ハ之ニ對シテ賣買取引ト關連スル所ノ倉庫證券ノ取引ヲ以テ眞ノ理想トナシ改革ノ目的ナリトシテ更ニ述ヘテ曰ク「商業取引トハ二個ノ所爲ノ外ニアルコトナシ即チ商品ノ賣ト買ト是ナリ此二所爲ノ何レニモ屬セサル其他總テノモノハ商業取引ニ非ス從ツテ其管轄內ニ屬セサルモノナリ又權限外ノモノナリトシテ商業取引ヨリ遠ケサ

ラルヘキモノナリ(中略)故ニ質入證劵ハ主トシテ擔保借ノタメノ機具ニアラサルモノトナシ却ッテ之ヲ産物流通ノ機具トナル樣ニ誘導セサルヘカラス此ノ如クニシテ始メテ賣買ノ行爲ニ參スルヲ得ルナリ」ト此議論ニ由リテ觀レハ「ソーゾー」氏ハ明ニ大陸ニ於ケル制度ノ反對者ニシテ英國ノ制度ヲ賛成スル人ナリト云フヲ得ヘシ然レトモ氏ノ所謂改革意見ハ英國ニ於ケル狀態ト異ナル所アリ氏曰ク質入證劵カ此目的(賣買ノ機具トナルコト)ヲ達セントスルニハ商品カ一度生産者又ハ卸商ノ手ヲ離レテ倉庫(ドック)ニ入リシナラハ復前者ニ再歸ノ希望モ精神モコレ無カルヘキヲ要ス(中略)質入證劵ハ賣買行爲ノ第一歩ヲ示スモノタルヲ必要トス」ト

「ソーゾー」氏ノ謂フ所ニ從ヘハ「ワラント」ナルモノハ英國ニ於ケルカ如ク既ニ結了セシ賣買ニ依リテ生スヘキモノニアラスシテ今ヨリ後チ始メテ行ハレントスル賣買ヲ誘引スルモノタラサルヘカラス又定期ニ行ハルヽ競賣及ヒ既ニ上ニ述ヘタル彼ノ倉庫ト關係ヲ有スル仲立人ハ皆此目的ヲ補助シテ以テ質入證劵ヲシテ賣買ヲ誘引スルヲ容易ナラシムルモノナラサルヘカラス

「ソーゾー」氏ハ何故ニ直接ニ英國ノ制度ヲ採用セスシテ却ツテ其代用制度ヲ採用センコトヲ提案シタリシヤト云フニ其理由極メテ明瞭ナリ蓋シ佛國ノ立法ハ之ヲ英國ノ習慣法ニ對照スルニ其基礎トスル所最初ヨリ異ナリ卽チ賣買取引ヲ基礎トセスシテ質取引ヲ基礎トセシ故ニ此立法ノ範圍内ニ於テ忍ンテ止マラント欲スルトキハ賣買取引ニ對シテハ僅カニ後門ヲ開ヒテ之ヲ迎フルヲ得タリシヲ以テナリ

之ヲ詳言スレハ英國ノ習慣法ハ賣買取引ヲ基礎トシテ發生シ質權ノ主義ヲ全ク度外視シタリ而シテ此質權ノ主義ヲ補フニ吾人カ先キニ英國制度ノ根本主義ナリトシテ認識セシモノ卽チ解除條件付所有權ノ主義ヲ以テセリ之ニ反シテ佛國ノ立法ハ倉庫證券法ニモ純然タル質權主義ヲ採用セシヲ以テ純粹ノ英國制度ハ之ヲ除外セリ

是レ卽チ本章ニ於テ述ヘタル議論ノ歸着スル所ナリ今再ヒ之ヲ言ヘハ英國及ヒ大陸ニ於ケル二枚證券制度ノ相異ナル所ハ結局解除條件付所有權ヲ主トスルモノト質權ヲ基礎トスルモノトノ相異ナルニアリ而シテ吾人ノ前ニ細論シタルカ

如ク解除條件付所有權ハ其經濟上ノ作用ニ於テ質權ニ類似スルカ故ニ(或行爲ニ在リテハ一方ニ特有ノコトモ他ノ一方ニヨリテ之ヲ達スルヲ得)解除條件付所有權ヲ以テ所有權ナル名義ニ依リテ蔽ハレタル質權ナリト看做スコトヲ得ヘク從フテ又英國及ヒ大陸ニ於ケル二枚證券制度ノ異ナル所ハ一方ニ於テハ所有權ノ名ヲ冐シタル潜匿的質權(verkapptes Pfandrecht)ト他ノ一方ニ於テハ明示セラレタル表顯的質權(offenes Pfandrecht)トノ差異ニ過キストト論スルコトヲ得ヘシ

次ニ吾人ハ二枚證券制度ノ範圍内ニ於テ現出スル反對現象ヲ說明スル爲メニ先ツ一枚證券制度内ニ於テ現出スル反對現象及ヒ之ニ類似ノ反對現象ヲ研究シ是ヨリ彼レニ論及セント欲ス然レトモ此問題ハ第三章ニ於テ解決スルコトトシ其以前ニ第二章トシテ一枚證券制度ノ純然タル有樣ヲ述ヘ而シテ一枚證券制度内ニ於テ見ハル、反對ノ有樣ヲ示サントス

第二章　一枚證券制度及ヒ質入裏書ノ形式

一枚證券制度ヲ學理上ヨリ論究スルニ當リテハ從來頗ル便宜ナル事情アリ卽チ

引渡證券一般ニ係ル學說ヲ論スル者ハ第一次ニ船荷證券(Konnosement)ヲ論シ第二次ニ貨物引換證(Ladeschein)ヲ論シ而シテ第三次ニ始メテ倉庫證券ヲ論スルヲ普通トス而シテ此第一及ヒ第二ノモノハ一枚證券トシテ發達シタルモノナルヲ以テ從フテ一枚證券制度ノ學說ヲ論スルハ二枚證券制度ノ學說ヲ論スルヨリモ便利ニシテ且ツ完全ニ引渡證券一般ノ學說ニ適當スルナリ是故ニ又一枚證券制度タル倉庫證券ノ理論ハ骨髓ニ於テハ引渡證券ノ理論ト同一ナリトス

然レハ證券界ノ現狀ニ於ケル如ク一枚證券制度ヲ以テ特別ノ性質ヲ有スルモノナリ又二枚證券制度ト異ナリタル性質ヲ有スルモノナリトシテ論スルヲ要セハ則チ單ニ倉庫證券ヲ論題トスルノミナラス尙進ンテ船荷證券及ヒ貨物引換證ニモ論及シ以テ引渡證券一般ノ原則卽チ引渡證券理論ノ本義ヲ確定スルヲ可トス「ブルンネル」氏ハ引渡證券ノ定義ヲ說明シテ曰ク「引渡證券ハ一方ニ於テハ債權證書ナリ是レ證券ニ記載セラレタル貨物ノ引渡ニ關スル債權ノ行使ヲ目的トスルヲ以テナリ然レトモ他ノ一方ニ於テハ證券ノ讓渡ハ貨物其者ノ讓渡ヨリ生スルト同一ノ物件上ノ結果ヲ收メ得ルヲ以テ卽チ引渡證券ハ亦物權的權能ヲモ有ス

ルモノナリ」ト又詳シク論シテ曰ク「引渡證劵ハ處分證劵(Dispositionspapier)ノ一部ニシテ處分證劵中ニ於テ引渡證劵ニアラサルモノハ唯タ債務法上ノ讓渡結果ヲ生スルノミニシテ物權法上ノ讓渡結果ヲ生セス換言スレハ處分證劵トハ或ハ物權法上ノモノ(即チ引渡證劵)ナルカ然ラサレハ則チ或ハ純然タル債務法上ノモノナリ」ト

之ヲ要スルニ引渡證劵特有ノ定義トシテ缺クヘカラサルモノハ元來ノ債務法上ノ權能ト並ヒテ一種ノ物權法上ノ要素ナリトス然ルニ此物權法上ノ要素ヲ是認スルコトニ就テハ人ノ久シク踟躕セシ所ナリ

先ツ第一ニ引渡證劵ノ原始形體タル船荷證劵ニ就テ之ヲ踟躕セリ「ゴールドシュミツト」氏ハ「船荷證劵制度全體ヲ支配スル法理原則ハ單ニ債務的性質ノモノノミニアラス亦單ニ物權的ノ性質ノモノノミニモアラス却ツテ今日一般ニ是認セラレタル法文及ヒ必要ト認メラレタル法文ハ唯此二種ノ見解ヲ混用スルニ依リテノミ能ク之ヲ說明シ且ツ之ヲ設定スヘシ」ト謂ヘリ而シテ此說ハ之ニ前後シテ戰ヒタル幾多ノ議論アリテ始メテ重キヲナスナリ見ヨ學者ハ又シテモ幾度カ船荷

證券ノ權能ヲ以テ單ニ同證券カ債務法上ニ有スル效力ノミヨリ來ルモノナリト説明セント試ミシニアラスヤ(例ヘハ「ラバンド」氏)而シテ此種ノ意見ハ獨逸商法ノ討議ニ際シテモ亦明ニ述ヘラレシ所ニシテ其際物權ニ關スル條項ニ立法上ノ形式ヲ與ヘテ以テ債務法的條項ニ並置セラルヽコトハナカリシト雖モ然カモ一時之ニ論及セリ

「ニユルンベルヒ」ノ會議ニ於テ或ル學者ハ聲言シテ曰ク「船荷證券ノ交付ハ貨物ノ交付ニ等シ或ハ船荷證券ノ受取ハ貨物ノ交付ニ等シ或ハ船荷證券ノ受取ハ貨物ノ占有取得ニ等シト云フ是等ノ言ハ皆不條理ナリト信ス余惟フニ此論式ハ法律上ノ關係ヲ示スモノニアラスシテ却ツテ唯船荷證券カ通常實際上ニ於テ生スル結果ヲ言ヒ現ハスニ過キス余ノ信スル所ニ依レハ船荷證券カ有スル所ノ法律上ノ要素ヲ知ラント欲セハ寧ロ唯船主カ將來ノ船荷證券所持人ニ對シテ貨物引渡上ニ於テ負フ所ノ債務ハ如何ナル形式上ノ性質ヲ有スルヤト云フノ點ヲ攻究スルヲ要ス是レ彼ノ法律上ノ要素ハ此形式上ノ性質ニ於テノミ存スルモノナレハナリソレ運送契約ニ依リテ荷送人ハ船主ニ指圖スルニ其貨物ヲ現在又ハ將來指

名セラレタル船荷證劵所持人ニ引渡スコトヲ以テス而シテ此指圖ヲ以テ一個ノ特別契約ノ内容トナスニ當リテハ船主ハ此船荷證劵所持人ニ對シ直接ニ證書ニ於ケル片務契約ノ外ニ更ニ他ノ原因ヲ要スルコトナクシテ貨物ノ給付ヲ爲スノ義務ヲ負フナリ此ノ如ク形式上ノ債務ヨリ生スル重モナル效能ハ何ナリヤト云フニ卽チ船荷證劵所持人ハ荷送人若クハ裏書人其個人ヨリ生スル所ノ故障モ尙又其他ノ反對指圖ヲモ憂フルコトナク全ク之ニ頓着スルコトヲ要セサルニアリ是ニ因リテ權利者ハ貨物ヲ受取ル以前ニ於テ既ニ實際貨物ヲ受取リ終リタルカ如ク處置スルコトヲ得テ以テ彼ノ債務上ノ拘束ハ權利者ヲシテ一層信頼セシムルモノナリ要スルニ俗語ヲ以テ言ヒ表ハセル船荷證劵ノ受取ハ貨物ノ受取ニ等シト云フモ亦之ニ過キサルナリ然レトモ船荷證劵ノ法律上ノ性質ヲ說ク爲メニ此俗語ヲ引用セシコトハ法學者ノ誤謬ニシテ蓋シ此方法ニ依リテ彼ノ性質ヲ解釋セントコトハ今日ニ至ル迄遂シ得サリシ所ナリ且ツ將來ニ於テモ亦達スルコト能ハサルナリ」（ニュルンベルヒ會議錄―二二一七頁參看）ト

吾人ハ此有益ナル議論ニ依リテ以テ當時學者ハ所謂形式債務（吾人ハ又形式及抽

象的債務ト云フヲ得ヘシ)ナル見解ヲ引用シテ船荷證券ノ債務法上ノ權能ヲ特ニ重視シ是ニ因リテ其物權上ノ權能ヲ拒避セントト欲セシコトノ如何ニ强カリシカヲ見ルナリ

(譯者曰形式債務トハ(Formalobligation)ナル原語ヲ譯セシナリ一定ノ形式ヲ具備スルコトヲ要スル債務ヲ云フ手形ノ如キ然ルナリ又抽象的債務トハ(Abstracte Obligation)ヲ譯セシナリソレ債務契約ニ於テ明ニ其目的ヲ現ハセシモノト現ハサルモノトアリ例ヘハ賣買契約ニ於テハ賣者ハ一定ノ物體ヲ買者ノ財産ヘ交付スルコトヲ約スルタメニ買者ハ賣者ニ對シテ或ル金額ヲ拂フコトヲ約ス此場合ハ卽チ目的ヲ明示スルナリ然ルニ抽象的契約ニ於テハ之ニ反シテ其目的ヲ明示セス之ヲ具體ニセスシテ抽象的ナラシムルナリ故ニ契約ハ提供ト承諾トノ單純ナル形ニ於テ成立ス例ヘハ「余ハ甲ニ百圓ヲ支拂フコトヲ約ス」ト云ヘハ足レルナリ學者或ハ此抽象的契約ヲ形式契約ト同一視スル者アリ然レトモ抽象的契約ト形式契約トハ契約其者ハ一致スル場合アレトモ學理上之ヲ差別スルヲ可ナリトスルモノアルナリ)

然レ𪜈又飜ツテ吾人少シク之ヲ研究セハ則チ彼ノ二個ノ論點ナルモノハ共通ノ性質ヲ有スルモノニ非スシテ縱令債務法上ノ見解ノミヲ如何ニ重視スルトモ之カ爲メニ物權卽チ物件ニ關スルヿヲ不要ニ歸セシムルヿ能ハサルヲ認ムルナリ」然ルニ諸說ノ叢起セシハ何ニ由リテ然ルカ吾人若シ當時學者カ引渡證劵特ニ倉庫證劵ニ對シテ卽チ吾人カ玆ニ特ニ問題トスルモノニ對シテ如何ナル態度ヲ取リシカヲ見ルトキハ則チ之ヲ解スルヲ得ヘシ

又時トシテハ學者アリテ倉庫證劵カ現示スル所ノ債務ハ形式債務ノ性質ヲ有スルモノニ非サレトモ然カモ抽象的性質ヲ有スルモノナリト論セシコトアリ又現ニカク論スル者モアルナリ尤モ此論ハ「ゴールドシユミット」氏其他ノ學者ノ說ニ反スルモノニシテ總シテ現今行ハルル說ニ反スルモノナリ卽チ此債務ニ就テ形式的性質モ尙又抽象的性質ヲモ否認セントスルモノニ反スルナリ例ヘハ「アドレル」氏ノ如キハ殊ニ倉庫證劵ノ發行ヲ以テ是レ更改セラレタル債權ニ關係スルヿノ更改ナリト看做スヲ得ト信スルモノニシテ卽チ曰ク「余ノ考フル所ニ依レハ「ゴールドシユミット」氏ノ主唱ニ係ル現今ノ世論ヲシテ誤リテ債務ノ抽象的性質ヲ否

認セシメシモノハ證劵上ニ記載セラルル事項ナリ然ルニ倉庫證劵ノ債務ハ眞ニ抽象的債務ナルコトハ倉庫カ保證準備ナキ倉庫證劵ニ對シテモ亦義務充實ノ責任アルコトニ依リテ明カナリ之ヲ羅馬法ニ徵スルモ更改セラレタル債務ノ效力ハ更改スル所ノ債務ノ效力ニ對シテ豫定條件トナルモノニ非サルナリ」ト（「コンラード」氏經濟學及統計學年報五九卷ニ於ケル「アドレル」氏ノ「一千八百八十九年四月二十八日發布澳國法律ヲ論ス」ヲ參照セヨ）

然レトモ「アドレル」氏ノ論說ニ於テモ他ノ學者ノ論說ニ於テモ倉庫證劵ノ物件的權能ヲ否認セシモノナク又此物件的權能ハ倉庫證劵ノ效力ニ對シテ根本トナル程重要ノモノナリト云フコトヲ否認セシモノモナキナリ今日ニ於テハ債務法上幷ニ物權法上ノ要素ノ併存スルコトハ倉庫證劵論ニ對シテモ亦一般ニ引渡證劵論ニ對シテ殆ント一原則トナレリ而シテ現今熱心ニ討議セラルル問題ハ唯タ次キノ二點アルノミ即チ第一ニ倉庫證劵從ツテ又引渡證劵ヲ本來其語字實用ノ意味通リニ認定スル爲メ詳言スレハ此證劵ノ物權的効力ヲ認定スル爲メ何レカ一定ノ法律ハ十分ナル根據ヲ與フルヤ否第二ニ如何ニシテ此物權的効力ヲ法理的

ニ組織スヘキヤニアリ
今先ツ第一ノ問題ニ就テハ唯タ其第二ノ問題ヲ解釋スル爲メニ絕對的ニ必要ナル範圍ニ於テノミ玆ニ之ヲ論セント欲ス換言スレハ第一問題ノ論究ハ後ニ倍々論ス可キ「ゴールドシュミット」氏ノ引渡證劵論ノ狹小ナル出生地卽チ特ニ獨逸國ノ倉庫證劵法ニ關係スル點ニノミ限ラント欲ス
獨逸國ニ於テハ既ニ獨逸帝國商法發布以前種々ノ法律上ノ規定アリテ殊ニ一千七百八十五年ノ普國ノ勅令幷ニ普國ノ國法(Landrecht)ノ如キアリテ皆倉庫證劵ノ物權的効力ヲ十分ニ言ヒ現ハササリシト雖トモ然カモ極メテ近ク之ニ論及セリ然ルニモ係ラス此効力ハ前キニ引用セシ「ニユルンベルヒ」會議ノ一節カ證スル如ク其幾分ハ主義上ノ反對說ニ遭過シ獨逸帝國商法ノ爲メニ縱令否認セラレサリシト雖トモ然レトモ法文上ニ採錄セラルルコトナク看過セラレタリ卽チ商法第六百四十九條ハ船荷證劵カ物權的効力ヲ有スルコトヲ明記セシモ此事ハ唯タ船荷證劵ニノミ限ラレ貨物引換證ノ規定ニ就テモ倉庫證劵ニ就テモ復タ言フ所ナキナリ

是ニ於テカ盛ンニ議論ヲ生シ此ノ如キ立法ノ缺點ハ學理之ヲ補フヘキカ又第六百四十九條ノ法律原則ハ之ヲ貨物引換證及ヒ倉庫證券ニ對シテモ準用スルヲ許スヘキカヲ爭議セリ而シテ「ゴールドシユミット」氏ハ自ラ斷然之ヲ是認シタルノミナラス其後チ法律學者ノ大多數カ自說ニ左袒スルヲ見、且ツ下ニ述フルカ如キ判決ニ於テ帝國最高等裁判所モ亦自己ノ代表セシ意見ヲ是認セシ等ノ滿足ヲ得タリ然ルニ他ノ一方ニ於テ明確ナル反對說ナキニ非ラス例ヘハ「ロッシエル」氏ハ上ニ述ヘタル反對說カ「ニユルンベルヒ」會議ニ際シテ既ニ以前ニ採リタリシト同一ノ見地ニ立チタルノミナラス有名ナル法學者「フオン、エンデマン」氏及ヒ「ガライス」氏ノ如キモ皆之ニ賛同セリ

是等學者カ學理上法律ヲ研究シタリシ結果ハ自然ノ勢トシテ實際上ニ影響セリ「ヘヒト」氏曰ク「今若シ「マンハイム」倉庫會社ノ質入證劵(ワラント)カ質入ノ爲メニ提供セラルルトキハ同倉庫會社ハ其定款及ヒ普國國法ニ照準シテ質入契約ヲ締結スルモノニシテ此契約ニ於テハ割引セラレタル質入證劵ノ外ニ此質入證劵ニ記載セラレタル質物モ亦明ニ質入セラルルナリ」ト吾人更ニ之ニ追加シテ云フヲ得

ヘシ此契約ニ於テ同會社ハ質入證劵即チ倉庫證劵タル所以ノ總テノ物權的効力ヲ放棄セシモノナリト然レトモ此ノ如キ手續ヲ爲スハ獨リ「マンハイム」倉庫會社ノミニ非サルコトハ獨逸帝國銀行ノ取扱ヒヲ參照シテ之ヲ知ルヲ得ヘシ即チ獨逸帝國銀行ハ質入證劵ニ依ル貸付ニ對シ其之ヲ謝絶スル態度ヲ採ルニ當リテ通常其理由トスル所ハ貸物ニ對スル質權設定ノ爲メニハ法律上ノ規定不充分ナリト云フニアリ尤モ此事ハ吾人ノ下ニ述フル商法改正以前ノ事ニ屬ス又「ヘヒト」氏ノ言ニ據レハ「少クトモ質入人ノ破産ノ場合ニ於テハ帝國銀行ハ其貨物ニ對スル質權ヲ爭ハルルヲ得ヘキノ危險ヲ有スルモノナリ」

(譯者曰　原著者フオン、コスタネツキー氏カ上段ニ引用セシ「ヘヒト」氏ノ説ヲ明瞭ナラシメンカタメ茲ニ「ヘヒト」氏著書質入證劵論「デイー、ワラント」一千八百八十四年出版一節ヲ左ニ譯出ス

「バーデン」銀行ハ此際(倉庫證劵ニ對シテ貸付ヲナス際)下ノ如キ手續ヲナスナリ即チ「マンハイム」倉庫會社ノ質入證劵カ質入ノタメニ提供セラルルトキハ銀行ハ其定款ト「バーデン」國法ニ照シテ質入契約ヲ締結ス此契約ニ於テハ割引セラ

レタル質入證券ノ外ニ此質入證券ニ記載セラレタル貨物モ亦明ニ質入セラルルナリ此質入契約ニ於テ「バーデン」國法第二千七十六條ニ從フテ特ニ注意セラルルコトハ質物ヲ保有スルタメニ渡サルル第三者トシテ右第二千七十六條ノ精神ニ依リテ双方（債權者債務者）ヨリ「マンハイム」倉庫會社ヲ選任スルコトナリ）

是等ノ不愉快ナル危險ハ既ニ示セシ如ク新商法ニヨリテ始メテ其終ヲ告ケタリ其理由書ニ曰ク「裁判判決ハ倉庫證券ニ依レル貨物ノ物件上ノ代表ヲ既ニ現今ハ一般ニ法律上理由アルモノト認ムト雖トモ然カモ尙之ヲ十分ナラシメントスルニハ倉庫證券ノ法律上ノ効力ノ爲メニ此重要ナル條項ヲ法律ノ明文ニ依リテ確定スルヲ要スルカ如シト而シテ新商法第四百二十四條ハ實ニ此冀望ヲ充タセシナリ」此ノ如クニシテ從來ノ法律發達上ニ結末ヲ着ケタリ此結末ニ就テ吾人ハ下ノ如ク論定スルヲ得ン卽チ獨逸立法ハ結局學說ト判決トニ依リテ既ニ久シク餘義ナクセラレタル所ヲ採用シ又他ノ一方ニ於テハ從來學說ト判決トカ採リ來リタル見地ヲ是認セシニ過キス

恰モ好シ獨逸立法ノ此行動ハ既ニ述ヘタル如ク第二ノ問題ニ對シテモ亦決定ヲ

與フルモノナリ倉庫證劵ニ附與セラレタル物件的性質ヲ斷乎トシテ確執スルコト、物件的性質ハ法律上積極的ニ有効ナリト云フコトハ倉庫證劵カ據リテ以テ其實際ノ効能ヲ定ムル所以ニシテ此有効ナリト云フコトヲ確信スルコトヲ是等ハ皆此物件的性質ヲ法律上如何ニ構成スヘキヤ如何ニ證明スヘキヤト云フ第二ノ問題ヲ解答スル爲メニ堅固ナル基礎ヲ與フルモノナリ

又或ル意味ニ於テハ此問題ヲ解決スル爲メニ動カスヘカラサル根據點ノ在ルアリ即チ吾人ハ此際明ニ旣ニ先キニ引用セシ「ニユルンベルヒ」會議ノ議事錄ニ於テモ記サレタル如ク第六百四十九條(舊商法―新商法第六百四十七條)ニ據リテ立論セサルヘカラサレハナリ結局唯タ此條項ノ精神ヲ攻究スルヲ以テ足レリトスルコト明ナリ蓋シ此規定ニ從ヘハ證劵ニ依リテ貨物受取ノ權利ヲ有スヘキ者ニ證劵ヲ交付スルコトハ「貨物ノ交付ヨリ生スル總テノ權利」(舊商法)從ツテ「又貨物ニ附帶セル總テノ權利」(新商法)ヲ取得スル爲メニハ貨物ノ交付ト法律上同一ノ効力ヲ有スルナリ

此點ハ前ニ緒論ニ於テ述ヘタル「ゴールドシユミツト」氏カ論說ノ新機軸ヲ出シタ

ル所ニシテ又氏ノ創意ニ係ル引渡證券論ニ對シ自由ナル意見ノ發動セシモ此點ヲ以テ起點トス

「ゴールドシユミット」氏ノ説ニ據レハ「船荷證券取得者ハ時トシテ誤リ唱道セラルヽ如クニ證券ニ記載シタル貨物ノ所有者トナルヲ必トセス單ニ法律上ノ占有者トナルヲモ必トセス却ツテ此取得者ハ時トシテハ所有權ヲ取得スルコトアリ時トシテハ單ニ法律上ノ占有ヲ取得スルコトアリ又唯タ貨物ニ附帶スル諸權利(質權留置權)附キノ單純ナル所持權ヲ取得スルコトアリテ是レ取得者カ貨物其者ヲ直接ニ交付セラルヽニヨリテ此權ヲ得ルカ又ハ彼ノ權ヲ得ルカニ依リテ異ナルナリ(中略)是故ニ例ヘハ荷送人ノ單純ナル代理人運送取扱人問屋ノ如キハ縦令船荷證券ヲ取得スト雖モ是レ單ニ所持者(Detentor)トシテ荷送人若クハ其前者ノ法律上ノ占有ヲ繼續スルモノニシテ此荷送人ト同等ノ權利ヲ有スル者若クハ買主ハ法律上ノ占有者トシテ荷送人若クハ其前者ノ所有權モ亦法律上ノ占有ヲモ停止スルナルヘシ

是ニ由リテ之ヲ觀レハ「ゴールドシユミッド」氏ハ「貨物ノ交付ヨリ生スル總テノ權

利」ナル語ニ就テ法律カ下シタル定義ヲ十分ニ廣ク十分ニ普ク應用シ以テ直接ニ總テノ此等ノ權利ニ共通ナルモノヲ求メ卽チ此等權利ノタメ最下層ノ基礎トナルモノヲ求メテ之ニ逵セリ而シテ此共通性卽チ最下層ノ基礎ナルモノハ所持權主義(Detentionsbegriff)ナリ是ニ於テ氏ハ此所持權主義ヲ以テ其學說全體ノ基礎トナセリ何トナレハ氏ハ船荷證券ノ特性ヲ說テ謂ヘラク船荷證券發行セラレタルトキハ之ト同時ニ船長ハ「旣ニ荷送人其人ノ爲メニ貨物ヲ所持スルニ非スシテ正當ナル船荷證券所持人ノ爲メニ之ヲ所持シ而シテ船荷證券所持人ハ船長ニ依リテ之ヲ所持スルモノナリ」ト此ノ如ク氏ハ船荷證券ノ融通ハ之ヲ貨物所持權ノ融通ナリト認メ且ツ氏ハ貨物引換證ニ就テモ全ク此論ヲ準用シ次ニ倉庫證券ニ就テモ亦述テ曰ク「此場合ニ於テモ船荷證券論ニ於テ叙述セシ原則ニ從ヒ證券發行者ハ指圖サレタル受取人ノ爲メニ從ツテ又證券ノ正當ナル所持人ノ爲メニ貨物ヲ所持スルモノニシテ倉庫證券ノ流通ハ所持權ノ流通ヲ生シ又場合ニヨレハ證券ニ記載セラレタル貨物ノ占有權及ヒ所有權ノ流通ヲ生スルモノナリト謂ハサルヘカラス」ト要スルニ氏ハ同一學理ヲ以テ引渡證券ノ總テノ種類ヲ說明スルモノ

ナリ此學說ハ既ニ「ニユルンベルヒ」會議ノ進行中ニ於テ殊ニ所持權ノ定義ヲ述ヘシ所ニ於テ微シク說カレタリト雖モ就中之ヲ公然ト是認セシモノハ前ニ述ヘタル最高等裁判所ノ諸判決ナリトス其判決ノ一ニ於テハ特ニ倉庫證券ヲ引用シテ證券發行者ハ其當時ノ證券所持人ノ爲メニ貨物ヲ所持スルモノナルコトヲ述ヘタリ又他ノ判決ニ於テハ船荷證券所持人ハ船長ニ依リテ所持權ヲ執行スルモノナリトノ原則ヲ以テ積極法上ニ於ケル除外例ナリト云フコトヲ否認シ却ツテ是レ船荷證券制度ノ普通ノ性質ヨリ生スルモノナリト論シ從ツテ又裁判所カ內國船荷證券貨物引換證ニ關シテ判決スル場合ニ於テモ此原則ヲ遵奉スヘキモノナリト述ヘタリ

右ニ述ヘタル學說ハ外部ノ判決例等ニヨリテ是認セラルルノミニアラスシテ學說自ラ正當ナルコトハ形式論理ノ順序ニ依リテ明ニ證據立ツルコトヲ得ルモノニシテ而シテ此論理上ノ順序ハ絕對的必要ヲ以テ此學說ニ歸着スルナリ今若シ證券ノ交付ハ貨物ノ交付ヨリ生スル總テノ權利ノ取得ニ關シテ貨物ノ交付ト同一ノ効力ヲ有スルモノナリトセハ法律ノ規定上之ニ關スル總テノ點ニ於テモ亦

貨物其者ノ交付ニ依リテノミ生スル効力ト同一ノ効力ヲ證券ノ交付ニヨリテ生セシムルハ當然ナリ蓋シ貨物ノ交付ニヨリテ生シ且ツ法律ノ規定上是認スヘキ第一ノ効力(最少効力)ハ貨物ノ所持權ニ外ナラス而シテ所持權ハ其交付ノ瞬間ニ於テ取得者ニ歸スルモノトス故ニ證券ノ取得者ハ證券ニ記載セシ貨物ヲ所持ストノ原則ハ明ニ是認スルヲ得ヘシ然ルニ之ヲ事實ニ徵スルニ貨物ノ所持權ハ證券發行者(船長、倉庫營業者)ニ屬スルヲ以テ證券所持人ノ所持權ハ船長又ハ倉庫營業者ニ依リテ行ハルヽノミ換言スレハ船長又ハ倉庫營業者ハ證券所持人ノ爲メニ所持スルニ外ナラス故ニ常ニ所持權ニ於ケル一種ノ代理ト認メサルヘカラサルナリ

此論理順序及ヒ此學說全體ヨリ自然右ニ述ヘタル如キ結論ヲ生シタルニモ拘ハラス尙此學說ニ對シ全然滿足ヲ表スルニ先チ一個ノ問題ノ解決セサルヘカラサルモノアリ而シテ此問題ハ既ニ「ゴールドシユミット」氏ノ所說及ヒ之ニ賛同スル學說ノ謂フ所ニ從フモ亦解決ヲ要スルモノナリ玆ニ吾人ノ特ニ謂フ所ノ問題トハ單ニ所持權主義ノミヲ唱道シ以テ能ク引渡證券ニ關スル總テノ現象ヲ理解ス

ルニ足ルヤ或ハ所持權主義ニ歸着スル諸學則ハ尚修正ヲ要スルモノアリヤト云フニ在リ之ヲ換言セハ爰ニ吾人ノ論セント欲スル問題ハ吾人カ今「ゴールドシユミット」氏ノ引渡證券論ノ基礎ナリト稱スル所持權主義ハ同氏ノ學說ニ對シテ唯一ノ根本的主義トシテ有効ナルヘキカ將タ或ハ自餘ニ第二ノ根本的主義ヲ要スルヤト云フニ在リ

蓋シ第二ノ代用原則ヲ以テ正當ノモノナリト稱セサルヘカラスト云フコトアルハ疑ナキ所ニシテ之ヲ正當ト認ムルコトハ著名ナル學說中ニ於テ特ニ所有權主義(Eigentumsbegriff)又所有權主義ト所持權トノ關係ヲ論スル總テノ場合ニ於テ然ラサルヘカラサルナリ

第一如上ノ研究ヲ爲スニ當リ茲ニ頗ル奇態ノ觀ト云ハサルヘカラサルハ此研究中ニ於テ一方ニハ占有權及ヒ物權ノ總テノ種類(所有權ヲモ含ム)ヲ所持權ニ附隨セシムルカノ如キ學說ヲ述ヘ而シテ他ノ一方ニ於テハ齊シク此研究ノ結果トシテ此所有權ハ占有權ニ反對シ又他ノ物權ニ反對シテ彼ノ所持權ヨリ分離シ從ツテ又所持權ノ諸狀態ト連絡ヲ缺キタル自己特有ノ進路ヲ取ルノ場合アルヲ示ス

コトニ在リ

所有權ノ所持權ヨリ分離スルコトアルハ如何ナル場合ナルヤト云フニ殊ニ其著シキハ所持權ニ於ケル代理人カ不當ノ占領者ノタメニ壓制セラル丶場合トス例ヘハ船長ガ海賊ノタメニ又ハ倉庫營業者カ貨物ヲ倉庫ヨリ竊取スル盜賊ノタメニ壓制セラル丶時ノ如シ何トナレハ此場合ニ於テ代理人ノ所持權ハ停止セシナリ故ニ被代理人ハ代理人ニ依リテ所持ストモ尚又總シテ被代理人カ續ヒテ所持ストモ云フヲ得サルヲ以テナリ然ルニ所有權ニ因リテ裏書セシ船荷證券及ヒ倉庫證券ヲ讓受ケ取得シタル者ハ縱令貨物ハ既ニ竊取セラレタル後チナリト雖モ此竊取セラレタル貨物ニ對シテ所有權ヲ取得スルモノトス故ニ彼レハ所持權ナキ所有權卽チ貨物ト分離シタル所有權ヲ取得スルナリ而シテ此說ハ諸學者ノ特ニ重視スル所ナリ

然ルニ所有權ハ所持權ト連絡ヲ缺キタル自己獨特ノ道途ヲ進ミ得ヘシトノコトハ總テ學者ノ屢々論スル所ニシテ而カモ所有權裏書ノ場合ニ於テ所有權ノ移轉ハ所持權ノ關係如何ヲ顧ルコトナク所有權單獨ノ規定卽チ一種特別ニ發達セシ

所有權ノ規定ニ從フテ見ハル、モノナリト論スルノ場合ニ於テ然ルナリ蓋シ一種特別ニ發達シタル所有權ノ規定トハ「手ハ手ニ渡ス」(Hand wahr Hand)ト云ヘル原則ノ意味ニ於テ發達シタルヲ云フナリ尚下ニ論スル所ヲ見ヨ

(譯者曰「手ハ手ニ渡ス」トハ往時獨逸ニ行ハレシ法律上ノ俚諺ニシテ Hand wahre Hand ヲ譯セシナリ此俚諺ハ Hand muss Hand wahren (手ハ手ニ渡スヲ要ス)又ハ Wo Jemand seinen Glauben gelassen hat, da muss er ihn wieder suchen(人ハ其信用ヲ與ヘシ其處ニ於テ再ヒ之ヲ求メサルヘカラス)ト皆同一ノ意味ニシテ卽チ

他人ニ貸與シ又ハ質入シ若クハ返付ノ約束ニテ委ネシ物件ハ唯此人ニ對シテノミ其返還ヲ請求スルコトヲ得何トナレハ唯此人ノ手ニ於テノミ其受取リシ物件ヲ與ヘシ人ノ手ノタメニ保護スルノ義務アレハナリ

ト謂フニアリテ要スルニ當該物件カ不法ノ方法ニヨリテ第三者ノ手ニ屬スルコトアルモ所有權者ハ此第三者ニ對シテハ所有權ヲ行使スルヲ得ス但シ所有權者ヨリ物件ヲ受取リシ人ニ對シテハ債權ヲ主張スルヲ得ルナリ)

「ニユルンベルヒ」會議中特ニ船荷證券ニ關スル場合ニ於テ證券ノ流通ヲ成ルヘク

安全ナラシメンカ爲メニハ眞ノ所有者カ證券ニ就テノ權利ヲ行使スルコトハ之ヲ制限スルヲ以テ實際ノ取引上ノ必要ナリト明言セラレ而シテ此必要ニ應スルタメニ善意ノ船荷證券所持人ニ對シテハ最早所有權ヲ行使スルコトヲ得ストノ規定ヲ設ケラレタリ又之ニ類似スル理由ニ依リテ船荷證券及ヒ一般ノ引渡證券ノタメニ他國ニ於テモ習慣法及ヒ成文法ノ規定ヲ設ケテ不正ナル裏書人ノ所有權裏書ハ勿論盜賊ノ所有權裏書ト雖モ明カニ之ヲ是認セリ

此實際上ノ發達ニ續クニ學理上ノ見解ヲ以テセリ「ニユルンベルヒ」會議ノ議事錄中證券所持人ノ權利及ヒ其効力ニ付テ論シタル同一ノ個所ニ於テ「手ハ手ニ渡ス」ノ原則ヲ述ヘタリ而シテ之ニ關スル著述ニ就テ之ヲ觀ルニ是等著述ハ皆此原則ヲ金科玉條トナスモノナリト謂フヲ得ヘシ殊ニ自然ノ結果トシテ舊商法第三百六條新商法第三百六十六條ハ此原則ヲ貨物ニ應用セシモノニシテ常ニ主トシテ引用セラル、所ナリ然レトモ「證券ニ對スル權利」ノ保證ハ「貨物ニ對スル權利」ノ保證ト分離スヘカラサルモノナルカ故ニ又手形條例第七十四條ハ舊商法第三百五條第一項即チ新商法第三百六十五條第一項ノ連絡上之ヲ度外視スルコトヲ得ス

從フテ貨物ニ對スル權利及ヒ證券ニ對スル權利ニ關スル事項ハ同一ナルヤ又ハ不同一ナルヤノ疑問ヲ生スルナリ

今以上總テノ點ヨリ結論セシモノアリ其結論ハ或點ニ關シテハ其範圍非常ニ廣キモノナルカ如シ殊ニ所有權ヲ分離スルニ就キテ之ヲ見ルニ直ニ彼ノ所持權主義ヲ基礎トセシ引渡證券論ヲ駁擊セシモノアリ其駁擊ノ理由トスル所ハ此理論ノミヲ以テシテハ海賊ニヨリテ取去ラレタル貨物ニ對スル所有權ノ取得ヲ說明スル能ハスト云フニ在リ又所有權ヲ所持權ヨリ分離スルコト及ヒ所有權ニ伴フ諸關係カ所持權ニ伴フ諸關係ヨリ不羈獨立ニ發達スルコトニ就テ之ヲ見ルニ上來述ヘタル事實ニ顧ミテ引渡證券論ヲ以テ所有權讓渡論ノ一種トナセシモノアリ是レ引渡證券ニ依リテノ權利ノ取得ハ一種ノ所有權取得ニシテ然カモ現今ノ商習慣法ニ依リテ形成セシ單純ノ場合ナリト認メサルヲ得スト云フナリ換言スレハ所有權主義ヲ以テ引渡證券制度カ據リテ立ツ所以ノ絕對的根本ノ主義トナスヲ期スルナリ

然レトモ此問題ノ總テノ方面何レニ向ツテモ能ク適當セシメントセハ此ノ如

キ過激ナル結論ヲ必トセサルナリ尤モ前ニ述ヘタルカ如キ諸事情ハ單ニ所持權主義ヲノミ論據トナス引渡證劵論ノ獨リ能ク解釋スル所ニアラス然レトモ亦之カ爲ニ目下學者ノ唱道スル引渡證劵論ヲ排斥スヘキニアラス此引渡證劵論ハ諸種ノ點ニ於テ滿足ヲ與フルモノニシテ之ヲ唯其所持權ヲ論據トナストノ故ヲ以テノミ排斥ヲ可キニアラス亦同一ノ理由ヨリシテ引渡證劵論ニ反對セシ全然新奇ナル所有權主義ノ說ヲ造出スヘキニモアラス却ツテ是等ノ事實ノ關係ヲ考察スルニ引渡證劵ノ場合ニ於テハ所持權主義ト相並テ所有權主義モ共ニ行ハレ而シテ所有權主義ハ次ノ如キ二點ニ於テ獨立ノ作用ヲ顯ハスモノト謂フヘシ即チ

(一)　所有權主義ノ所持ノ事實ト分離スル場合トス蓋シ所有權主義ハ獨立不羈ノ動力ヲ有シ此動力ハ引渡證劵ノ時ニ於テノミ發顯スルモノトス(二)　所有權主義ハ取引上ノ需要ニ隨フテ「手ハ手ニ渡ス」ノ原則ヲ頗ル有益ナル方ニ修正セント勗ムル場合トス蓋シ總テ所有ノ狀態ヲ通シテ最モ共通性ノ進化力ノ存スルヲ以テ彼ノ所有權主義モ亦此進化力ニ從フモノナリ簡單ニ之ヲ約言セハ現今行ハルヽ學說ノ所謂所持權主義ハ引渡證劵制度ノタメニ一個ノ根本的主義ナリ而シテ此

主義ト相並ンテ尚第二ノ根本的主義アリ之ヲ所有權主義トス即チ此論定ニ依リテ事情ヲ明カニスルヲ得ヘシ偖此論定ハ實際ノ現象ニ依リテ確證シ得ルヤ此ノ如ク所有權主義ノ所持權主義ト合併スルコトハ實際證明シ得ルヤ此二主義ノ合併ハ特發ニ非ス例外ニ非ス普通引渡證券ニ固有ノ二個ノ根本的主義ノ合併ナリ引渡證券制度ノ原則ナリトシテ生スルモノタルコトニ對シテ特ニ證明シ得ルヤ是等ノ問ニ對シテハ明ニ然リト云ハサルヘカラス而シテ之ニ必要ナル證據材料ハ再ヒ之ヲ引渡證券論ノ學說ヨリ採ルヲ得ヘシ

何トナレハ是等ノ學說ニ於テハ徹頭徹尾次ノ如キ原則發表セラルルヲ以テナリ即チ(一)裏書ノ連續ニ依リテ權利ヲ得タル引渡證券所持人ハ所有權讓渡ノ意志ヲ以テ該證券ヲ交付セラレタルトキニ限リ始メテ該貨物所有者トシテ十分確實ナル地位ヲ得ルナリ(唯爰ニ述ヘタル豫定條件ニ從テ始メテ所有權ノ所持權ヨリ分離シ及ヒ「手ハ手ニ渡ス」ナル原則ノ意味中ニ於テ所持人ノ權利ヲ强固ニスルニ至ルナリ)(二)然ルニ又其他ノ總テノ場合ニ於テモ引渡證券所持人カ貨物所有者ト推定セラルヽコトアリ即チ裏書アル證券ノ交付カ占有權讓渡ノ爲メカ或ハ其

他所有權ニ關係セサル權利ノ交付ノ爲メニ(例ヘハ質權者、受任者、問屋等ヘ對シテ)ナサル、場合ニ於テモ證券發行者ニ對シテハ裏書ニ依リテ所有權ハ讓渡セラレタルモノナリト假リニ推定スヘキナリ而シテ此推安ヲ無効ナラシメントセハ反對者之ヲ立證スルヲ要スルナリ

上ノ原則ノ一般ニ是認セラル、コトハ引渡證券一般ニ關シ及ヒ其三種類各自ニ關スル論説ノ多數ニ徵シテ之ヲ知ルヲ得ヘシ然レトモ爰ニハ唯單ニ倉庫證券其者ニ付テノ議論殊ニ茲ニ論題ニ選ハレタル一枚證券制度ヲ主義トスル倉庫證券ニ關スル議論ヲ述フル丈ニテ足レルナルヘシ故ニ茲ニハ次ノ説ヲ記載スルニ止メント欲ス即チ「カール」氏ハ一枚證券制度ヲ論スルニ當リテ曰ク「ワラント」ノ所持人ハ商習慣ニ從ヘハ其貨物ノ所有者トシテ是認セラルルナリ」ト又「ヘヒト」氏ハ彼ノ一枚證券制度ニ算入スヘキ和蘭ノ「オントワングセヅール」ニ就テ同一ノ見解ヲ下シテ該證券所持人ハ會社ニ對シテハ所有者トシテ有効ナリト報告ス同氏又曰ク「裏書連續ニ依リテ權利ヲ得タル「ワラント」ノ所持人ハ通常又貨物ノ所有者タルヘシ所有權ノ訴訟(Vindikation)ニ於テ相手方ハ其反對ノ主張ニ對シ證明ノ義務ヲ

有ス」ト

既ニ是等著述ノ拔粹ノ示スカ如ク玆ニ論題トナル權利ノ成立ハ恰モ其ノ權利ニノミ關スルヨリモ一層廣キ範圍ヲ有スル或ル法規ニ依リテ卽チ引渡證劵ニ關スルノミナラス總シテ裏書シ得ヘキ有價證劵ニ關スル法規ニ依リテ說明スルヲ得ヘキカノ觀ヲ呈ス蓋シ彼ノ引渡證劵所持人ハ貨物所有者トシテ推定セラルル事及ヒ此推定ハ順序正シキ裏書連續ナル豫定條件ニ依リ彼ノ證劵發行者ニ對スル關係ニ於テ有効ナリトノ事此點ハ諸種ノ裏書シ得ヘキ有價證劵ノ所持人ハ全ク同一ノ豫定條件ノ下ニ又等シク發行者ニ對スル關係ニ於テ證劵ノ所有者ト認メラルルノ事實ニ適合スルカ如ク見ユルヲ以テナリ

此外見ハ獨逸商法及ヒ獨逸手形條例中ノ重要ナル規定ヲ參照スルトキハ一層確認セラルルモノナリ卽チ獨逸手形條例第三十六條第一項ニ曰ク「裏書アル手形ノ所持人ハ其裏書カ自己ニ至ルマテ連續スルトキハ之ヲ手形ノ所有者ト認定ス」ト而シテ此規定ハ新商法第二百二十二條第三項ニ依リテ株式ニ又舊商法第三百五條第一項及ヒ新商法第三百六十五條第一項ニ依リテ他ノ裏書シ得ヘキ指圖證劵

就中船荷證券、貨物引換證券、倉庫證券卽チ引渡證券一般ニ準用セラレタリ要スルニ獨逸商法ノ意味ニ從ヘハ推定ハ證券所有權ノ利益ノ爲メニ特ニ引渡證券ニ付キ有効ナリ然レハ益々此證券所有權ノ推定ト貨物所有權ノ推定トノ間ニ存在スル連絡ヲ認ムヘキニ非サル乎卽チ貨物所有權ノ推定ハ證券所有權ノ推定ノ結果ナリト看做スヲ得サル乎

今之ヲ明細ニ研究スルトキハ吾人ヲシテ法律上此論定ヲ是認セシムルノ根據一モアルコトナシ尤モ貨物ハ一般ニ證券ニ附隨スルモノナリ貨物ハ證券ニ於テ表示セラレタルモノナリト考フルコトヲ得ヘシト雖トモ畢竟此言句ハ屢々誤用セラレタルモノニ過キスシテ貨物ノ交付ニ依リテ生シタル權利ニ關スル場合特ニ此權利ノ讓渡ノ場合ニ於テハ證券ノ交付ハ貨物ノ交付ヲ代理スルモノナリトノ原則ヲ俗解セシメントシテ然カモ餘リ適切ニ言表ハスコトヲ得サリシモノタルニ過キス

加之ナラス上ニ述ヘタル二個ノ推定ハ各其法律上ノ基礎ヲ異ニスルモノナリ前ニ述ヘタル手形法第三十六條第一項ノ規定ニ從ヘハ手形ノ所持人ハ順序正シキ

裏書連續ノ場合ニハ手形所有者トシテ有効ナリト云フニ在リ此規定ハ同條第五項ニ於ケル「支拂人ハ裏書ノ眞否ヲ調査スルノ義務ヲ有セス」トノ規定ト並ヒ記載セラレタル所ニシテ此第一ノ規定ニ於テモ亦第二ノ規定ニ於テモ手形ノ所持人ヲシテ正否調査ノ責任ヲ負ハシメサルヲ目的トスルコトハ共ニ明ナリ又此二個ノ場合ニ於テハ共ニ其規定スル法文ハ正否問題特ニ支拂受領ノ爲メニ正當ナルコトニ關スルモノニシテ此法文カ正否問題ヲ規定スル所以ヲ穿鑿スルニ結局債務法上ノ主義ニ依ルコトヲ示スモノト謂フヘシ而シテ縦令上述ノ諸規定カ舊商法第三百五條及ヒ新商法第三百六十五條ニ於ケルカ如ク手形以外ノ他ノ有價證券殊ニ引渡證券ノ上ニ應用セラルルトキト雖モ彼ノ債務法主義ノ色彩ハ依然トシテ存スルノミナラス實ニ此色彩ハ引渡證券卽チ又證券所有權ノ利益ノ爲メノ推定ト分離スヘカラサルモノナリ

之ニ反シテ貨物所有權ノ利益ノ爲メノ推定ハ少シク之ヲ明細ニ觀察スルトキハ則チ其物權主義ノ色彩ヲ顯ハスモノナルコトヲ知ルニ足ル之ヲ實際上ヨリ觀察スルニ茲ニ所謂貨物所有權ノ推定カ目的トスル所ハ(一)證券所持人ニ利益アル

證據手續ヲ規定スルコト(二)直接ノ質入者ヨリ所有權ノ訴訟ヲ起スコトヲ得サラシムルコト(三)所有權ノ關係ヲ(書面ニテ)確實ニスルコトニアリ而シテ此第三ノ點ハ前ニ論シタル「手ハ手ニ渡ス」ト云フ原則トハ決シテ同一ニ看做スヘキモノニハ非サレトモ(此原則ノ場合ニ於テハ實ニ間接ノ質入者ヨリ所有權ノ訴訟ヲ起スヲ得サラシムルナリ)然カモ其結果ニ於テハ此原則ニ甚タ近邇スルモノナリ
此ノ如クニシテ先キニ喚起シタル外見ハ全ク消滅ス即チ吾人カ引渡證券ニ就テ認メタル所有權ノ爲メノ推定ト裏書讓渡シ得ヘキ有價證券ニ關スル一般ノ法規トノ間就中手形ヲ中心トスル一般ノ法規トノ間ニハ細微ノ共通點ヲモ有セス要スルニ引渡證券ニ就テノ推定ハ債務法ノ性質ノモノニ非スシテ物權的ノモノタリ而シテ其物權的ノモノナルカ故ニ總テノ他ノ有價證券中ニ於テ引渡證券ノ一種特別ノ異彩ヲ放ツ所以ニシテ是亦實ニ引渡證券ノ本體要素ノ存スル所ナリ
如此性質ニ矛盾スルコトナクシテ引渡證券ヲ論セント欲セハ則チ證券所持人ハ所持權ニ併セテ縱令推定的ノモノナリト雖モ尚所有權ヲモ常ニ有スルモノナルコトモ忘ルヘカラス卽チ引渡證券ハ是レ有價證券ノ一ニシテ正當ノ順序ニヨリ

之ヲ所持スル者ハ一方ニ於テハ實際ノ積極的ノ所持權ヲ有シ同時ニ他ノ一方ニ於テハ推定所有權ヲ有スト云ハサルヘカラス果シテ積極的所持權ヲ有スルモノトセハ場合ニヨリテハ積極的占有權從ツテ又積極的物權ヲモ有スヘク又此場合ハ積極的所有權ヲモ有スヘキナリ

一層明ニ之ヲ言ヘハ引渡證券ナルモノハ場合ニヨリテハ證券所持人ニ積極的所有權ト推定所有權トヲ併セテ付與スルモノナリト解釋スルヲ要ス蓋積極的所有權ト惟定所有權トヲ併セテ付與スルト云フモ背馳ノ意味ヲ有スルモノニ非ラス積極的所有權ノ傍ラニ推定所有權ノアルコトハ決シテ全ク言フノ價値ナキニ非スシテ却ツテ推定所有權ノアルカ爲ニ恐ラクハ希望セサリシ又恐ラクハ不愉快ナル擧證ノ責任ヲ廢スルコトヲ得ヘシ尙又推定所有權ハ證券所持人ノ地位ヲ嚴重ニ圍繞スル障壁ノ如キモノナリト云フヘシ或ハ引渡證券カ種々ノ關係上ニ於テ彼ノ單獨ニテハ頗ル薄弱ナル所持權主義ヨリ生スル缺點ヲ忍ヒ且ツ時トシテ所持權ニ伴フ他ノ權利ノ有無不確實ニ惑ハサルヘカラサル時ニ於テ能ク此引渡證券ニ堅固ナル法律上ノ脊髓トモ稱スヘキモノヲ與フルモノハ實ニ推定所有權ナリ

ト云フヘシ

此脊髄ハ通常缺クヘカラサルモノナリト雖モ亦時トシテハ例外トシテ容易ニ之ヲ缺クコトヲ得ルハ敢テ怪ムニ足ラサル所ナリ今若シ證券所持人ニ附與スルニ單ニ彼ノ薄弱ナル所持權ノミヲ以テセスシテ此所持權ニ連續スル積極的權利ヲ以テスルトキ卽チ此積極的權利ハ明確ナルモノニシテ未定トカ又ハ場合ニ依リテハ等ノ意味ノ之ニ附着スルモノナキトキハ則チ彼ノ推定所有權ハ茲ニ現出スルノ餘地ヲ有セサルナリ然レトモ此ノ如キ豫定條件(積極的權利ノ確定)ハ何處ニモ必ス存在スルモノニアラサルハ勿論ニシテ例ヘハ若シ裏書ハ極メテ簡單ニシテ甲ヨリ乙ニ證券ヲ交付スルコトヲノミ示シ其讓渡ノ權利名目ハ他ノ書類若クハ事實ニ依ルニアラサレハ之ヲ知ルヲ得ス是等ノ書類若クハ事實ニ依リテ始メテ根本的契約ノ目的ヲ知リ又ハ契約當事者双方ノ意思ヲ明ニスルヲ得ルトセハ則チ此場合ニハ彼ノ豫定條件ハ之レ無キナリ之ニ反シテ裏書ハ上ニ述ヘタル如キ所謂抽象的裏書(abstrakte Indossament)ニ非スシテ事實的裏書(Konkrete Indossament)卽チ證券交付ノ事實上ノ原因ヲ含有スル裏書ニシテ讓渡ノ名目ヲ明ニ記載スル

モノナルトキハ即チ茲ニハ彼ノ豫定條件ハ存在スルナリ然ルニ通常行ハル、所ノ裏書ハ抽象的裏書ナリ又此裏書ノ固守セラル、場合ニ於テハ上ニ述ヘタル所持權主義及ヒ(推定)所有權主義ハ引渡證券ニ特有ノ二主義トシテ相並ヒテ十分ナル作用ヲ現ハスモノナリ但シ例外トシテ事實的裏書ノ示現スル場合ニ於テハ推定所有權ハ目的物ヲ有セサルヲ以テ全ク中立無効能ノモノトナリ有効能ノ主義トシテハ唯タ彼ノ占有權從ツテ又或物權ヲ構成シタル所持權ノミ存在スルモノトス上述第一ノ場合(通常ノ場合)ニ於テハ引渡證券制度ハ完全ニシテ些ノ縮少ヲモ受ケサルノ狀態ニアリト云フヲ得ヘク第二ノ場合(例外ノ場合)ニ於テハ減少セラレ薄弱ニセラレタル狀態ナリト云フヲ得ヘシ

偖此減縮セラレタル引渡證券ノ最モ多ク現ハル、所ハ何處ナルヤ此事實的裏書ニ最モ適當ナル場合ハ何處ニアルヤ

此間ニ答フヘキ場合ハ質權ニ關スル範圍ナルコト明ナリ質入裏書ノ場合ニ於テハ抽象的裏書モ亦依然行ハルト雖モ然カモ屢々原因即チ質入ノ摘要ヲ記入スルヲ常トス故ニ一般ニ之ヲ觀レハ此種ノ裏書方法ニテモ彼種ノ方法ニテモ自由ニ

ニ選フコトヲ得テ從フテ引渡證券ノ質入裏書ニハ二個ノ主ナル樣式アリ此樣式ハ大體ニ於テハ同等ニシテ互ニ對立スルモノナレトモ其主意ニ至リテハ大ニ異ナルモノアリ即チ抽象的質入裏書(Abstraktes Pfandindossament)ハ推定所有權ノ之ヲ保護スルアルヲ以テ行ハレ事實的質入裏書(Konkretes Pfandindossament)ハ自身自ラ保持スルモノトス而シテ此事實的裏書ハ裏書ノ目的ヲ事實ニ明示シテ以テ行ハルヽカ故ニ之ヲ表顯質入裏書(Offenes Pfandindossament)ト稱シ之ニ反シテ抽象的裏書ニ於テハ質入ナル目的ハ推定所有權ノ裏面ニ隱在スルヲ以テ之ヲ濳匿質入裏書(Verkapptes Pfandindossament)ト稱スルハ最モ適當ナリト謂フヘシ

此濳匿質入裏書及ヒ表顯質入裏書ノ二樣式ハ吾人ハ又之ヲ一枚證券制度ノ主義ニ從ヒテ發達セシ倉庫證券ニ就テ屢々見ルヲ得ヘシ而シテ此場合ニ於テモ亦一般ニ觀レハ二樣式ハ相對立シテ人々ハ何レカノ一方ヲ擇ヒ用キツヽアリ一枚證券制度ノ場合ニ於テ現ハルヽ所ノ上述二樣式裏書方法ノ相對立スルコトヲ論スルニ當リテ吾人ハ彼ノ二枚證券制度ノ場合ニ於テ認ムル所ノ英國制度及ヒ大陸制度ノ併行スル狀態ヲ併セテ説明セント欲ス特ニ第三章ニ於テハ英國風

ノ二枚證劵制度ハ潛匿質入裏書ヨリ發生シ大陸風ノ二枚證劵制度ハ表顯質入裏書ヨリ發生セシモノタルコトヲ說カント欲ス

第三章　英國ニ於ケル二枚證劵制度ノ本源タル潛匿質入裏書(Verkapptes Pfandindossament)及ビ大陸ニ於ケル二枚證劵制度ノ本源タル表顯質入裏書(Offenes Pfandindossament)

二枚證劵制度ノ英國ニ於ケルモノト大陸ニ於ケルモノト兩樣アルハ質入裏書ノ潛匿質入裏書及ヒ表顯質入裏書ノ兩樣アルニ基因ストスト云フノ說ハ二枚證劵制度ニ於テモ尙又質入裏書ニ於テモ其兩樣アラシムル所以ノ對象狀態同一ナリ卽チ所有權主義ノ裏面ニ潛匿スル質權主義ト自ラ明ニ表顯スル質權主義トノ反對現象ニ外ナラストノ事實ニ依リテ先ツ提論セラレシモノニシテ最初ニハ唯タ學理上ニ於テノ比較ナリシカ此比較ヨリ進ンテ事實上ノ聯絡ヲ認定スルコトヲ促セシナリ而シテ認定ヲ研究スルニ從フテ倍々歷史上ノ關係連絡ノ其間ニ存在スル

ヲ發見シ以テ種々ノ方面ニ於テ此認定ヲシテ一層確實ナラシメ遂ニ正當ノ理由ヲ有スル定論トナラシメタリ

歷史上二個ノ觀察點ノ此ニ關スルモノアリ玆ニ之ヲ差別スルヲ要ス

第一ノ觀察點ハ一枚證劵制度ノ二枚證劵制度ニ對スル關係ナリ而シテ一般ニ此觀察點ノ特徵ト稱スヘキハ二枚證劵制度ハ歷史上第二期ノモノニシテ一枚證劵制度ハ歷史上第壹期ノモノナリト云フニアリ

先ツ英國ニ於ケル有樣ヲ述ヘンニ「ウエイトノート」（秤量證）或ハ寧ロ「ウエイトノート」附キ「ワラント」（質入證劵）ト云フヘキモノハ「ウエイトノート」ノ附カサル「ワラント」ヨリモ遙ニ後ニ現ハレタルコトハ歷史上之ヲ證明スルヲ得ルカ如ク其他ノ事モ皆之ニ等シク吾人ヲシテ彼ノ二枚證劵制度ニ對立スル英國ノ一枚證劵制度ハ最モ明ニ第一期ノモノナリト論定セシムルナリ而シテ此英國ノ一枚證劵制度ハ今日ニ至ルモ尚其二枚證劵制度ト並ヒ行ハレ又今日ニ至ル迄能ク單獨ニ守株スル和蘭ノ一枚證劵制度ト種々共通ノ點ヲ有ス之ニ關シテハ特ニ「ヘヒト」氏ノ和蘭ノ一枚證劵制度ニ付テ論スル所ヲ參照スヘシ偖此制度ノ發達全體ニ付テ賣買上ノ

關係カ如何ナル勢力ヲ有スルヤヲ研究シ又「オントバンセヅール」(Ontovangcedulle)和蘭ノ倉庫證券)ノ發行ハ種々ノ點ニ於テ競賣取引ニ隨伴スルコト「オントバンセヅール」ハ總テ買主ヲ指名シ賣却濟ノ數量ヲ記載シ以テ必ス賣買取引ノタメニ作成セラル丶コト又或ル種類ノ貨物ハ「オントバンセヅール」ニ依リテノミ能ク引渡サル丶コト等ヲ記憶セヨ而シテ更ニ「ヘヒト」氏ノ言ヲ聽ケ曰ク「此事實ハ既ニ十七世紀(即チ二枚證券制度ノ發生前)ニ英國ニ於テ東印度會社カ其貨物ノタメニ行ヒシ所ト大體ニ於テ少シモ異ナル所ナシ」ト以上述ヘ來リタル所ニヨリテ曩キニ第一章ニ於テ英國ノ二枚證券制度ト賣買取引トノ關係ニ付テ論シタル所ヲ追想セハ則チ其間明ニ一定ノ進化順序ノ存スルアルヲ認ムヘシ此進化順序トハ彼ノ競賣取引及ヒ一般ニ繁忙ナル賣買取引ヲ基礎トシテ設定セシ英國ノ一枚證券制度或ハ寧ロ英蘭國ノ一枚證券制度ト稱スヘキモノニ濫觴シ進ンテ競賣取引及ヒ總シテ賣買取引ヲ目的トスル二枚證券制度即チ單ニ英國風ト稱スヘキ二枚證券制度ニ達スルモノヲ云フナリ

次ニ大陸ニ於テモ亦種々ノ點ニ於テ之ト類似ノ現象ヲ見ルナリ先ツ第一ニ佛國

ニ就テ之ヲ見ルヲ至當トス其故ハ佛國ニ於テハ一千八百五十八年ノ法律アリ且ツ此法律ハ既ニ述ヘタル如ク大陸ニ於テ二枚證劵制度ト看做スヘキ諸法律ノ先導者タリシモノナリト雖モ然カモ佛國ニ於テハ此法律以前ニ一千八百四十八年ノ法律アリテ當初ハ一枚證劵制度ヲ以テ足レリトセシモノナルヲ以テナリ白國ニ於テモ全ク之ニ均シク一千八百四十八年ノ法律ハ一枚證劵制度ヲ採用シ一千八百六十二年ノ法律ニ於テ始メテ二枚證劵制度ヲ採用セリ澳國ニ於テモ然リ一千八百六十六年六月十九日發布ノ省令ハ一枚證劵制度ナリシカ一千八百八十九年ノ倉庫法ニ依リテ始メテ二枚證劵制度ヲ襲用セリ

右三箇國ニ於テ認識スルヲ得ル進化順序ノ奇妙ニ並行スルハ人ノ屢々説明セシ所ニシテ又盛ンニ討議セラルルハ決シテ怪ムニ足ラサルナリ白國ハ勿論澳國モ亦或ル程度迄佛國ノ模型ニ倣ハンコトヲ欲セシ事實ハ明ニシテ其事實ニ照スモ一千八百四十八年ニ於テ白國ノ未タ二枚證劵制度ヲ採用セスシテ却ッテ佛國ノ一千八百四十八年ノ法律ニ倣ヒ一枚證劵制度ヲ採用セシハ元ヨリ其所ナリ然レトモ一千八百六十六年ノ澳國ノ省令ハ如何、當時佛國ハ既ニ一千八百五十八年ノ二枚證券法ヲ發布セシ後チニシテ而シテ此發布ハ一枚證券制度ノ不充分ナルカ爲メニ起リシモノタルニモ拘ラス何故ニ澳國ハ尚一枚證券制度ヲ採用セシヤ此點ハ結局誰モ皆注視スルトコロノ問題トナレリ而シテ此問題ノ答辯者トシテハ最適當ナル人ヲ得タリ卽チ一千八百六十六年ノ省令ニ參議セシ一人ナル「ノイマンスパラート」氏ノ辯明スル所ニ依レハ當時已ニ二枚證券制度モ亦議ニ上リシト雖モ却ッテ他ノ關係ノ爲メニ犧牲トナレリ他ノ關係トハ此倉庫證券ニ關スル特別省令ヲ普通商法ノ重要ナル條項卽チ一枚證券ノミヲ認メタル條項ノ範圍內ニ屬セシメントシタルカ爲メナリ「ノイマンスパラート」氏曰ク「當時ノ議事錄ノ示ス所ニ依レハ當時司法省方面ヨリ主唱セラレシ第一ノ草案(二枚證券制度ヲ發議セシモノ)ヲ採用セハ是レ獨逸諸聯邦政府ニ對シテ國際上ノ破毀ヲ意味スルモノナリト云フニアリ」ト然レトモ「ノイマンスパラート」氏ハ此理由ヲ以テ全ク批難ナキモノトハ謂ハサルナリ氏曰ク「一千八百七十七年五月十三日「ブレーメン」ノ法律ヲ見ヨ同法ハ獨逸商法トノ矛盾ヲ恐ル丶コトナク二枚證券制度ヲ採用セリ」ト而シテ氏ハ此決定ニ對シテ齊シク司法省カ主唱セシ他ノ理由ヲ提出シテ曰ク「澳國

商人ヲシテ複雜ナル制度ニハ成ルヘク接セシメサルヲ要ス」ト

右ニ述ヘタル事情ニ依リテ之ヲ觀ルニ形式上ニ於テ商法上ト一致セサルコト及ヒ縱令此不一致ハ多少疑フヘキコトナレトモ兎モ角モ不一致ノコト、是等ハ二枚證券制度ヲ公然攻擊スル者ニ便宜ナル武器ヲ得タリト雖モ然カモ此制度ヲ排斥シ又ハ其採用ヲ延引セシ重モナル理由ハ此制度ノ餘リ複雜ナルヲ恐レシカ故ナリト謂ハサルヘカラス澳國ニ於テモ亦商人社會ヲシテ繁忙ナルコトナカラシメンカ爲メニハ先ツ成ルヘク單純ナル、成ルヘク通覽シ易キ制度ヨリ始メント欲シ茲ニ佛國人及ヒ白國人カ其法律制度ヲ採用スルニ當リテ取リタリシト同一ノ針路ニシテ而カモ佛國及ヒ白國ニ於テハ頗ル損ナル迂路ナリト證明セラレタルモノヲ進ミシナリ(此點ハ「ザツクス」氏ノ批評ニ從フ)

此批評ハ縱令學者ノ皆一致スル所ニハ非サルモ然カモ學說ノ要點トスル所ニシテ卽チ二枚證券制度ヲ以テ大陸ニ於ケル發達ノ方針ナリト謂フナリ然レトモ是等ノ諸狀態ヲ觀察スルニ當リテ觀察者自カラ主觀的ノ目的理想ヲ注入スルトコナクシテハ蓋シ上ニ述フル如キ批評ヲ下スコトヲ得サルヘシ而シテ實際上證明

シ得ヘキ範圍ニ於テ之ヲ言ハント欲セハ則チ佛國、白國、澳國、ニ於ケル如ク一枚證券制度ヨリ二枚證券制度ニ進化セシコトハ屢々之ヲ目擊スルコトヲ得ヘシト雖モ之ニ反シテ二枚證券制度ヨリ一枚證券制度ヘノ進化ハ蓋シ何處ニ於テモ見出スコトヲ得サルナリ又精々一枚證券制度カ最初ハ均シク第一期ニ屬スルモノトシテ採用セラレシモ其後依然トシテ唯其狀態ヲ保持スルノ國土アルヲ見ルヲ得ヘシ此ノ如キ保守ノ例ヲ示サント欲セハ就中獨逸國及ヒ之ト共ニ瑞西國ノ二三州ヲ指摘スルコトヲ得(尤モ和蘭ハ英國ノ狀態ニ近似シ英國ニ連續シテ論スルヲ以テ茲ニハ之ヲ言ハス)

是等ノ實例中ニ於テモ殊ニ獨逸ノ制度ハ我研究ニ有益ナリ前ニ一千八百六十六年ニ於ケル澳國司法大臣ノ說明ニ於テ獨逸商法ハ二枚證券制度ヲ排斥セシモノタルコト及ヒ此說明ニ關スル「ノイマンスパラート」氏ノ意見ヲ揭ケタリ「ノイマンスパラート」氏ハ彼ノ司法大臣ノ說明カ果シテ法律上ノ理由ヲ有スルモノナルヤヲ疑ヒ其意見ハ司法大臣ノ說明ニ反對シ殊ニ一千八百七十七年「ブレーメン」ノ二枚證券法ヲ論據トシ此二枚證券法ハ獨逸統治權ノ下ニ於テ發行セラレタルモノ

ナリトノ事實ヲ基礎トセリ
備獨逸商法ハ果シテ二枚證劵制度ヲ排斥スルモノナルヤ或ハ然ラサルヤ又同商法ニ於テ船荷證劵及ヒ貨物引換證ト共ニ列記スル「倉庫證劵」(Lagerschein)ハ一枚證劵制度ニ於ケル倉庫證劵ヲ意味スルヤ或ハ場合ニヨリテハ二枚證劵制度ノ意味ニ於ケル倉庫證劵ヲモ意味スルヤ此問題ハ從來倉庫證劵ニ關スル著書ニ於テハ元ヨリ、亦其他ニ於テモ大ニ討議セラル、所ニシテ新商法草案ノ公示ト同時ニ此問題ニ關シテ甲論乙駁更ニ振起セリ「シモンソン」氏ハ草案ニ關シテ此草案ハ「所謂二枚證劵制度ヲ廢棄スルモノナリ」ト誌セリ之ニ反シテ「レーマン」氏ノ意見ニ從ヘハ草案中ノ言句ハ素ヨリ一枚證劵制度ヲ豫定スルモ然カモ一枚證劵制度若クハ二枚證劵制度ニ關スル問題ヲ主義上判決シタルモノニ非スト云フニ在リ而シテ此草案ノ覺書ヲ繙ケハ則チ之ニ關シテ曰ク「草案カ採用セシ法律基礎ハ尤モ彼ノ一枚證劵制度ノミニ限レリ倉庫證劵ノ外ニ發行セラレタル倉庫質入證劵ノ交付ハ商法第三百九十八條ニ從フモ亦民法ニ從フモ倉庫貨物ニ對スル質權ヲ成立セシムルモノニ非ラス然レトモ二枚證劵制度ヲ基礎トスル各聯邦ノ法律規定ニシテ倉庫證劵及ヒ倉庫質入證劵ニ關スルモノハ上ノ理由ヲ以テ之ヲ排除スルヲ要セス寧ロ此等ノ各聯邦ノ法律規定ハ施行法ニ依リテ明ニ保存セラル、ナルヘシ」ト

「シモンソン」氏ノ所論可ナルカ又ハ「レーマン」氏ノ所説可ナルカ之ヲ決定スヘキ深遠ノ理由及ヒ覺書ノ所論ヲ是非スヘキ標準ヲ與フヘキ理由ヲ求メントセハ須ラク先ツ二枚證劵制度ヲ十分ニ知得シテ而シテ後チ始メテ之ヲ見出スヲ得ヘシ但二枚證劵制度ニ就テハ後段ニ於テ詳論スル所アルヘシ彼ノ獨逸ニ於ケル倉庫證劵ノ一枚證劵制度又ハ二枚證劵制度ノ撰取的制度ニ對スル關係ハ最モ末段ニ於テ十分ニ之ヲ明ニスルヲ得ヘシト雖モ此關係ニ於テ特ニ注意セサルヘカラサルハ爰ニ所謂撰取的制度ナルモノ、効力ハ幾分ハ甚タ比較的ノモノニシテ結句二枚證劵制度ノ確カニ採用セラル、前ニ於テ一枚證劵制度ヨリ迎接ノ道ヲ開キ徐々ニ之ト聯絡スルノ傾アリト謂フヘシ

然レハ獨逸ニ於テモ亦其法律狀態ハ極メテ微カナカラモ佛國、白國、濠國ニ於ケルト同一ノ諸狀態ヲ追想セシムルモノニシテ畢竟一枚證劵制度ヨリ二枚證劵制度

ニ進化スルコトヲ指示スルナリ卽チ茲ニモ亦吾人ヲシテ此進化方針ハ多クノ場合ニ行ハルル、原則ナリトシテ認識セシムルノ一斑ヲ示スナリ

然レトモ他ノ方面ニ於テ特別法ヲ發布シ外形上全ク彼ノ進化方針ニ關與セサル如キ觀ヲ呈スルモノアリ卽チ或ハ匈牙利、伊太利、葡萄牙、亞爾然丁等ニ於ケルカ如ク最初ヨリ直チニ二枚證券制度ノミヲ採用シ或ハ一千八百八十九年ノ露西亞ニ於ケルカ如ク一枚證券制度及ヒ二枚證券制度ヲ併用セリト雖モ是決シテ進化方針ノ通則ニ反スル例外ト認ムルヲ得サルナリ蓋シ是第一、既ニ進化完結セシ佛國ノ模型ヲ幾分襲用セシモノニシテ最初ノ場合卽チ匈牙利其他ニ於テハ佛國一千八百五十八年ノ法律ニ準據シ終リノ場合卽チ露西亞ニ於テハ此法律及ヒ一千八百四十八年ノ法律ニ準據シタルモノナリ是等諸國ニ於テハ決シテ創生的法律ヲ形成セシニ非ラス第二、是等各國ニ於テ此ノ如ク他國ノ法律ヲ襲用スルニ當リテハ先ツ其自國ニ於テ之ト連結スヘキノ狀態カ如何程迄既ニ存在セシヤヲ調査セサル可ラス而シテ其結果古來既ニ其國ニ於テ倉庫證券ノ制度ヲ有シ然カモ其制度ハ一枚證券制度ノ意味ニ於ケルモノナルヲ屢々發見スルナリ

上來述フル所ニ依リテ之ヲ觀ルニ多數ノ場合ニ於テハ第一期ノ一枚證券制度ヨリ順序正シク第二期ノ二枚證券制度ニ推移スル進化順序ヲ認ムルコトヲ得ヘシ(全然變遷セサルモ或ハ獨逸ニ於テハ少クトモ此進化順序ノ初歩ト云フヘク或ハ以太利等ニ於テハ進化順序ノ結果ヲ襲用シ從ツテ此順序ノ幾分ヲ再演スルモノト云フヘシ)極メテ一般ニ之ヲ論シ總テ其進化ヲ論外ニ置クトキ卽チ縱令一枚證券制度ハ未タ二枚證券制度ニ推移セサルトキカ又ハ一枚證券制度トシテ單獨ニ若クハ幾分尚存留スル所ニ於テモ尚一枚證券制度ヲ以テ第一期ノ倉庫證券制度ト云フヲ得ヘシ而シテ本章ニ於テ論スヘキ歷史上ノ觀察點ノ第二ハ此第一期ノ倉庫證券制度ニ關係スルモノニシテ特ニ此第二ノ觀察點トハ一枚證券制度ニ於テ彼ノ二樣ノ質入裏書卽チ潛匿質入裏書及ヒ表顯質入裏書ハ歷史上ノ見地ヨリ如何ナル相互關係ヲ有スルカヲ論スルニ在リ換言セハ英國ニ於テモ亦大陸ニ於テモ彼ノ二樣ノ質入裏書ノ形式ハ一枚證券制度ノ場合ト全ク同樣ニ用キラルヽヤ或ハ英國及ヒ大陸ニ於テ此二樣ノ裏書ノ中何レカ一ニ傾向スル所アルヲ認ムヘキヤヲ論スルニ在リ

偖此點ニ關シ先ツ第一ニ認定スヘキハ英國ニ於テハ明ニ潛匿裏書ヲ好ミ且ツ此裏書ニ依リテ法律上如何ナル結果ヲ生スルモ敢テ恐レスト云フコト是レナリ英國ノ「ワラント」「ウエイトノート」ヲ有セサル「ワラント」即チ一枚證券制度ニ於ケル「ワラント」ハ所有權ノ讓渡ニモ質權ノ讓渡ニモ同一ノ仕方ヲ以テ使用セラル、ヲ常トス總シテ裏書ハ常ニ白地ナルヲ以テ質入ノコトハ如何ナル方法ニ依ルト雖モ之ヲ裏書中ニ於テ知ラシムルコトハ決シテ慣習ニ非サルナリ即チ英國ノ質入裏書ハ法律上ノ所有權（the legal property）ヲ讓渡スルノ形ナリ一千八百八十年ノ判決例ニ曰ク「裏書ニ依リテ金錢ヲ借リタル者ノ權利ハ唯タ其者ト貸主トノ間ニ成立スル衡平法上ノ權利ナリ貨物ハ總テノ他ノ人民ニ對シテ法律上及ヒ衡平法上絕對的且ツ無條件ニ被裏書人ノ貨物ナリ」ト

英國ニ於ケル質入裏書ノ如上ノ特色ヲ最モ明瞭ニ現ハスモノハ恐ラクハ擔保差入書（letter of hypothecation）ノ內容ナルヘシ卽チ爰ニ述ヘタル如キ場合ニ於テハ不正ノ質權者ハ「ワラント」ニ依リテ貨物ヲ處分スルコトヲ得又質債務者ハ多クハ唯其貨物ノ價額ノ三分ノ二乃至四分ノ三ヲ借入レ而シテ質權者ノ任意ニ委ヌルヲ以

テ質債務者及ヒ質權者ノ關係ヲ確定スルニハ別ニ書類ヲ以テスルノ必要ヲ生ス此書類ニ依レル確定トハ彼ノ擔保差入書ヲ以テ之ニ充ツルナリ而シテ其仕方ハ先ツ質入取引ヲ次ノ如ク記載スルヲ常トス曰ク「拙者儀本日……磅ノ借入金ノ擔保トシテ下記倉庫證券ヲ差入候」ト而シテ質債務者ハ末文ニ於テ特ニ貨物賣却權ヲ債權者ニ付與シテ曰ク「……ケ月間ニ借入金辨濟ナキトキハ貴殿ニ於テ該債權全額幷ニ保管料費用、利息ノ辨濟ニ充ツル爲メ該倉庫證券賣却可被成候」ト之ト同時ニ擔保差入書ハ潜匿質入裏書ヲ無効ナラシメ又之ニ反抗スルコトハ巧ニ之ヲ避ク卽チ質入取引ヲ記セシ所ニ直ニ引續キ差入書ハ述ヘテ曰ク「ワラント」ハ當時拙者ノ所有ニ候得共(卽チ拙者ハ如此「ワラント」ノ正當ナル所有人タル權利ヲ有シ居候得共)借入金全額ノ範圍内ニ於テ貴殿ノ所有ト成リ得ルモノニ候」ト是ニ由テ見ルニ「シモンソン」氏ノ特ニ唱道スルカ如ク擔保差入書ノ存在ハ以テ債權者ノ法律上ノ所有權ニ何等ノ變動ヲ來スコトナシト云フヲ得ヘシ又英國ニ於ケル質入裏書カ潜匿裏書タル所以ノ性質ハ此擔保差入書ノ爲メニ更ニ影響ヲ被ラサルノミナラス却ツテ益々其特性ヲ發揮セシメ法律上ノ所有權ヲ益々明ナラシムルモノナリト謂フヘシ扨是等ノ事情ニ能ク注目スルトキハ潜匿質入裏書ノ行ハルヘキ所ニ於テハ必ス擔保差入書モ亦用キラルヽハ敢テ怪ムニ足ラサルナリ例ヘハ萬般ノ狀態カ英國ト同一ナル北米國及ヒ英國ニ近似スル和蘭ニ於テ皆然リ北米國ニ於テハ所謂約束手形《プロミツソリー、ノート》カ英國ノ擔保差入書ト同一ノ作用ヲ有シ又和蘭ニ於テハ「セヅール」ノ質入ト同時ニ特別ノ貸借證書ノ之ニ伴フヲ必要トス以上ハ英國及ヒ英國ト同樣ナル法律國ニ於ケル狀態ヲ述ヘタリ今轉シテ大陸ニ於ケル一枚證券制度ヲ觀察スルトキハ茲ニ論スル所ノ特別問題ヲ答フルタメ多少ノ困難ヲ感スルナリ

尤モ此點ニ關シテハ大陸ニ於テモ潜匿質入裏書ヲ愛スルカ如キ標識全ク缺乏スルニ非スト雖モ然カモ此事タル極メテ例外ニ屬スルモノナリ例ヘハ「シモンソン」氏ノ「ビクトリヤ」倉庫株式會社(在伯林)ニ關シテ吾人ニ報告スルモノヽ如キハ皆此例外ニ屬スルモノナリ同氏ノ說ニ從ヘハ此會社ノ仕方ニテハ其裏書ニ就テ見ルモ所有權ノ讓渡ヲ目的トスルカ或ハ質權ノ讓渡ナルカヲ認識スルコトヲ得ス同氏曰ク「當會社ハ其主義トシテ質入ヲ届出テシムル如キコトハ明ニ度外視ス却ツ

テ會社ハ嚴重ニ其引受タル義務ノ命スル所ニ從フテ貨物ハ必ス正當ナル證券所持人ニ引渡スモノナリ」ト是レ一例ニ過キスシテ尙多數ノ之ニ類スル個々ノ場合ヲ列擧スルヲ得ヘシト雖モ要スルニ此等ノ場合ハ皆多少例外的性質ヲ顯ハスモノニシテ大陸ニ於ケル一枚證券制度一般ノ進化上ニ影響ヲ及ホスコト殆ント之ナシト云フモ可ナリ

之ニ反シテ他ノ方面ニ於テハ表題質入裏書ノ重用セラルヽハ殆ント普通ニシテ時トシテハ立法中ニモ亦此事ニ言及スルモノアリ

今細カニ澳國ノ一千八百六十六年ノ省令ヲ觀察シテ以テ上述最終ノ點ヲ明ニセント欲ス

同省令第十二條ニ據レハ質權ハ次ノ方法ニ依リテ設定スルコトヲ得第一、商法第三百九條ノ規定ニ從ヒ裏書シタル倉庫證券ノ交付ニ依リテ之ヲ爲ス第二、裏書ノ內容ニ依リ其言句ニ依リテ倉庫證券ノ讓渡ハ所有權讓渡ヲ目的トスルニ非スシテ必ス在庫貨物ノ質入ノ爲メナルコトヲ特ニ明ニスルニ依リテ之ヲ爲ス偖第一ニ述ヘタル質權設定ノ形式ハ潛匿質入裏書ヲモ含ムモノニシテ然カモ此裏書ヲ其言句ノ示ストコロノ法律上十分ナル意味ニ於テ解釋セシモノナルハ全然疑ナク論斷スルコトヲ得ヘシ「シモンソン」氏之レニ關シテ曰ク「縦令倉庫ハ或ル貨物カ唯タ被裏書人ニ質入セラレ且ツ其期限未タ到着セザルモノタルヲ知ル時ト雖モ此二點ヲ以テ被裏書人卽チ證券ニ依リテ權利ヲ行使スル所ノ被裏書人ニ對抗スルヲ得ス是レ第十二條ニ於テ許サレタル潛匿質入裏書ノ單純ナル結果ニ過キス而シテ此裏書ハ詐欺行爲ニ門戸ヲ開放シ債務者ヲ全ク債權者ノ手ニ委ヌルモノト云フヘシ」ト「エーベルマン」氏モ亦此省令ニ關シ殆ント同一ノ意見ヲ述ヘテ曰ク「讓渡カ普通ノ裏書形式ニ依リテ爲サルヽトキハ被裏書人ハ第三者ニ對シテ此裏書アル證券ヨリ生スル總テノ權利ヲ取得ス（商法第三百三條）而シテ又（債務上ノ權利ト共ニ）物件上ノ權利ヲモ取得ス之ヲ詳言セハ被裏書人ハ裏書人ニ對シテハ所有權若クハ質權ヲ取得シ而シテ第三者ニ對シテハ所有者トシテ貨物ノ直接讓渡ヨリ生スルト同一ノ總テノ權利ヲ取得ス」ト此ノ如クニシテ目下學者間ニ行ハルヽ意見モ亦上述第一ノ裏書樣式ニ依リテハ彼ノ潛匿裏書ヨリ生スルト同一ノ權利效力ヲ生スト云ヘリ此意見ニヨレハ彼ノ六十六年ノ省令ハ潛匿及ヒ表顯ノ二樣ノ

裏書ヲ許スモノニシテ此省令ハ二樣ノ裏書ヲ撰取的ニ並置シ而シテ少クトモ外觀上ニ於テハ之ヲ同視セリ
然ルニ明細ニ觀察スルトキハ是レ眞ニ外觀タルノミニシテ事實ニ於テハ之ニ異ナルモノアルナリ「ランダー」氏ハ其澳國ニ於ケル省令ニ關スル意見ニ於テ上段引用セシ所ニ續キ述ヘテ曰ク「澳國省令第十三條ノ最モ患フヘキ缺點ハ此條ニ於テ規定セシ私賣(裁判所ノ手ヲ煩ハサヽル賣却)ノ權利ヲ質權者ニ許スハ唯タ質入ノ事實ヲ裏書ニ於テ明ニ知ルコトヲ得ルノ場合(卽チ吾人ノ用語ニ從ヘハ表顯裏書ノ場合)ノミニ限ルト云フニ在リ若シソレ質入カ簡單ナル裏書(卽チ潛匿裏書)ニ依リテ爲サレナハ此場合ニ於テ彼ノ支拂ヲ受ケサル債權者ニハ如何ナル權利ヲ附與セラレタルカ……此場合ニハ債權者ハ唯民法ノ規定ニ從ヒ(又豫定條件ノ存在スルトキハ)商法第三百十條及ヒ第三百十一條ニ準據シテ以テ質權ノ實行ヲ爲スノ外ニ途ナキナリ此ノ如キ奇妙ナル結果ハ果シテ立法ノ期セシトコロナルヤ否ハ吾人茲ニ判斷スルヲ欲セスト雖モ然カモ一事ノ吾人ヲシテ疑ヲ起サシムモノアリ他ナシ、ソレ質權ヲ設定スルニ當リ眞ニ樣式ニ過キサル差異カ何故ニ斯ク遠大懸隔ノ差違ヲ質權ノ實行上ニ及サヽルヘカラサルヤト云フニアリ蓋シ吾人ハ事實ニ於テ之ニ對スル確乎タル原因ヲ認ムル能ハサルナリ吾人ノ知ル所ニヨレハ斯ル顯象ハ法律案中ニ於テモ亦罕ニ見ル所ナリ是レ編纂ノ杜撰カ活版ノ誤植カ將タ立法上ノ過失カハ吾人ハ實ニ之ヲ知ラサルナリ」ト

蓋シ立法者ハ二樣ノ質入裏書ヲ併用シテ其一ヲ撰取セシムルノ方法ヲ設ケタリト雖モ然カモ個々ノ法律規定ヲ作成スルニ當リテハ特ニ表顯裏書ニ重キヲ置キタリトノ想像ハ事實ニ最モ近シ而シテ此ノ如ク表顯裏書ニ贊成シタリシコトハ元ヨリ直接ニ言明セシニハ非サレトモ然カモ之ヲ認ムルコトヲ得ヘクシテ澳國以外ノ諸大陸國ノ法律ニ於テ其一層甚シキモノアルナリ例ヘハ一千八百八十九年葡國倉庫法第四十三條ニ於テ曰ク「單一ノ倉庫證券(卽チ二枚證券ニ並立スヘキモノ)ノ質入ハ裏書ヲナシテ之ヲ質權者ニ交付スルニアリ其裏書ニハ次ノ事項ヲ記載スルコトヲ要ス

第一、債權者ノ身分、姓名若クハ商號及ヒ住所

第二、質債務ノ金額及ヒ期限」

茲ニ單一ノ倉庫證券ノ質入裏書ハ二枚證券制度ニ於ケル第一ノ「ワラント」裏書(第一ノ質入裏書)ノ模範ニ依リテ規定セラレ從ツテ表題裏書ノミ存在シ潛匿裏書ナル副樣式ハ放棄セラレタルナリ

大陸ニ於ケル一枚證券制度ヲ論スルニ當リテ表題裏書ノ重用ハ全ク普通一般ナリト云ハヽ是レ過言ナリト云ハサルヘカラス故ニ吾人ハ表題裏書ノ重用ハ往々之レアリ又(爰ニ最モ重要ナルハ)何レニシテモ次ノ如キ事實ノ確在スルコトニ益々重キヲ置カサルヘカラス其事實トハ英國ニ於ケル一枚證券制度ニ在リテハ潛匿質入裏書ハ主ナルモノトシテ現出スト雖モ大陸ニ於ケル一枚證券制度ニ在リテハ潛匿質入裏書ト共ニ表題質入裏書モ行ハレ或ハ時トシテハ表題質入裏書ハ潛匿質入裏書ヨリモ重用セラルヽコトナリソレ大陸ニ於ケル一枚證券制度ノ法律上始メテ出現セシ時(卽チ一千八百四十八年ノ佛國法律發布ノ時)ニ於テ既ニ英國ニ於ケル證券制度及ヒ之ト共ニ潛匿裏書ノ重用セラルヽコトハ現ニ之レアリシノミナラス且ツ久シク成立セシモノナリトシテ認メラレタルニ拘ラス尙上ニ述ヘタル如ク表題裏書トナリテ効力ヲ有スルニ至リシナリ大陸ニ於ケル一枚證

劵制度ハ唯タ是レ存在シ且ツ久シク成立シタルモノニ模倣シ其範ヲ英國ノ實例ニ取ラハ則チ可ナリシニ然カモ之ヲ爲サスシテ却ツテ表題質入裏書ヲ有力ナラシメシノミナラス時トシテハ潛匿質入裏書ヨリモ重用シタルコトハ是レ潛匿及ヒ表題裏書間ニ行ハハル、一種ノ撰族關係ヲ示スモノト云フヘシ

卽チ英國ニ於ケル一枚證劵制度ニハ潛匿質入裏書適當シ大陸ニ於ケル一枚證劵制度ニハ表題質入裏書遙ニ適當スルカ如シ而シテ一枚證劵制度ハ第一期ノモノニシテ二枚證劵制度ハ第二期ノモノナリ故ニ潛匿質入裏書及ヒ表題質入裏書ノ兩樣ト英國及ヒ大陸ニ於ケル二枚證劵制度ノ兩樣トノ間ニ於テ一種ノ比較法ヲ確認スルヲ得ヘキヲ以テ從ツテ一方ニ於テハ潛匿質入裏書ト英國ニ於ケル二枚證劵制度他方ニ於テハ表題質入裏書ト大陸ニ於ケル二枚證劵制度ト此間ニ於テ各論理上ノ連絡ヲ有スルニ非サルカ

以上ハ是レ本章ノ初ニ於テ述ヘタル所ノ認定ヨリ進ンテ定論トナリシモノニシテ吾人ヲシテ此定論迄ニ達セシメシモノハ實ニ歷史上ノ順序ナリ然レトモ此定論ヲ是非判斷スルハ歷史上ノ智識ニ依ルヘカラサルヲ以テ玆ニ吾人ハ唯タ學理ニ

依リテ之ヲ爲スヘキナリ

而シテ此學理的說明ヲ爲スニ當リテハ直チニ二樣ノ裏書樣式ト二枚證劵制度トノ關係ニ論及スヘカラス先ツ第一ニ端緒的ニ且ツ玆ニ揭ケタル歷史上ノ記述ニ從ツテ一枚證劵制度ト二枚證劵制度トノ關係並ニ二樣ノ裏書樣式相互ノ關係ヨリ論スルヲ要ス

偖先ツ一枚證劵制度ト二枚證劵制度トノ關係ニ就テ之ヲ見ルニ所有權狀態ト質權狀態ノ同時ニ論究セラル丶場合ニ於テハ彼ノ二種ノ制度ノ處置スルトコロ全ク異レリ而シテ此相異レル點ニ於テ始メテ確乎タル學理的接續點ヲ現出ス二枚證劵制度ニ在リテハ質權ハ質入ノ爲ニ特別ニ定メラレタル劵狀(英國ノ「ワラント」大陸ノ質入證劵)ニ依リテ設定セラルルヲ以テ全ク自己獨立ノ途ヲ進ム者ナリ而シテ此場合ニ於テ質權ハ總シテ大陸ノ二枚證劵制度ニ於ケルカ如ク明ニ表顯セラル丶ニセヨ又ハ英國ノ二枚證劵制度ニ於ケルカ如ク所有權ニ關スル規定ノ裏面ニ潛匿スルニセヨ何レニシテモ其質權トシテ自由ニ行動スルハ一ナリ何トナレハ英國及ヒ大陸ニ於テ質權ヲ代表スル特別劵狀(「ワラント」質入證劵)ノ讓渡ハ他ノ一半ノ

券状ノ讓渡ノ爲メニ少シモ拘束セラルヽ所ナク行ハレ從ツテ此質入證劵ノ讓渡モ亦他ノ證劵（英國ノ「ウエイトノート」、大陸ノ預證劵）ノ讓渡ニ對シ決シテ法律上ノ拘束ヲ意味スルモノニ非ラサレハナリ「ウエイトノート」ニセヨ預證劵《ラーゲルベジツツシャイン》ニセヨ共ニ他方ニ於テ質入取引ノ濟ミシ後ニテモ又縱令「ワラント」又ハ質入證劵《ラーゲルハンドシャイン》ノ既ニ流通シツヽアル時ト雖モ尚容易ク入手ヨリ入手ニ渡リ（尤モ「ウエイトノート」ニ就テ其容易ク流通スルト云フハ實際ヨリモ寧ロ理論ニ於テ然ルナリ）又此方法ニ依リテ所有權（及ヒ之ニ伴フ他ノ權利）ヲモ讓渡スルヲ得ルモノトス故ニ二枚證劵制度ニ於ケル二種ノ證劵ニシテ順序ヨク融通スルトキハ所有權モ質權ト共ニ融通能力ヲ有スルモノニシテ質權ノタメニ決シテ拘束セラルヽモノニ非サルナリ

然レトモ此拘束ハ一枚證劵制度ニ在リテハ其特性トナリ根本的ニ標識トナルモノナリ一枚證劵ニ依リテ質入ノ成立シタルトキハ其裏書ノ濳匿ナルト表題ナルトヲ問ハス此場合ニ所有權ヲ單ニ證劵ノミニ依リテ讓渡スルハ不可能ノコトニシテ證劵ハ唯タ質權（質權ハ表題裏書ノ場合ニハ明ニ説明セラレ濳匿裏書ノ場合ニハ推定的所有權ノ下ニ匿クルヽナリ）ノ讓渡ノ爲メノミニハ容易ク使用セラル

丶モノナリ是故ニ所有權(實際ノ卽チ積極的非推定的所有權)ハ其融通ニ關シ質權ニ依リテ拘束セラル丶モノトス

是ニ於テカ吾人ハ知ル何故ニ一枚證券制度ヨリ二枚證券制度ニ推移スルコト(少クトモ大陸ニ於テ但シ大陸ニ於テモ全體ニハ非サレトモ)ヲ以テ一ノ進歩ナリトシテ之ヲ勉メシカ又何故ニ此推移ハ(大陸ニ於テモ亦英國ニ於テモ)法律上ノ諸關係ヲ一方ニ於テハ複雜ナラシメ而シテ他ノ一方ニ於テ分明ナラシメシカヲ丶卽チ一枚證券制度ヨリ二枚證券制度ヘ推移セハ所有權ヲシテ質權ノ拘束ヲ脫セシメ且ツ之ヲシテ質權ト相並テ全ク自由ニ流通セシムルヲ以テナリ

サテ吾人ハ再ヒ一枚證券制度及ヒ所有權ノ質權ニ依リテ受クル拘束ノ論ニ立戻ランニ潛匿裏書及表顯裏書ノ關係ハ上ニ述ヘタル所ニ依リテ明ナリ卽チ一枚證券制度ニ於ケル表顯裏書ノ場合ニハ質權ハ明ニ質權トシテ實際的所有權ヲ拘束シ潛匿裏書ノ場合ニ於テハ此質權ヲ隱蔽スル推定所有權アリテ此推定所有權ハ實際的所有權ニ對シテ之ヲ拘束スルモノトシテ現ハル丶ナリ表顯裏書ノ場合ニ於テモ潛匿裏書ノ場合ニ於テモ拘束原因ノ被拘束者トノ關係ハ或ハ間接ナルコ

ルコトアリ或ハ直接ナルコトアリ其故ハ質入ハ實際ノ所有權者ヨリ行ハルヽコトアリ或ハ實際ノ所有權者ヨリ委託セラレタル者卽チ委託(例ヘハ代理委任)裏書ノ銜入ニ依リテ行ハルヽコトアルヲ以テナリ然レトモ其何レタルニモセヨ實際的及ヒ推定的所有權ニ於ケル拘束關係(潛匿裏書ノ場合)從ツテ又所有權(實際的)及ヒ質權ノ間ノ拘束關係ハ純然成立スルモノナリ

吾人ハ今ヤ始メテ吾人ノ記述ニ對シ重要ナル問題ヲ解決スルヲ得ヘシ卽チ潛匿裏書ト英國ニ於ケル二枚證券制度トノ連絡及ヒ表題裏書ト大陸ニ於ケル二枚證券制度トノ連絡ヲ學理上ヨリ觀察シテ以テ如何ニ描出スヘキヤノ問題ニ答フルヲ得ヘシ

蓋シ吾人ハ前提セシ所ニ依リテ明ニ言フヲ得ヘシ潛匿裏書ハ二枚證券制度ニ依リテ實際的所有權ト之ヲ拘束スル推定的所有權トヲ分離スルコトヲ現實ニシ又表題裏書ハ均シク二枚證券制度ニ依リテ實際的所有權ト之ヲ同樣ニ拘束スル質權トヲ分離スルコトヲ目的トシテ進マサルヘカラスト

而シテ第一ノ分離ハ恰モ英國ニ於ケル二枚證券制度ノ特色ニシテ第二ノ分離ハ

大陸ニ於ケル二枚證券制度ニ適合スルモノナリ
英國ニ於ケル二枚證券制度ハ質債務者若クハ其創設者ノ實際的所有權ヲ次ノ如キ方法ニテ質權者ノ推定的所有權ヨリ分離ス卽チ英國ニ於テハ實際所有權ト推定所有權トヲ時ノ關係ニ於テ前後セシム而シテ其前後セシムルニ當リテ標準トシテ採ル所ノ時點ハ質關係ノ最モ切迫セル時、換言スレハ質ノ支拂ハレサル爲メ流質トナル時ナリ更ニ他ノ言ヲ以テ云ヘハ質權者(賣手)ノ推定所有權ヲ代表スル「ワラント」ニ對シテ質債務者(買手)ニ屬スル積極的所有權ヲ代表スル「ウエイトノート」ノ在ルアリ然レトモ「ウエイトノート」ノ積極的所有權ノ代表ハ質滿期ノ時ニ至ル迄ノミ有効ニシテ上ニ述ヘタル代表者タル「ワラント」ハ質滿期ノ時ニ至リテ始メテ所有權トシテ效力ヲ生スルナリ要スルニ此滿期前ニ於テハ「ウエイトノート」所持人ノ積極的所有權(不支拂ノ場合ニ於テ解除條件ノ下ニアル所有權)存在シ滿期後ニ於テハ「ワラント」所持人ノ推定所有權(然レトモ之ニ對立スル實際所有權ノ消滅ニ依リテ直チニ此者自ラ實際所有權トナルナリ)存在ス是レ英國ニ於ケル二枚證券制度ノ精神ナリ次ニ大陸ニ於ケル二枚證券制度ニ就テ其質債務者(若クハ其創設者)ノ所有權(實際)ト質權者ノ質權トヲ分離スル有樣ヲ見ルニ此制度ハ所有權ト質權トヲ時ノ關係ニ於テ同時ニ兩立セシム而シテ此兩立關係ノ始メハ質關係ノ發生セシ時ト定メラル卽チ債務者カ質權上其債權者ニ對シテ義務ヲ生セシ時ナリ換言セハ一方ニ於テハ質入證券(「ワラント」)アリテ其法律上ノ存在ハ質入行爲ト同時(質入裏書、所謂第一ノ「ワラント」裏書ノ時)ニ始マリ他ノ一方ニ於テハ所有權及ヒ之ニ關聯スル他ノ權利ヲ讓渡スルモノタル預證券アリ此證券カ二枚證券ノ有機的部分卽チ質入證券ノ相手部分トシテ其効力ヲ生スルハ素ヨリ質入證券ノ第一裏書(所謂分割裏書)ノ時トス故ニ質入證券ノ第一裏書ハ質入行爲ヲ創設シ更ニ幾多ノ質入裏書ハ之ニ連續スルヲ得而シテ此質入證券ノ第一裏書ト同時ニ預證券ハ質入證券ト竝ヒ流通シテ所有權其他ヲ讓渡スルノ有價證券トシテ有効トナルナリ是レ彼ノ英國ニ就テ述ヘタル所ニ對照センカ爲メ均シク二枚證券制度ナル大陸制度ノ精神ヲ顯ハスノ形狀ナリ

玆ニ一方ニハ一枚證券制度ニ於ケル兩樣ノ質入裏書ノ間ト他ノ一方ニハ二枚證

劵制度ニ於ケル兩様ノ裏書ノ間ト此二方面ニ於テ認メラレタル關係ヲ抽象的ニ觀察スルトキハ極メテ透明純白ナリ實ニ此二方面ニ於ケル連絡關係ハ相接近スルモノニシテ縱令未タ之ヲ特別ニ論題トシテ研究セシモノナシト雖モ今日既ニ此連絡關係ヲ其學説中ニ示スモノ少シトセス之ヲ説明スル爲メ茲ニ「シモンソン」氏ノ説ヲ掲ケ以テ一斑ヲ示サント欲ス同氏ハ一枚證劵制度特有ノ質入裏書ヲ論スルニ當リ倉庫營業者ニ對シテ二種ノ相異ナリタル利害關係人ヲ差別セリ即チ「第一ノ證劵受取人又ハ其權利承繼人次ニ第一ノ質權者又ハ其權利承繼人」トス而シテ此利害關係人ニ關シテ述ヘテ曰ク「證劵カ爰ニ述ヘタル何レカ一方ノ利害關係者ノ手ニ於テ若クハ前後シテ其雙方ニ於テ取引セラル丶コト(同時ニ取引セラル丶コトハ唯タ二枚證劵制度ノ場合ニ於テノミ爲シ得ラル丶モノナリ)ヨリ種々ノ法律關係ヲ生スヘシ」云々ト是ニ因テ觀レハ同氏カ一枚證劵制度ノ質入裏書ニ就テ説明スル所ハ吾人ヲシテ二枚證劵制度ニ於ケル諸狀態ヲ想起セシムルコト盛ナルノミナラス又同氏ハ二枚證劵制度ニ推移スルニ就テ説示スルヲ忘却セサリシナリ

然レトモ爰ニ論スル此聯絡關係ヲ唯タ其大體一般ニ就テ論スルコトナク前ニ述ヘタル所ニ準シ特ニ潛匿裏書ト英國制度トノ聯絡關係及ヒ表題裏書ト大陸制度トノ聯絡關係ト、カク差別シテ觀察スルトキハ此聯絡關係ハ各其程度ヲ異ニシ且ツ明了ノ度ヲ同フセス蓋シ此ノ如ク分割シテ論スルトキハ兩方面ノ各ニ於テ種々ノ困難及ヒ疑問ヲ生シ來ルヲ以テナリ而シテ吾人ハ前ニハ成ルヘク事相ヲ錯雜ナラシメサランカ爲メ殊更ニ此困難及ヒ疑問ヲ述フルヲ避ケタリシモ今ヤ明細ニ之ヲ研究スルヲ要ス

玆ニ謂フ所ノ困難及ヒ疑問ハ一樣ニアラス第一ノ聯絡關係ヲ論スルカ又ハ第二ノモノカ或ハ英國ノ狀態ヲ論スルカ又ハ大陸ノ狀態ナルカニ從フテ大ニ其性質ヲ異ニス

第一ノ場合卽チ潛匿裏書ト英國制度トノ關係ニ於テハ彼ノ困難及ヒ疑問ハ此者自ラ旣ニ第二ノ場合ニ於ケルヨリモ大ナルカ如シト雖モ其實之ヲ明細ニ觀察スルトキハ全體ニ其跡ヲ絕ツナリ

彼ノ困難ト疑問トハ一見實ニ甚タシキカ如シ何トナレハ玆ニ困難疑問ト稱スヘキ

ハ英國制度ニ於ケル所有權ト質權ニ就テ結論セシモノヲ著シク抹消シ又ハ少クトモ外見上尙全ク疑問ニ屬セシムルノ事柄ナルヲ以テナリ尤モ是等ノ事柄ハ質滿期後ノ時ニ關係スルニ非ス卽チ此關係ニ付テハ「ワラント」及ヒ「ウエイトノート」ノ様式中ニ於テ既ニ明言セラレタルナリ曰ク「期限滿了後(斯ク云ヘハ「支拂ナシニ」ナル語ハ常ニ包含スルモノトス)此「ウエイトノート」ハ無効タルヘシ」ト或ハ一層明ニ記シテ曰ク「此期日後(期限經過後)ハ「ワラント」ノミヲ以テ所有權ヲ取得スルニ足ルモノニシテ此「ウエイトノート」ハ何等ノ効力ヲモ有セサルヘシ」ト卽チ滿期後ニ於テハ所有權表示物トシテ「ワラント」ノミ其効力ヲ有シ「ウエイトノート」ハ全ク其効力ヲ失フモノタルコトハ此様式上ノ言句ニ依リテ疑フヘカラサルナリ之ニ反シテ滿期前ノ時ニ關シテハ其書キ方簡單ナル能ハス「ワラント」ノ様式中ニ於テ滿期前ニ關シテ記入シテ曰ク「此貨物ニ對スル「ウエイトノート」ハ既ニ發行セラレタリ而シテ期限滿了前ニ於テハ其「ウエイトノート」ヲ呈示スルニ非サレハ貨物ノ引渡ヲ爲サル、ヘシ」ト而シテ「ウエイトノート」ノ様式中ニ云フ所モ之ニ同シ曰ク「上記ノ貨物ニ對スル「ワラント」ハ既ニ發行セラレタルヲ以テ期限滿了前ニ於テハ其

「ワラント」及ヒ此「ウエイトノート」ヲ呈示スルニ非サレハ貨物ノ引渡ヲ爲サヽルヘシ」ト或ハ又曰ク「期限滿了前ニ於テ貨物ノ引渡ヲ請求セントスル者ハ此「ウエイトノート」及ヒ合法的裏書ヲ有スル「ワラント」ヲ同時ニ……倉庫ニ呈出セサルヘカラス然ラサレハ之ヲ引渡サヽルモノトス」ト如此ヲ以テ貨物ノ引渡ニ關シ質期限滿了前ニ於テハ「ウエイトノート」及ヒ「ワラント」ハ共ニ同時ニ請求セラルヽコト明ナリ然ルニ此事柄ハ恰モ前ニ結論シタル「ワラント」ハ重モニ滿期後ノ時ニ關係シ「ウエイトノート」ハ滿期前ノ時ニ關係ストノ論ノ果シテ正鵠ヲ得タルモノナルヤヲ疑ハシムルモノナリ若シ又是等ノ事柄ハ「ヘヒト」氏ノ云フ如ク「期限中ニ於テハ賣手(卽チ質權者ニシテ「ワラント」所持人)ハ動產質權者ノ有スル總テノ性質ヲ具ヘ其權利ハ船渠會社或ハ倉庫ニ依リテ認メラルヽナリ」ト說明スルモ尙更ニ疑問ヲ惹起セサルヲ得ス何トナレハ今若シ此論ヲ採用スルトセハ則チ彼ノ「ウエイトノート」ハ滿期ニ至ル迄ノ所有權表示物ナリ「ワラント」ハ滿期後ノ所有權表示物ナリトノ立論又總シテ理論上所有權自ラヲ前提スルノ論ニ對シテ疑惑ヲ生スヘケレハナリ

然リ而シテ吾人ハ又先キニ（推定）所有權カ質權主義ニ對スル地位ニ就テ述ヘタリシ所ヲ忘却スヘカラス蓋シ所有權主義ハ外部ニ對シテハ質權主義ヲ掩護シ庇保スルモノナリト雖モ然カモ質權主義其者ヲ廢滅スルニアラス却ツテ質債務者ノ質債權者ニ對スル內部ノ關係ニ於テハ質權主義ハ徹頭徹尾標準トナルモノニシテ何時ナリトモ發現スルコトヲ得ヘシ例ヘハ彼ノ擔保差入書ニ於テ又滿期前ニ於ケル「ワラント」所持人ノ行使スル諸權利ノ中ニ於テ若クハ倉庫營業者ノ「ワラント」所持人ニ對シテ行使スル所ノ諸權利ノ中ニ於テ皆發現スルコトヲ得ルナリ而シテ所有權主義ヲ基礎トスル議論モ亦實ニ此事實關係ヲ否認セサルノミナラス此議論ノ精神ニ從フテ之ヲ觀ルモ「ウエイトノート」所持人ハ絕對的ニ所有權ヲ有スルニ非スシテ却ツテ解除條件付所有權ヲ有スルナリ而シテ解除條件トハ上ニ質權期限ニ支拂ハレサルコト卽チ滿期ナリト注釋セラレ從ツテ明ニ質權上ノ性質ヲ擧示スルモノナリソレ果シテ此ノ如クナリトセハ前ニ述ヘタル立論ヨリ觀察スルモ亦「ウエイトノート」所持人ハ唯タ其所持人タルノ故ヲ以テ直チニ貨物ノ引渡ヲ請求スルヲ得サルコト及ヒ此「ウエイトノート」所持人ハ貨物ノ引渡ヲ請求

スル前ニ於テ先ツ彼ノ「ワラント」卽チ内部ニ於テハ質權ヲ表示シ外部ニ於テハ然カモ滿期後所有權（或ハ詳言スレハ停止條件付所有權）ヲ代表スルモノタル「ワラント」ヲ其當時ノ所持人卽チ債權者ヨリ受戻サヽルヘカラサルコト是レ皆決シテ異トスルニ足ラサルナリ

此ノ如ク論シ來レハ縱令彼ノ困難疑問現出スト雖モ然カモ前ニ潛匿質入裏書ト英國制度トノ聯絡關係ニ就テ述ヘタル說明ハ啻ニ之ヲ維持スルヲ得ルノミナラス尙英國ニ於ケル二枚證劵制度ノ實際ニ適合スル解釋ナリトシテ滿足スルヲ得ヘシ

之ニ反シテ大陸ノ狀態及ヒ其表顯質入裏書トノ聯絡關係ニ就テ生スル所ノ疑問ハ一見甚タ價値ナキモノヽ如キモ入念ニ之ヲ觀察スルトキハ寧ロ上來記述スルトコロノ範圍ヲ超脫スル難問題ナリ

上段之ニ關スルトコロニ於テ吾人ハ特ニ注意シテ大陸ニ於ケル二枚證劵制度ノ質入證劵「ワラント」ハ其第一ノ裏書ノ時ニ於テ始メテ法律上ノ存在ヲ有スルモノナルコト及ヒ若シ質入證劵ヲ以テ二枚證劵制度ノ有機的一半部分ト看做ストキ

ハ彼ノ所有權其他ヲ讓渡ストコロノ預證券モ亦質入證券ノ第一裏書ノ時以前ニハ未タ其本來ノ効力(卽チ二枚證券制度ノ機關ニ從フテ有スルノ効力)ヲ有セサルモノナリ且ツ此論旨ニ據リテ吾人ハ預證券ハ大陸ノ二枚證券ノ一半部分トシテ質入證券ノ第一裏書ノ瞬間ニ於テ有効トナリ換言セハ預證券ハ斯ル一部證券トシテ此瞬間ニ於テ始メテ有効トナルナリトノ事情ヲ記述セリ

然レトモ證券ノ一半(質入證券)ハ裏書ニ因リテ始メテ發生シ同時ニ又此裏書ハ(縱令ヒ或ル一定ノ方針ニノミ從フモノナルモ)他ノ證券(預證券)ヲモ亦有効ナラシムトノ事實ヲ法律上如何ニ解釋スヘキヤ又二種ノ證券ノ關係及ヒ其義務者卽チ倉庫營業者ニ對スル關係ヲ如何ニ觀念スヘキヤ又是等總テノ事ヲ引渡證券論ノ見地ヨリ如何ニ考究スヘキヤ

前ニ述ヘタル如ク此問題ハ唯タ重要ナラサル外形上丈ケニ止マリ且ツ純粹ナル形式上ノ意味ノミヲ有スルモノナルカノ如キ觀ヲ呈ス

然レトモ近ク進ミテ此問題ヲ熟視スルトキハ其全ク然ラサルヲ覺ルヘシ(一)上ニ少シク注意セシ如ク此問題ハ其範圍ヲ逸出シ又能ク研究シ適當ニ辨解スルモ尚

更ニ第二ノ問題ヲ喚起シテ新ラシキ論端ヲ開キ又此問題ハ直接及ヒ間接ニ大陸ニ於ケル二枚證劵制度ノ法律的特性ヲ無數ニ惹起スルコトヲ約スルモノナルヲ知ラン(二)而シテ他ノ方面ニ於テハ此問題ヲ徐々ニ順序ヨク辨解セハ上ノ法律的特性ノ無數ハ期スル如クニ之ヲ明ニスルコトヲ得又大陸ニ於ケル二枚證劵制度ノ特性上ニ甚タ歡迎スヘキ嚇々タル光明ヲ發揮スルモノタルヲ知ラン(三)尚此問題ニ於テ始メテ直接ニ大陸ニ於ケル二枚證劵制度ノ法律上ノ價値又其制度ニ就テ洞徹スル論說ヲ示スノ指導者ヲ吾人ノ眼前ニ見ルナルヘシ而シテ吾人ハ第二編ニ於テ斯ル論說ヲ試ミント欲スルナリ

第二編　大陸ニ於ケル純然タル二枚證券制度

第一章

前章ニ於テ英國ノ二枚證券制度ニ對照シ而シテ未タ解決セサリシ大陸制度ニ關スル問題ヲ觀察スルニ抑此問題ハ質入證券ノ第一裏書即チ第一ノ「ワラント」裏書ノ制度ニ連續シテ生シタルモノニシテ且ツ此問題ハ結局質入證券裏書ヨリ生スル總テノ倉庫證券上ノ狀態ト引渡證券一般ノ原則トノ關係ヲ論題トスルモノナリ

而シテ吾人ハ又同時ニ此問題ノ重要ナル所以即チ此問題ノ結局歸着スル所ヲ次ノ如ク認知スルナリ

單ニ一枚ノ證券ヲ提供スル所ノ所謂單純ナル引渡證券ハ船荷證券ニセヨ貨物引換證ニセヨ又前ニ述ヘタル一枚證券制度ノ意味ニ於ケル倉庫證券ニセヨ皆總テ其發行ノ瞬間ニ於テ有効トナルナリ卽チ債務者タル者又同時ニ所持權代理人タル者（船長及倉庫營業者）ヨリ第一ノ債權者又所持權被代理人タル者（船荷證券貨物

引換證、倉庫證劵第一ノ所持人)ヘ證劵ヲ交付スルト同時ニ有効トナルモノナリ故ニ單純ナル引渡證劵ハ其何タルヲ問ハス單獨ニシテ且ツ完成シタル證劵ヲ發行スルニアリ而シテ總テノ法律行爲ハ此發行ヨリ起因スルモノナリ之ヲ英國ニ於ケル二枚證劵制度ニ適用スルニ其異ナル所ハ茲ニ一。枚。ノ證劵ヲ發行スル場合ニ於テ英國ノ二枚證劵制度ニ在リテハ同時ニ二。枚。ノ證劵ヲ發行スト云フニ在ルノミ蓋シ英國ノ二枚證劵制度ハ既ニ前ニ述ヘタル如ク常ニ信用ニ依ル賣買ヲ豫定條件ト爲スヲ以テナリ爰ニ甲者乙者ニ貨物ヲ賣却シ殘金ニ付キ乙者ニ信用ヲ與ヘ而シテ乙者(買手)ハ「ウエイトノート」ヲ、又甲者(賣手)ハ其「ウエイトノート」ニ副ヘル「ワラント」ヲ受取ルヘシ故ニ明ニ甲乙二人ハ(少ナクトモ理想上ニ於テ)倉庫營業者ニ對シテ同一ノ瞬間ニ於テ生シ倉庫營業者ハ明ニ乙者ニ「ウエイトノート」ヲ又甲者ニ「ワラント」ヲ全ク同時ニ交付スルモノニシテ是レ即チ證書ヲシテ公然有効ナラシムル所以ノ絶對的同時ノ發行ナリ

故ニ此點ニ於テハ獨リ大陸ニ於ケル二枚證劵制度ヲ除クノ外總テノ引渡證劵ハ債務者即チ同時ニ代理所持者ナル所ノ債務者ニ依リテ發行セラルヽ其時ヨリ其

法律上ノ効力ヲ有スルコト、卽チ同シ方法ニテ發行セラル、他ノ有價證券ニ於ケルト齊シク發行時點ヲ以テ其効力發生ノ標準トナスコトニ於テ皆一致スルナリ然ルニ前章ニ於テ論定セシ如ク大陸ニ於ケル二枚證券制度ノ質入證券ハ其第一ノ裏書所謂第一ノ「ワラント」裏書アリテ始メテ法律上獨立シテ行動スルモノナリトセハ且ツ此裏書ニ依リテ二枚證券制度ノ有機的一部ニシテ質入證券ノ補助者タル預證券モ亦始メテ有効トナルノ時點ヲ示スモノナリトセハ是レ引渡證券一般カ通有スル或ル特性的原則ヲ破棄スルモノト謂フヘシ卽チ特別制度ナル引渡證券カ一般制度ナル有價證券ヨリ襲用セシ所ノ原則ヲ破棄スルモノト謂フヘシ然レハ爰ニ吾人カ研究問題ノ根本ハ質入證券ノ第一裏書ノ性質ニ在リ此性質ニ依リテ有價證券モ融通能力ヲ享有スルナリ(直接ニ質入證券、間接ニ二枚證券制度ノ有機的部分タル預證券モ融通能力ヲ享有スルナリ)次ニ吾人カ研究ノ本來ノ目的物ハ引渡證券及ヒ總シテ有價證券一般ノ特色ナル一定ノ原則ヲ破棄スルコトニ在リ而シテ此ノ研究ノ結局ノ解決ハ自然ノ勢トシテ唯是等特色ナル原則ト調和スルノ途ヲ發見スルニ在ルノミ換言スレハ吾人ノ研究問題ヲシテ彼ノ原則カ區劃シタル範圍內ニ復歸セシムルノ方法ヲ發見スルニ在リ然ラハ此ノ如キ解決ヲ爲スカ爲メ何處ニ於テ吾人ハ確實ナル標準點ヲ見出スヘキカ

標準點ヲ見出スヘキ最近ノ場所ハ質入證券ノ第一ノ裏書ニ關シ又此質入證券ト裏書ノ性質及ヒ効能ニ關シテ論シタル相當多數ノ學者ノ著述書ナルコト明ナリ蓋シ傍ラ倉庫證券ニ論及シタル一般ノ著述ニ於テモ亦特ニ倉庫證券ヲ論スル著述ニ於テモ皆此質入證券ノ第一裏書ニ對シテハ特別ノ注意ヲ供シタレハナリ尚其外ニ「ガライス」氏ノ小論文ハ特ニ注意スヘキモノトス此論文ハ所謂第一ノ「ワラント」裏書ヲ以テ其唯一ノ研究問題トシタルモノニシテ而カモ其論結ハ後段ニ於テ質入證券ノ第一裏書ニ關シテ述フル所ノモノニ對シテ總テ中心點トナルモノナリ

然ルニ上來重ネ重ネ述ヘタル問題ヲ解決センカ爲メニ彼ノ「ガライス」氏ノ論文及ヒ之ニ關スル總テノ著述ヲ一見スルニ唯タ單ニ一見セシノミニシテハ恰モ是等ノ著述ハ此問題ヲ度外視スルカノ如キ感ヲ生ス可シ

卽チ第一、此問題ヲ繼リタル問題トシテ揭クルコトナク又人ヲシテ此問題ノ目的物ヲ明ニ認識スル能ハサラシム要スルニ質入證券ノ第一裏書ナルモノハ引渡證券及ヒ有價證券制度ノ重要ナル基礎ヲ危クスルモノタルコトハ假初メニモ之ヲ言ハス又此危險ハ縱令如何ナル方法ヲ以テシテカ無害トハナサレストモセメテハ此危險ノタメニ大陸ノ二枚證券制度ノ意味ニ於ケル倉庫證券ハ「變則」ノ有價證券ナリトシテ他ノ本來ノ引渡證券本來ノ有價證券ノ後ニ置カルヽナリトノコトモ亦彼ノ著述中ニ於テ論スル所ナキナリ

第二、此點ハ吾人ノ一層重要視スルトコロナリ卽チ彼ノ著述ニ於テハ此問題ノ根本ヲ全ク輕視セリ從ッテ此問題ヲ解釋答辯スルタメニ總シテ適當ナル指示ヲ與ヘス實ニ一小部分ニ對スル指示スラモ與ヘサルナリ何トナレハ質入證券ノ第一裏書ハ(假ニ預證券ヲ論外トシテ)質入證券ニ始メテ生命ヲ與フルモノタルコトハ明瞭ナリト雖モ又是故ニ之ニ關スル論述ハ重要ナル著述ニ於テ避クヘカラサルトコロニシテ且ツ言顯ハシノ形ヲ異ニシテ繰返ヘサルヽトコロナリト雖モ然カモ總テ此種ノ論述ハ次ノ如キ文句ニ依リテ壓倒セラルヽヲ以テナリ曰ク質入證

券ノ第一裏書ハ(引渡證券及ヒ有價證券トシテノ質入證券ヲ生スルモノナリト云ハスシテ)質權ヲ設定スルモノナリ又此ノ如ク質權卽チ從來未タ成立セサリシ全ク新奇ナル權利ヲ設定スルハ是レ此裏書ノ特性ニシテ他ノ總テノ裏書一般ノ裏書制度ト異ナル所以ナリト

實ニ此文句ニ於テ卽チ權利ヲ設定スル或ハ詳言セハ新奇ナル權利ヲ設定スルモノタル質入證券ノ第一裏書ノ特性ニ關スル此學說ニ於テ直チニ彼ノ著名ナル著述全體ノ論據ノアル所ヲ認ムルヲ得ヘシ蓋シ茲ニ諸著述ノ中點トシテ位スル上記「ガライス」氏ノ小論文ハ此論據ヨリ說述セラレタルモノト謂フヘシ次ニ前ニ述ヘタル同氏ノ論說ハ徹頭徹尾是認セラレ又引用セラレ以テ今日ハ學者界ニ於ケル共有財產ノ如キ有樣ヲ示スモノナリト謂フヘキヲ以テナリ

而シテ實際此論說並ニ之ニ附隨スル總テノ論點ヲ最モ綿密ニ試驗スルハ頗ル有益ノコトニ屬ス上ニ述ヘタルカ如ク爰ニ歸納結晶セシ諸意見ハ吾人ノ攻究セント欲スル問題ニ對スル根本ヲ全ク排除シ又此問題ノ解決ヲ促スヘキ指示ハ其何タルヲ問ハス全ク排斥スルノ點ニ於テ此論說ノ試驗ハ消極的ニ有益ナルノミナラス

吾人ヲシテ尙一層ノ有益ヲ感セシムルモノアルナリ蓋シ「ガライス」氏ノ議論ハ之ヲ一般ノ學說ト稱スルヲ得ヘク此學說ニシテ誤ナク批評セラル、トキハ吾人ヲ導キテ彼ノ吾人ノ意見ト相似タリト雖モ然カモ其主點ニ於テ大ニ異ナレルノ見解ニ至ラシムルモノニシテ且ツ此ノ如クシテ得タル智識ハ啻ニ最初ニ述ヘタル根本ヲ是認スルノミナラス尙又終ニ述ヘタル指示及ヒ其レヨリ一層大ナルモノ卽チ問題ヲ解決スルタメニ充分ナル端緖ヲ與フルモノナレハナリ

扨テ「ガライス」氏等ノ謂フ所ナル質入證劵ノ第一裏書ノ特性ハ新ナル權利ノ設定ニ在リトノ文句ハ何ヲ以テ其論據トナスカ

此意見ハ第一ニ學說上ノ考按ヲ基礎トス此點ニ就テハ恰モ「ガライス」氏最モ完全ニ記述セリ而シテ第二ニハ歷史上ノ沿革關係ニ倚賴スルモノニシテ此點ハ之ニ關スル著述者多數ノ頗ル明細ニ論スル所ナリ

偖第一ニ學說上ノ考按ヲ正當ニ論スルニ當リテ爰ニ最モ陷リ易キ誤謬アルヲ以テ豫メ之ヲ防カサルヘカラス

卽チ就中「ガライス」氏カ質入證劵ノ第一裏書ニ關シテ述ヘシ所ヲ一見スルトキハ其

說ハ裏書制度ニ關スル或ル斷定的見解ニシテ然カモ一般ノ學說ニ異ナリタル所ノ見解ト離ルヘカラサル聯絡ヲ有スルカ如キノ外觀アリ例ヘハ同氏ハ次ノ如ク主張セリ曰ク「質入證劵ノ第一裏書ノ目的ハ其他ノ裏書ノ場合ニ於ケルトハ異ナリ新ナル所持人ニ權利ヲ讓渡スコトニ在ルニ非スシテ却ッテ權利ノ構成卽チ以前ニ尙全ク定マラサリシ新ナル權利ノ設定、換言スレハ質權ノ設定ヲ目的トスルニ在リ」ト又曰ク「質入證劵第一ノ被裏書人ハ質入證劵被裏書人タルカ故ニ貨物寄託者ノ權利承繼人タルニ非ス之ニ反シテ其他ノ場合ニ於ケル被裏書人ハ縱令ヒ自己ノ權利ヲ有スト雖モ尙常ニ裏書人ノ承。繼。人。ナリ」ト其他之ニ類似スル言頗ル多シ是等ニ由リテ之ヲ見ルモ上ニ述ヘタル如キ外觀ヲ認ムルコトヲ得ヘシ卽チ是等ノ場合ニ於テ「ガライス」氏ハ裏書ニ關スル一般ノ定義ヲ論スルニ當リ嘗ニ之ヲ不明瞭ナル讓渡ナル主義ノ下ニ屬セシムルノミナラス尙又縱令ヒ法律上十分明瞭ナラサルモ一定ノ制限ヲ加ヘテ之ヲ專門ノ承繼主義ノ下ニ隸屬セシメントスルコト明ナリ而シテ吾人ハ此ノ如ク認ムルヲ以テ從ッテ質入證劵ノ第一裏書ト一般ノ裏書トノ間ニ不一致ノ成立スルアリトノ論斷ハ單ニ上述ノ隸屬スル所ヲ異ニスルカ爲メニ生セシ結果ニ非サルカトノ想像ヲ起スニ至ルモ亦止ヲ得サルナリ而シテ之ニ連想シテ一般ノ裏書行爲ハ讓渡モ亦承繼ヲモ意味スルモノニ非スシテ多數學說ノ論斷スルカ如ク創成的權利取得ヲ意味スルモノナリトセハ則チ彼ノ不一致ハ自然消滅スト謂フヲ得ヘキナリ讓渡又ハ承繼ト他ノ一方ニ於テ新ナル權利ノ構成トノ間ハ間隙アリテ一致セサルナリ而シテ創成的(又或ル意義ニ於テハ確定的)權利取得ト終リニ述ヘタル新ナル權利ノ構成トノ間ニハ斯カル間隙ノ存セサルカ如キ外觀ヲ呈スルナリ

然レトモ吾人ノ重ナル論點ヲ權利ノ構成ニ置カスシテ新ナル權利ノ構成ニ置クトキハ此外觀ハ僞ニシテ直チニ消滅スヘシ何トナレハ今若シ讓渡並ニ承繼ノ主義ヲ排斥シ而シテ總テノ點ニ於テ裏書ニ依リテ執行セラレタル權利取得ノ創成的(確定的)性質ニ適合セシムルト雖モ然カモ尙次ノ如キ事項ハ動カスヘカラサルコトニ屬スルヲ以テナリ(一)此創成的權利取得ハ始終一定不動ノ或ル境界範圍內ニ行動スルモノナルコト(二)此境界ハ(手形ノ代理委任、若クハ質入裏書ノ如ク)緊縮セラルヽヲ常トスルモ全然廢擲セラルヽモノニ非サルコト(三)新ナル權利ノ構成

ヲ目的トスル裏書ハ裏書讓渡ノ有價證券ニ一般ニ適用スヘキ解釋範圍ノ外ニ在ルモノタルコト

是ニ由テ之ヲ觀レハ「ガライス」氏ノ論據ノ存在スル所自カラ明ナリ而シテ其論據ハ一般ノ裏書制度ヲ積極的ニ說明スルニ當リテ總テノ主觀的見解ノ影響ヲ受ケシコト少ナカラス是故ニ又此論據ハ唯消極的ノ性質ヲ有スルノミ特ニ吾人ハ「ガライス」氏ノ論據ヲ極メテ一般ニ左ノ如ク言顯スヲ得ヘシ即チ全然新ナル權利ノハ成構裏書制度本來ノ効力範圍外ニ存ス次ニ質入證券ノ第一裏書ハ此ノ如キ權利構成ヲ包含ス故ニ質入證券ノ第一裏書ヲシテ一般ノ裏書制度ノ下ニ隷屬セシムルハ不可ナリ

而シテ右ノ說述ハ爰ニ議題トスル考按中ニ於テ學理上最モ明晰ナル形式ナリ即チ多數學者ノ論據トナス基礎中第一ノモノナリト看做スコトヲ得ヘシ

偖第二ノ基礎ハ如何即チ前ニ述ヘタル歷史上ノ沿革關係ヲ見ルニ歷史上始メテ質入證券ノ第一裏書ノ出現セシハ一千八百五十八年佛國法律ニ於ケル質入證券ノ第一裏書ナリ之ニ關スル規定ハ質權法一般ニ關スル或ル規定及ヒ特ニ質權設

定ニ關スル規定ニ準據セシモノタルノ事實アリ之ヲ學者ノ論據トス上來述ツル所ノ一千八百五十八年ノ佛國法律ハ質權法中ノ或ル規定ニ準據シテ特ニ一種ノ登記義務卽チ記。帳。義。務。(Buchungspflicht)ヲ質入證券ノ第一裏書ノ上ニ應用セリ故ニ吾人ハ先ツ彼ノ記帳ノ性質ヲ明ニシテ而シテ後チ彼ノ佛國法律カ制定シタル所ヲ論スルヲ得ヘシ

此點ニ關シ前以テ注意スヘキコトアリ以前倉庫證券ノ始メテ世ニ出テシ時又ハ其後チ倉庫證券ニ並ヒ行ハレタル記帳ノ形式及ヒ記帳ノ仕方ハ彼ノ佛國法律ニ於テハ全ク參考セサリシコトナリ尤モ此以前ノ事ニ就テハ後段更ニ述フル所アルヘシ之ヲ換言スルニ一千八百五十八年ノ佛國法律ノ發表セシモノハ縱令歷史上ノ反響アリシタメ其實施ヲ多少容易ニセシコトハアリシトモ然カモ其本體ニ於テハ倉庫證券ノ爲メニ全ク新ナルモノナリ又此記帳形式ハ質入證券ノ第一裏書ノ制度ト共ニ始メテ倉庫證券ノ歷史中ニ出現シタルモノナリ又此歷史上ヨリ觀察スルトキハ第二期後續現象ノ一種タル觀アリト雖モ其意味ニ於テ第一期現象ニ連續スル所ナキヲ以テ此第二現象ハ何ニ依リテ生セシヤハ其モノ自ラ到底說明

スルヲ得サルナリ
偖一千八百五十八年ノ法律ニ從ヘハ記帳ノ法律上ノ効力トハ如何ナルモノナルヤ「オーステーン」氏曰ク「質入證劵第一裏書ヲ寄託倉庫登記簿ニ登記スルハ質權ノ効力上缺ク可ラサル形式ナルヤ否ノ問題ニ付キテハ先ツ倉庫法ハ一般ニ消極的意味ノモノナリト稱セラルヽ傾キアルコトヲ注意セサルヘカラス即チ之ニ從フトキハ第一裏書ノ登記ハ純粹ニ全ク隨意的形式ナルヘクシテ讓渡人ニ附與セラルヘキ質權ノ成立ニ必要ノ條件ニアラスト云フコトニ注意セサルヘカラス」ト然ルニ爰ニ論スル所ハ實際ノ有樣ヲ濫リニ說明セシニ過キス一種ノ誤謬論ニシテ其ノ誤謬ヲ著者直チニ訂正セリ即チ同氏ハ更ニ語ヲ續テ曰ク「吾人ハ登記ノ形式ハ質權ノ効力上絕對ニ缺クヘカラサルモノナルヲ信ス」ト其他ノ學者ノ述フル所モ之ニ等シ判決例モ亦然リ「質權ヲシテ正當ノモノナラシムル爲メニハ質入證劵ノ裏書ハ倉庫ノ登記簿ニ記入セラルヽコトヲ要ス」ト巴里大審院ノ判決ハ言ヘリ之ヲ觀レハ一千八百五十八年ノ佛國法律ノ意味ニ於テハ質入證劵ノ第一裏書ノ記帳ハ質入ノ手續効力ヲ拘束スル形式ナリ此拘束關係ハ即チ吾人ヲシテ當時佛

國ニ於テ猶行ハレタル一般ノ商法上ノ質入關係ヲ明ニ且ツ直チニ知ラシムル所以ノモノナリ蓋シ質入ノ場合ニ於テモ亦一種ノ拘束關係アリテ一方ニハ質入ノ効力質權ノ設定ト他ノ一方ニハ記帳ニ酷似セシ一定ノ形式上ノ規定トヲ聯絡スレハナリ今若シ吾人カ爰ニ論スル法律ノ理由書草案ニ於テ就中次ノ個所ヲ注意スルトキハ彼ノ拘束關係ヲ最モ明ニ認ムルコトヲ得曰ク「證券ノ裏書ニ關シ大體ノ綱領ニ一致スルタメニハ裏書ノ登記ヲナスコトヲ要ス蓋シ此裏書ヲナスコトハ實ニ質入行爲ノ一種ニシテ而カモ同一ノ場所ニ住居スル取引者間ニ屢々起ルモノナリ商法第九十五條ハ質債務ノ取引ニシテ同住地ニ於ケル取引者間ニ起ルトキハ此質入行爲ハ登記セラルヘキコトヲ希望セリ帳簿又ハ信書ニ依ル日附ハ十分ニ證據力ヲ有セス然ラハ規則正シキ點ヨリセハ裏書ノ登記ヲナスコトヲ要スルナラン而シテ倉庫ノ登記簿ニ上記スルコトハ裏書ノ登記ヲナスコトトナリ又確定日付ト同一効力ヲ有スルコトトナルナリ是レ倉庫ノ役員ハ公吏ノ一種ニシテ其差圖ハ全ク誠實ノ保證ヲ與フルモノナレハナリ」ト是レ結局質權設定ノ際要求セラルヽ確定日付ヲ必要トストスト云フニアリ而シテ確

定日付ト云フトキハ畢竟登記ヲ必要トスト云フニ外ナラス故ニ質入證劵裏書ノ初メテ現ハルヽ場合ニ於テハ質入證劵裏書ヲ以テ質權設定ニ準スヘシトノ論ヲ立ツルヲ得ヘキナリ

而シテ其後チ次ニ掲クル如キ種々ノ觀察アリト雖モ皆此事實ヲ動カス能ハス一千八百六十三年五月二十三日ノ佛國法律ハ商法上ノ質ニ對シテ確定日付卽チ登記ノ必要ヲ廢止セリ從ツテ一般ノ質入關係ト特別ノ質入證劵關係トノ密接ノ聯絡殊ニ質入證劵ノ第一裏書ノ記帳義務ハ其後尙保タレシカ故ニ此記帳義務トノ密接ノ聯絡ヲ廢止セリ然レトモ尙是ヲ以テ彼ノ質入證劵裏書ヲ質權設定ノ見解ニ從ハシメシノ事實ヲ動カス能ハス

次キニ佛國以外ニ於ケル數多ノ立法ハ質入證劵裏書ニ關シテハ佛國ノ模範ニ從フテ確定日付及ヒ登記ヲ要件トナセシト雖モ其國ノ質權ニ於テハ更ニ是等ノ規定ナシトノ事モ亦彼ノ點ヲ動カス能ハサルナリ

尙終リニ質入證劵ノ第一裏書ノ特有スル記帳義務ニ關シ一千八百五十八年以降特ニ一千八百六十三年ノ法律發布後ニ全然他ノ見解確實トナレリ而シテ此見解

ハ屢々一千八百五十八年ノ法律ヲ研究シ此反對ノ意味ニ於テ之ヲ遡リ説明シタリ然レトモ(尤モ質權上ノ理由ヲ廢除シ得サルヲ以テ重要ナル解釋ト看做スヲ得ス)是等ハ皆彼ノ事實ヲ動カス能ハサルナリ

此終リニ於テ述ヘタル所ヲ明ニセンカ爲メニハ一千八百六十三年以後佛國著述家ノ採リシ所ノ意見ヲ少シク注意スルヲ以テ足レリトス

尤モ一千八百六十三年ノ法律ノ發布アリシニモ拘ラス質入證劵ノ第一裏書ノ記帳義務ハ依然トシテ尚引續キ保持セラルヽコトハ「一般法ハ決シテ特別法ニ抵觸セス」トノ形式的理由ヲ以テ屢々特ニ判決ニ依リテ唱道セラレタリ然レトモ又他ノ方面ニ於テハ屢々次ノ如キ意見ノ唱ヘラルヽアリ即チ記帳義務ヲ保持セシハ他ノ實質上ノ理由アルナリ其理由ハ既ニ一千八百五十八年ノ法律ニ於テモ幾分參照セラレシモノナルカ特ニ一千八百六十三年以後ハ唯一ノ有効ナル理由トナリシモノナリト

「レオーンカーン」氏曰ク「或ハ裏書ノ登記ハ裏書ニ確定日付ヲ付與スルモノタルコトヲ述フルモノアリ若シモ之ノミノ必要ニ止マルトセハ一千八百六十三年以後

ハ此形式ハ最早正シトハ云フヘカラス何トナレハ一般ニ船渠ニ寄託セラレタル商品上ニ設定セシ質行爲ハ商事ナリ而シテ商事的行爲ニ對シテハ登記ハ最早要求セラレサレハナリ故ニ登記ハ全ク他ノ必要ヲ有ス」ト云々

「レオン＝カーン」氏ノ考案ニハ其他多數著述家モ同意セリ今此考按ニ攻擊ヲ加フルコトナクシテ當時ノ實情ヲ下ノ如クニ想像スルコトヲ得ヘシ卽チ一千八百五十八年ノ法律編制ニ際シテハ質權上ノ理由カ所謂知覺ノ前面ニ立チシコト、他ノ理由モ亦當時既ニ幾分カ干與シタリシコト及ヒ一千八百六十三年ノ法律以後ハ此ニ所謂他ノ理由カ單獨支配權ヲ掌握シ自ラ前面ニ進ミ出タル者タルコトナリト之ヲ要スルニ上來述ヘシ如キ及ヒ之ニ類似ノ見解アリト雖モ然カモ質入證券ノ第一裏書ハ其成立セシ時ニ於テ縱令專一的ニ非サルモ尚主トシテ質權設定ノ見解ノ下ニ屬セシメラレシ事實ハ之ヲ動カスヘカラス亦爰ニ述ヘタル歷史上ノ基礎ヲモ破壞スルヲ得サルナリ

今ヤ吾人ノ問ハント欲スルハ此歷史上ノ基礎及ヒ前ニ述ヘタル學說上ノ基礎ハ現今行ハルヽ學說全體ヲ支持スルニ十分ナルカ否ト云フニ在リ

而シテ之ニ答ヘテ云ハン質入證券ノ第二裏書ハ一ノ質權卽チ一ノ新ナル權利ヲ生スルモノナルヲ以テ從フテ質入證券ノ第一裏書ハ普通用ユル意味ニ於ケル裏書一般ニ卽チ所謂裏書ナルモノニ異ナルモノナルヲ證明スル爲メニハ彼ノ二個ノ基礎ハ十分ニ其任務ヲ盡スヲ得ヘシト

然ルニ現今行ハルヽ學說ノ主張スル所ハ上ニ述ヘタルノ外更ニ他ノモノアリ卽チソレ以上ノモノアルナリ何トナレハ現今行ハルヽ學說ハ質入證券ノ第一裏書ヲ以テ或ル特種ノモノトシテ總テノ他ノ裏書ニ對立セシメント欲スルナリ彼ハ其主張ヲ進メテ曰ク獨リ質入證券ノ第一裏書ノミ能ク或ル新ナル權利卽チ質權ノ設定ニ於テ其効力ヲ見ハスヲ得ルナリト

此一步進ミタル主張ハ前ニ述ヘタル學說上ノ考按ニ依リテモ後ニ揭ケタル歷史上ノ沿革關係ニ依リテモ亦茲ニ縷述セシ諸事實ニ依リテモ之ヲ確實ニナスヲ得ス之ヲ確實ニセント欲セハ先ツ以テ質入證券ノ第一裏書ノ場合ニ於ケル如キノコトハ他ノ裏書ノ何レニモ行ハレサルコトヲ證明スルヲ要スルナルヘシ

而シテ如此證明ハ吾人カ第二編ニ於テ說キタル所ニ依レハ不可能ノ事ニ屬ス何

トナレハ一枚證券制度ノ意味ニ於ケル倉庫證券ノ質入裏書(少クトモ表顯的質入裏書)又ハ船荷證券若クハ貨物引換證ノ質入裏書(表顯的)卽チ一言以テ之ヲ云ヘハ引渡證券ノ質入裏書モ亦皆質權ヲ設定スルモノナリ而シテ此等ノ質入裏書ノ質權ヲ設定スルノ方法ハ質入證券ノ第一裏書ノ之ヲ設定スル方法ト毫モ異ナル所ナシ唯其僅カニ異ナル所ハ質入證券ノ第一裏書ハ質權ヲ設定スルト同時ニ質入證券ナル有價證券ヲモ併セテ設定スルモノナリト雖モ(而シテ之ト同時ニ二枚證券制度ノ一部タル預證券ヲモ亦有効ナラシム)他ノ裏書ハ此事ナキナリ

是故ニ引渡證券ノ表顯的質入裏書ヲ單ニ論外視セストセハ則チ上來述ヘ來リタル學說ヲ次ノ如キ意味ニ於テ換言セサルヘカラス卽チ彼ノ質入裏書及ヒ質入證券ノ第一裏書ノ兩者共通ノ特性ハ一ノ新ナル權利ノ設定卽チ質權ノ設定ニ在リ質入證券第一ノ裏書其者丈ケニ就テ之ヲ觀レハ其特性ハ第一質權ノ設定、第二有價證券ノ設定(及ヒ第二ノ有價證券ノ變性發達)ノ二點ニ在リト

右ニ述ヘタル意見ハ現下行ハル、學說ニ齊シク未タ明確ニ覺知セラル、ニハ至ラサリシモ然カモ該意見ノ既ニ從來ノ著書中ニ散見スルヲ觀ルハ妙ト謂フ可シ

吾人ハ上ニ「レオン＝カーン」氏ノ一節ヲ引用セリ此ノ引用セシ所ニ依レハ同氏ハ質入證券ノ第一裏書ノ記帳義務殊ニ一千八百六十三年ノ法律以後尚其存留スルコトハ上ニ述タル質權上ノ目的ノ外ニ更ニ全ク他ノ利益ヲ有セシモノナリト說ケリ而シテ此利益ニ就テ更ニ次ノ如クニ說ケリ曰ク「登記ハ寄託品上ニ質權ノ設定セラレタルモノナルコトヲ第三者ニ知ラシムル爲ノ公告ノ形式ナリ而シテ質證券ノ第一裏書後ニ於テ裏書セラルヘキ預證券所持人ニ對スル點ニ關シ特ニ必要ナリ」ト

「レオン＝カーン」氏ノ說ニ從ヘハ記帳ノ利益ハ第一、第三者ニ對シ質入ヲ示スコト、第二質入證券ヨリ分離セラレタル預證券取得者ニ對シ質入ヲ示スコトニ在リ而シテ預證券ノ取得者ハ質入證券カ有價證券トシテ効力ヲ得又之ト同時ニ(二枚證券制度ノ一半部分トシテ)有効トナル預證券ト分離セラレタル時ニ於テ始メテ特別ノ關係者トシテ現ハル、モノナレトモ第三者ハ然カモ質入每ニ注意セラル、モノタルヲ以テ卽チ上ニ述ヘタル同氏ノ說ニ於テ質入證券ノ第一裏書ハ二個ノ効力(質權設定及ヒ有價證券設定ノ効力)ヲ有スルモノタルヲ認ムルヲ得ヘシ

「レオン＝カーン」氏其他幾多ノ著述者ノ言フカ如ク記帳ノ利害ヲ論スルニ當リテ彼ノ二個ノ効力ヲ唱道スル場合ニ於テモ亦ハ學者ノ往々為スカ如ク第二ノ効力ノミヲ宣揚スル場合ニ於テモ記帳義務ノ正當ナルコトハ獨リ質入證劵第一ノ裏書ニ於テノミ現ハルヽ所ノ理由ニヨリテ證明セラルヽカ如シ然レトモ彼ノ第一ノ効力ノミヲ擧ケテ以テ足レリトスル場合(然カモ其例ニ乏シカラス)ニ於テハ質入證劵ノ第一ノ裏書ニ就テ記帳ノ為ニ辨シタル所ハ一枚證劵制度ノ質入裏書ニ際スル記帳ノ為メニモ亦有効ナルコトヲ得ヘシ而シテ此ノ如ク記帳制度ヲ延長スルコトハ重ナル著述者ノ贊同スル所ト全ク一致スルナリ例ヘハ「ランダー」氏ハ彼ノ一千八百六十六年ノ墺國條例(此條例ハ既ニ吾人ノ見シ如ク一枚證劵制度ヲ採用セシモノナリ)第一ノ條ニ於テ當事者双方ノ眞ノ意思ヲ正當ニ形式上ニ表ハスノ證明及ヒ監督ノ缺乏スルヲ失望セリ蓋シ他國ノ立法ニ於テハ此證明及ヒ監督ハ質權、質金額及ヒ滿期日ヲ倉庫ノ責任アル役員ニ依リテ倉庫帳簿ヘ登。記。スルコトヲ規定スルニ依リテ具備スルナリ然レトモ立法ハ何處ニ於テモ此等ノ請求ヲ滿足セシメシモノナシ例ヘハ以國(一千八百七十一年ノ法律ニ於テハ然リシモ一千八百八十二年ノ法律以後ハ既ニ然ラス）匈國、墺國等ニ於テハ法律ハ唯タ二枚證券制度ニ對シテノミ又就中唯タ質入證券ノ第一裏書ニ對シテノミ佛國ノ模範ニ從ヒタル記帳義務ヲ規定セリ要スルニ是等ノ立法ハ啻ニ質入裏書カ質權設定ノ效力ヲ生スルノミナラス又質入證券ノ第一ノ裏書カ質權ヲ設定シ及ヒ有價證券ヲ設定スルノ效力ヲ生スル場合ニ對シテノミ此記帳義務ヲ必要ト認メタリサレハ此點ニ於テハ法律モ學說モ共ニ質入證券ノ第一裏書カ他ト異ナル所以ノ效力ナル即チ有價證券設定ノ效力ヲ少クトモ記帳制度ニ關シテハ十分ニ認メルコトヲ確ムルヲ得ヘシ而シテ此事ハ或ル程度迄ハ記帳制度ノミニ止マラス一般ニ就テ爾云フヲ得ヘシ唯吾人カ茲ニ目下行ハル、學說ヲ批評セシ底ニ夙ニ學說モ亦之ヲ自認シ且ツ嚴重ニ組織的ニ知覺セシナリトハ思フヘカラス

殊ニ法律ニ就テ之ヲ觀ルニ立法モ亦其精神ヲ執行スル實務モ共ニ質入證券ノ第一裏書カ有價證券設定ノ效力ヲ有スルコトヲ縱令形式上ニ於テ、實ニ全ク外形上ニ於テナリト雖モ之ヲ認メタル迄ニ至リタルハ吾人ノ知ルヲ得ル所ナリ何トナレハ此質入證券ノ第一裏書ハ法律上ノ一定ノ事項ヲ記スルヲ要ス例ヘハ質金額

(場合ニヨリテハ利息モ亦)及ヒ滿期日、尚通常ハ(墺國倉庫法第二十條ニヨルモ)此外ニ被裏書人ノ姓名又時トシテハ此他ノ事項ヲモ掲クルコトヲ以テ法律上ノ要件トナセリ既ニ多數ノ場合ニ於テハ此裏書ハ既ニ一定ノ文句(例ヘハ Bon pour cession du présent Warrant à l'ordre de…… pour la somme de ……le 金額……ニ對シ……殿ノ指圖ニ於テ此質入證券ノ讓渡ヲ承認ス)ニ依リテ其後ニ爲サヽル總テノ質入證券裏書(Payez à l'ordre de等)ト形式上明ニ差別セラルノミナラス屢々質入證券ノ表面本文ニ於テ次ノ如キ語ヲ現ハシ以テ第一ノ「ワラント」裏書タルヲ示スナリ Warrant à Ordre. Engageant pour la somme déterminée par le *premier endossement* d'autre part……le marchandises a après……an nom et à l'ordre de 指圖式證券 他方ニ於テハ第一裏書ニ依リ定メラレタル金額ニ對シ約束シツヽ……下記商品……殿ノ指圖又ハ其名義ニ於テ……云々又ハ單ニ Waren à ordre 指圖式證書」ト、要スルニ「下記貨物ハ……殿又ハ其指圖人ノ利益ノ爲メ此證券裏面ニ於テ第一ノ質入裏書ニ依リ定メラレタル金額ニ關シテ擔保ス」ナル文句ハ取引上多ク行ハル、質入證券ノ樣式トス而シテ實際ニ於テモ質入證券ノ第一裏書カ質入證券ヲ完全ナラシメ且ツ之レアリテ始メテ質入證券《ワラント》自ラ設定セラルヽモノタルコトヲ之レ以上明瞭ニ示ス能ハサルナリ第二預證券ニ質入證券ノ發行ヲ記入スルヲ常トス而シテ質入證券ノ發行ヲ記入スルハ間接ニ第一ノ質入裏書ノコトヲ言フナリ若シ此間接ノ記入ヲナサストセハ則チ第一ノ質入裏書ニ關スル事項ヲ直接ニ記入スルヲ常トス例ヘハ「此倉庫證券(預證券)ニ附帶スル質入證券《ワラント》上ニ於テ……月……日支拂フヘキ金……「フラン」ノ義務アルモノナリ」ト記入スルカ又ハ「此預證券ニ附帶スル質入證券《ワラント》ハ……ニ於テ……殿ヘ……殿ニ依リテ……月……日ニ於テ支拂ハルヘキ金額……並ニ……割ノ利息……ノ擔保トシテ裏書讓渡セラレタリ」ト記入ス次ニ此記入ノ樣式何レニシテモ又他ノ一方ノ場合ニ於テモ通常此種ノ記入ノ外ニ登記濟ヲ示スノ記入アリ尤モ登記濟ノ記入ハ當事者双方共ニ(墺國倉庫法第二十條ニ從ヘハ)預證券上ニ於テモ尙又質入證券上ニ於テモ之ヲ認ムルヲ得ルヲ常トス且ツ上述何レノ場合ニ於テモ彼ノ第一「ワラント」裏書ニ就テノ記入ノ精神ハ同一ナリ卽チ間接ニセヨ直接ニセヨ何レニシテモ記入ノ事項ハ全ク質入證券ノ第一裏書ニ關スルモノタルコト明ナリ此ノ如クニシテ質入證券ノ第一裏書ハ預證券ノ性質ヲ變更シ之ヲシテ二枚證券制度ノ一半部分タル預證券タラシムルノ事實ヲ明ニスルモノナリ

之ニ連關シテ吾人ハ學說上ニ於テ言ハント欲スル所ヲ直チニ爰ニ述ヘント欲ス卽チ上ニ述ヘタル狀態ハ學理上幾何ノ價値ヲ有スルヤノ問ヲ出サハ吾人ハ下ノ

如クニ答フルノ外ナキナリ曰ク此學說ハ質入證券ノ第一裏書ノ預證券ニ對スル關係(少クトモ爰ニ論セント欲スル如キ密接ナル關係)ヲ幾分粗略ニ見タリ然レトモ此裏書ノ質入證券ニ對スル關係ヲ論シテハ屢々誤ナク解釋シタルノミナラス少クトモ大體ニ於テ正鵠ヲ射タルナリト

之ヲ觀察スルニ當リテ吾人ハ學者カ此問題ニ就テ質權上ノ現象ヲ云々セスシテ債務法上ノ現象ヲ論スルカノ如キ言句ヲ出スモノ、タメニ誘惑セラル、ナキヲ期セサル可ラス蓋シ質權對債權ノ關係ハ是レ自ラ獨立ノ問題ニシテ特ニ質入證券上ノ關係ニ就テハ更ニ後段論スヘキヲ以テナリサレハ爰ニハ之ニ論及スルコトヲ避ケ吾人ハ債務法上ノ解釋ハ單ニ之ヲ事實ト假定シ而シテ專ラ第一ノ質入裏書ノ質入證券ニ對スル關係ヲ詳細ニ研究スルヲ適當ト思惟ス而シテ第一ノ質入裏書ハ或ル場合ニ於ケル債務法上ノ法律行爲ニシテ之ニ對スル質入證券ハ或ル場合ニ於ケル債務法上ノ有價證券タルモノナリト看做ササルヘカラス

右ノコトヲ前提シ次キニ先ツ注意スヘキコトアリソハ學說上ニ就テモ其他既ニ立法ニ於テモ屢々第一ノ質入證券裏書人ヲ稱シテ「ワラント」債務者(débiteur principal又ハ debitore)ト云ヒ又時トシテハ質入證券第一ノ裏書ヲ貸借表式ト稱スルコトニアリ蓋シ既ニ斯カル名稱ヲ付スル所以ノモノハ第一ノ質入證券裏書カ有價證券設定ノ効力ヲ有スルコトヲ認メタルニ外ナラサレハナリ尤モ是レハ上ニ述ヘタル債務法的見解ニ從ヒタルモノニシテ又特ニ終リノ「ワラント」裏書ヲ貸借表式ト稱スル場合ニ於テハ法律上全ク明了ナラサルノ意見ト謂フヘシ

之ト同シク債務法的見解ニ從ヒ且ツ全ク反對ナキニアラサレトモ然カモ吾人ハ此事實關係ヲ頗ル明晰ニ示スノ意見アリ吾人ハ此意見ニ類似スル多數ノモノヲ引用スルノ代リニ此意見ヲ言句ノ儘ニテ爰ニ掲ク即チ「ハッヘンブルヒ」氏曰ク「佛國立法(及ヒ其他之ニ模倣セル歐洲大陸諸國ノ立法)ヨリ採用セラレタル解釋法中ノ要點ハ質入證券ノ裏書ヨリ生スル結果ニアリ就中二枚證券制度ノ諸國ニ於テ質入證券ノ裏書ヨリ生スト認メラレタル効果ニ在ルナリ今若シ此要點ハ貨物ニ關スル處分所有權其他ノ讓渡質權ノ設定是等以外ノモノヲ包含セサルナリトセハ則チ英國以外ノ立法ノ特性ト稱スヘキモノ之レナキナリ然ルニ要點ノ在ル所ヲ見ルニ質入證券ノ第一裏書ハ貨物ニ對スル處分權ト共ニ尚形式的證書債務ノ

作成ヲ意味スルモノナリト云フニ在リ」ト

偖吾人ハ此「ハッヘンブルヒ」氏ノ議論ヲ見ルニ當リテ彼ノ形式的證書債務ナル定義ハ頗ル世ノ議論多キコトナレハ之ヲ論外トシ又債務ト質權トヲ過激ニ分離スルコトニ重キヲ置カス（上述ノ意見ニ依レハ債務法的見解モ此ニ至リテハ其極端ニ達セシカ如シ）而シテ同氏ノ議論ヲ約スレハ左ノ意ヲ述フルコト明ナリ卽チ「質入證券ノ第一裏書ハ證書債務ヲ設定ス」トサレハ有價證券設定ノ效力ヲ有スト云フニ外ナラス（尤モ爰ニハ第一ノ「ワラント」裏書ヲ大陸ニ於ケル二枚證券制度ノ特色トナシテ英國ノ二枚證券制度ニ對照シテ說キシハ適宜ノコトニ屬スト謂フヘシ）

此點ニ就テ觀ルニ吾人カ現今行ハルル學說ヲ批評シテ以テ得タル所ノ結果ハ從來ノ學者旣ニ吾人ニ先チテ之ヲ收メタルナリ然レトモ唯此結果ヲ完全ノモノトシテ綜合センカ爲メニ更ニ進ンテ質入證券ノ第一裏書ノ預證券ニ對スル關係及ヒ此裏書ノ一枚證券制度ニ於ケル質入裏書ニ對スル關係ヲ併セ論セサルヘカラス蓋シ前ニ述ヘタル如ク爰ニ吾人ハ質入裏書ノ特性ハ質權ノ設定ニノミ在ルモ

質入證券ノ第一裏書ノ特性ハ質權ノ設定並ヒニ有價證券ノ設定ニ在ルノミナラス此外ニ預證券ヲシテ二枚證券制度ノ一部トナラシムルニ在ルコトヲ認ムルヲ要スルコト明ナレハナリ

之ヲ明ニ知得セハ上ニ述ヘタル意味ニ於テ此編ノ始ニ提出セシ問題ノ根本ヲ知リ又此問題ノ解釋ニ對スル端緒ヲ手ニスルヲ得ヘシ

其理由ハ第一質入證券ノ第一裏書ハ有價證券設定効力及ヒ之ニ附隨スル効力ヲ有スルコトヲ明ニシ又預證券ニ就テハ有價證券變性ノ効力ヲ有スルコトヲ全ク明ニスヘシ卽チ裏書ニ依ル有價證券設定ハ如何ニシテ彼ノ證券發行ヲ主トスル引渡證券及ヒ有價證券一般ノ原則ト調和スルヲ得ルヤノ問題ヲ說クヲ得ヘシ

第二上ニ述ヘタル點ヲ明ニセハ從フテ右ノ有價證券設定ノ効力ハ質權設定ノ效力ト共ニ出現スルモノタルノ事實及ヒ此質權設定ノ効力ハ第一ノ「ワラント」裏書(質入證券ノ第一裏書)ニ際シテ始メテ現ハル、モノニ非スシテ既ニ一枚證券制度ニ於ケル質權裏書ニ際シテ生スルモノタルノ事實ヲ明ニスヘシサレハ質入證券ノ第一裏書ノ特性ヲ知得セハ今如何ナル方法カニ依リテ爰ニ述ヘタル此質入證券ノ第一裏書ヲ質權裏書ノ水平線ニ下スコト卽チ大陸ニ於ケル二枚證券制度ヲ一枚證券制度ノ基礎ニ立タシムルコトヲ爲シ得ルト同時ニ質入證券ノ第一ノ裏書ニヨリテ生スル總テノ難問ハ打破セラレタルヲ證スルモノト謂ハサルヘカラス(難問中ニ於テモ特ニ引渡證券及ヒ有價證券一般ノ原則ヲ破毀スルコトノ如キ然リトス)

此事ヲ證明スルトキハ恰モ吾人ノ問題ヲ解釋スルタメ捜索スル端緒ハ既ニ其內ニ包含セラルヽナリ

爰ニ大體ニ於テ示セシ事實關係ハ次章ニ於テ之ヲ詳論スヘシ

然レトモ玆ニ唯述ヘ置カント欲スルハ既ニ第一編ニ於テ述ヘタル所ニ從ヒ後段述フル所ヲ怪ムヘカラスト云フニ在リソレハ卽チ質入證券ノ第一裏書ニシテ質入裏書(表題的)ノ進化形式トシテ現ハレタルモノトセハ此質入裏書ニ對シテ求心スルハ全ク自然ノ勢ト謂フヘシ

第二章

前章ニ述ヘタル精神ヲ以テ再ヒ引渡證券ノ軌道ニ立戻ランカ爲メ立法ノ採ル所ノ進路ハ之ヲ全ク抽象的ニ觀察スルトキハ些少ノ困難モ存在セサルナリ是レ畢竟上ニ述ヘタル如ク大陸ニ於ケル二枚證券制度ノ倉庫證券ヲ一枚證券制度ノ水平線ニ復歸セシメ質入證券ニ於ケル第一裏書ヲ質入裏書(一枚證券ニ於ケル)ノ水平線ニ復歸セシムルヲ要スルノミナレハナリ

之レカ復歸モ難事ニ非ラス就中質入證券ニ關シテ之ヲ觀レハ一枚證券制度ニ於ケル倉庫證券ニ齊シク從ツテ又船荷證券及ヒ貨物引換證ニ齊シク看做サレ質入證券ハ此證券ニヨリテ義務ヲ負フ者即チ此場合ニ於テハ倉庫營業者カ之ヲ發行スルニヨリテ始メテ發生スル所ノ有價證券ナリト規定セラレ且ツ其自然ノ結果トシテ質入證券モ亦其第一裏書以。前。ニ於テハ總テノ所有權裏書及ヒ其他ノ裏書ハ恰モ一枚證券制度ノ模範ニ從フテ取扱ハル、モノトセハ是レ即チ彼ノ水平線ニ復歸スルニ外ナラス故ニ此種ノ裏書順序ニ連續シテ質入證券ニ第一ノ「ワラント」裏書ノ顯ハル、ヤ茲ニハ此語ノ專門上ノ意味ニ於テ眞ノ質入裏書ニシテ此裏書ニ依リテ從來自由ニシテ且ツ自由ニ讓渡セラレシ所有權ハ拘束ヲ受ケ又此裏

書ト同時ニ始メテ質權ノ流通ヲ生スルニ至ルナリ

質入證券ヲ規定スルコト此ノ如クニシテ又之ヲ全ク抽象的ニ觀察スルトキハ此規定ハ質入證券ニ對スルト同時ニ預證券ヲ規定スルカ爲メニモ亦確實ナル根據ヲ與フルコトヲ得即チ質入證券ニシテ旣ニ其發行ニヨリテ有効トナルモノトセハ此質入證券ノ發行ト同時ニ預證券モ亦二枚證券制度ノ一部分トシテ有効ナルコト明ニシテ此際ハ第一ノ「ワラント」裏書ニ依リテ始メテ有効トナルニ非サルナリサレハ此兩證券ハ同。時。ニ發行スルヲ要スト規定セハ足レリ換言セハ此兩證券ハ其發行ト同時ニ受生スルモノニシテ彼ノ引渡證券尙又有價證券ノ原則ト全ク一致スルモノナリ

以上述フルトコロニ依レハ頗ル簡易ナルカ如シト雖モ彼ノ一致スト云フコトモ唯空論タルニ過キスシテ畢竟上ノ抽象的觀察法ハ專ラ具體的組織ニ至ルヘク而シテ具體的項目ヲ充實セントスルトキハ甚大ナル困難ニ遭遇スルコトハ吾人ノ直チニ認ムル所ナリ

此困難ノ第一點ハ質入證券ニ第一ノ質入裏書ノ記入セラルヽ迄ハ質入證券モ預

證券モ同一ノ作用ヲナスニ在リ卽チ兩證券共ニ所有權裏書其他種々ノ裏書ヲ記載セサルヘカラス故ニ若シ質入證券ニ於ケル第一ノ「ワラント」裏書以前ニ在リテ所有權讓渡若クハ代理者委任者等ヘ讓渡ノ起ルヘキトキハ此裏書ハ預證券並ニ質入證券面ニ爲スコトヲ要ス卽チ重復裏書ニヨリテ此讓渡ヲ執行スルナリ單ニ此事ノミヲ觀察スルトキハ多少奇觀ナリ又何レノ點ヨリ見ルモ變則ノコトナリト謂フヘシ

而シテ第二ノ困難點ハ單ニ之ノミヲ觀察スルトキハ第一點ニ讓ラサルモノトス今二枚ノ證券同時ニ發行セラレサル可ラサルヲ以テ倉庫營業者ハ質入證券ノ第一裏書マテハ同一ノ作用ヲナサシムル二樣ノ證券ヲ同一瞬間ニ於テ發行セサルヘカラサルナリ是レ亦多少變則ノコトト謂フヘシ

之ヲ要スルニ第一及ヒ第二ノ困難ハ共ニ證券發行ヨリ第一ノ「ワラント」裏書ニ至ル迄ノ期間ニ關スルモノニシテ人若シ是等困難ヲ始メテ目擊スルトキハ其程度頗ル重大ナルカ如クシテ立法ハ果シテ能ク上ニ述ヘタル進路ヲ取ルヲ得ルヤ否ヲ疑ハントスルニ至ルヘシ

然レトモ立法ハ事實上此方針ニ從フテ進歩セリ實際大陸風ノ倉庫證劵制度ヲ襲用セシ諸國ニ於テハ是等ノ事情ハ恰モ質入證劵ニハ既ニ第一ノ「ワラント」裏書(此語ノ專門上ノ意味ニ於ケル第一ノ「ワラント」裏書)以。前。ニ於テ諸種ノ裏書ヲ記載セラレシカノ如ク解釋セラレ又倉庫營業者ハ同時ニ二枚ノ倉庫證劵ヲ發行セシカノ如ク解釋セラル、ナリ

サレハ此關係上ニ於テ吾人ノ問フコトヲ要スルモノハ即チ立法ハ如何ニシテ右ニ述ヘタリシ如キ困難ニ打勝チタリシヤ又如何ニシテ此等困難ト聯絡スル種々雜多ナル狀態ニ對シテ能ク統一的位置ニ達シタリシヤト云フニアリ

先ツ第一點ノ困難ニ就テ之ヲ觀ルニ立法ハ或ル規定ヲ設ケテ以テ此困難ヲ打破セリ而シテ其規定トハ第一ノ「ワラント」裏書以前ニ於テ所有權讓渡若クハ其他ノ目的ノ爲メニスル裏書ハ唯タ預證劵上ニノミ記載スルヲ以テ足レリトシ(最モ又兩證劵ノ上ニ爲スコトヲ得ルハ勿論ナリト雖モ)而シテ此裏書ハ兩證劵即チ預證劵ニ對シテモ亦質入證劵ニ對シテモ有効ナリト云フニアリ

此規定ハ各國ノ法律ニ於テ或ハ明ニ言表ハセシモノアリ或ハ唯タ意味ニ於テ補

足セシムルモノアリ(例ヘハ一千八百七十七年ブレーメン倉庫法第三條ニ曰ク「倉庫證券ニ因リテ權利ヲ得タル所持人ハ指圖式「ワラント」ノ裏書及ヒ交付ニ依リテ倉庫證券ニ記載スル貨物ヲ質入スルコトヲ得」ト此場合ニ倉庫證券ト「ワラント」トノ聯絡ハ明記セスト雖モ上ニ述ヘタル規定ノ意味ヲコレニ因リテ補足スルコトハ自カラ明ナリ)學者モ亦此規定ヲ全然有效ト認ムト雖モ唯タ時トシテハ二三反對ノ意見ナキニ非ス例ヘハ「ウヰーウアント」氏ノ伊國法律ニ關シテ述フル所ノ如キ然リトス曰ク「此兩證券ハ相連絡シテ流通スルヲ得ヘシ而シテ其流通ハ悉ク二者何レノ上ニモ反復セラル、コトヲ要ス若シ然ラスシテ兩證券分離スルモノトセハ總テノ流通ヲ反復セサリシ證券ヲ讓渡スル者ノ權利ハ如何ニシテ正當ナリト認メラルヘキヤ」ト是レ即チ立法主義ニ依リテ論スルコト明ニシテ安全ヲ計ルカ爲メニ此見解ヲ立法中ニ採用シタルナリ而シテ縱令此見地ヨリスルモ之ヲ他ノ法律條項ニシテ第一ノ「ワラント」裏書ヲ確實ナラシメ質入證券全體ヲ確實ナラシムルモノニ對照スルトキハ此見解ハ殆ント全ク不必要ノモノナルカ如キナリ扨テ爰ニ述ヘタル規定ノ効用ハ上ニ記セシ範圍ニノミ止マラス此規定ハ更ニ深大ノ意味ヲ有シ又此規定ニハ一般ニ亘レル性質アルナリ之ヲ具體的ニ云ヘハ此規定ハ預證券ヲシテ所謂其法律上ノ地位ヲ强固ナラシムルノ目的ヲ有スルナリ而シテ元來預證券ハ第一ノ「ワラント」裏書以前ニ在リテハ獨リ自ラ事實上ノ基礎ヲ占有スルモ彼ノ質入證券ニハ其任務トスヘキ質入取引缺乏シ從フテ事實上ノ基礎ナキナリ然ルニ此第一ノ「ワラント」裏書以前ニ於テハ預證券ハ質入證券ト同等ノモノナルカノ如キ觀ヲ呈セシナルモ今ヤ上述ノ規定ハ之ヲ明ニセントスルナリ而シテ此規定ハ其目的ヲ遂クルカ爲メニ證券發行ヨリ第一ノ「ワラント」裏書ニ至ル迄ノ時日間ニ在リテハ唯タ預證券ノミヲ云爲シ質入證券ヲシテ非獨立ノ反映タラシメツヽアルナリ換言スレハ第一ノ「ワラント」裏書以前ニ在リテハ預證券ハ自働的ニシテ質入證券ハ受働的ナルナリ是レ則チ學理ノ言ハント欲スル理想ニシテ立法ハ上ノ規定ニ依リテ此理想ヲ是認セリ

此ノ如クニシテ第一點ノ困難ハ右ノ學理的理想即チ兩個ノ倉庫證券ニ關シ又第一ノ「ワラント」裏書以前ニ於ケル其相互ノ關係ニ關スル學理的理想ニ間接ニ連繫シテ以テ始メテ之ヲ除クヲ得タリト雖トモ第二點ノ困難ハ此學理的考案ニ依リ

テ直接ニ打破セラレタルナリ何トナレハ倉庫營業者ハ同時ニ二枚ノ證券ヲ發行シ此二枚ハ或ル一定ノ時期ニ至ル迄同一ノ作用ヲ爲スト云フ事實ハ次ノ如キ解釋方法ニヨリテ其變則ト認メラル、コトヲ免ル、ヲ得ヘケレハナリ卽チ二枚ノ證券ハ其ノ發行ヨリ第一ノ質入裏書ニ至ル迄ハ一體ノモノト看做サレ而シテ倉庫營業者ハ此一體ノモノ、發行者ト爲リテ現出スルナリト

此解釋法ハ茲ニ始メテ發明セラレシモノニアラス之ヲ言フコト判然明瞭ナラサリシト雖モ既ニ其意味ヲ示セシ場合アルナリソハ此二枚ノ證券ヲ完全體ノ部分ト看做サスシテ二個ノ平行スル券狀卽チ正本及ヒ複本ニ依ル同一證券文句ノ繰返ナリト論セシノ場合トス此論定ハ立法ニ於テモ時トシテ認メラレ又學説ニ於テハ屢々認メラル、所ナリ例ヘハ一千八百七十八年亞爾然丁國法律ニ曰ク「本共和國關稅廳ハ國立倉庫ニ貨物ヲ寄託スル者ニ二通ノ倉庫證券ヲ發行ス證券ノ複本ハ「ワラント」ナル名稱ヲ冒スヘシ」ト「ウヰーウァント」氏ハ以太利ニ關シテ曰ク「二者何レニモ同一記號ヲ附セサルヘカラス何トナレハ孰レモ同一ノ寄託ニ由來シ且ツ本契約ノ證據トシテハ二者何レモ相對的關係ヲ有スルモノニ外ナラサレハナリ」ト

此種ノ論定ノ模範ハ既ニ一千八百五十八年ノ佛國法律ニ於テ存在セリ卽チ其第二條ニ曰ク「各倉庫證劵(récépissé)ニハ之ト同一事項ヲ記載スル「ワラント」ナル名稱ヲ有スル質入證劵(bulletin degage)ヲ附屬ス」ト爰ニハ唯タ複本ナル文字ヲ缺ケリ然ルニ上ノ論定トハ異ナリテ彼ノ二枚ノ證劵ハ完全體ノ部分ナリ而シテ相互ニ親族的關係ヲ有スルモ又大ニ相異ナルモノナリト認メラルル場合ト雖モ上ニ述ヘタル解釋法ヲ明確ニ言表ハス上ニ於テ論者ニヨリテ其程度ヲ異ニスルヲ見ルヘシ

前ニ「リーゼル」氏ハ二個ノ證劵ハ最初ヨリ分離セラル、カ然ラサレハ分離セラルヘキモノナルニ拘ハラス第一ノ「ワラント」裏書ノ成ル迄ハ連結スルモノナリ故ニ此第一ノ「ワラント」裏書ヲ證劵ヲ分離スル裏書ト稱ストノイヅレカ一ナリト述ヘタリシモ吾人ハ爰ニハ斯カル撰取的狀態ハ之ヲ論外トスルナリ蓋シ此等狀態ヲ細カニ觀察スルトキハ分離ナルコトハ其事自カラ純然タル取扱上ノ性質ノモノニシテ其ノ證劵ノ性質ニ關スル効力極メテ僅少ナルコトヲ知ラサルヘカラサルヲ以テナリ此最終ノ點ヲ明ニ辨シタルハ就中「アドレル」氏ニシテ同氏ハ特ニ一千八百八十九年澳國倉庫法ニ關シテ之ヲ論シ且ツ其法律上ノ語勢ニ脊馳スル所アリシニモ拘ラス尙之ヲ敢テシタリシハ氏ノ功績ト稱スヘキナリ

蓋シ右澳國倉庫法第二十條第一項ニ曰ク「質入證券（「ワラント」）カ分割シテ讓渡セラレタルトキハ此分割ノ讓渡ヲ目的トスル第一ノ「ワラント」裏書ヲ有セサルヘカラス」云々ト此法律ハ前ニ述ヘタル「リーゼル」氏ノ謂フ所ノ撰取的狀態ノ第二ノ場合ニ於ケル可能的ノモノヲ標準トシテ述タルコト明ニシテ結局此法律ハ徹頭徹尾分割ハ必ス第一ノ「ワラント」裏書ノ之ヲ分割スルニ因リテ生スルモノナリトノ主義ヲ採ルモノナリ

此點ニ就テ「アドレル」氏ハ批評ヲ下シテ曰ク「倉庫法第二十條ハ質入證券ハ分割シテ讓渡セラルヽモノナリ及ヒ是故ニ質入證券ノ被裏書人ハ預證券ノ被裏書人ト別人ナリト云フコトヲ前提ニ置キタル規定ニシテ而シテ表面上此前提ニ連結スルニ質入裏書ノ連續ヲ以テシタルモノナリ然レトモ實際ニ於テ何人カ預證券ノ被裏書人ナルヤハ質入證券ヨリ生スル諸權利ニ對シテ利害全ク無關係ナラサル

ヘカラス何トナレハ分離セラレタル預證券ノ第一被裏書人ハ何人ナルヤ又質入證券ノ實際ノ分離ハ何レノ裏書ノ時ニ生シタルヤハ後チノ質入證券ノミノ被裏書人ノタメニ全ク監督シ得ヘカラサルコトナルヲ以テナリ」ト

結局「アドレル」氏ハ第一ノ「ワラント」裏書ハ兩證券ノ分離ト更ニ關係ナキモノト認ムルヲ理由アリトシ之ニ就テ曰ク「兩證券カ其ノ分離セラレタルト分離セラレサルトヲ問ハス倉庫法第二十條ノ特別形式ニ從ヒテ裏書セラレ而シテ其裏書カ倉庫ノ帳簿ニ登記セラレタルトキハ則チ質入證券ハ預證券ヨリ生スル諸權利ヲ拘束スル所ノ獨立ノ効力ヲ生スルモノナリ」ト此言ニヨリテ更ニ推考スルトキハ啻ニ澳國倉庫法ニ關シテノミナラス又一般ニ分離若クハ非分離ノ事實ヨリ生スル結論ニ對シテ極メテ愼重ナルヲ要シ且ツ又此點ニハ唯タ極メテ輕少ノ注意ヲ拂フヲ許ストノ意自ラ明ナリ

故ニ吾人カ茲ニ述ヘントスル所モ亦「リーゼル」氏ノ謂フカ如キノ撰取的狀態ニ異ナルモノナリ尤モ撰取的狀態ナルハ免カレサレトモ吾人ノ言ハ此預證券及ヒ質入證券ノ併行スルハ之ヲ二個ノ單獨證券ヨリ組合ハセラレタル重複證券ナリ

ト看做スヘキカ然ラサレハ二個ノ成立部分ヨリ組成セシ(單獨單個ノ)倉庫證券ナリト看做スヘシト云フニ在リ

重複證券ト看做セシ一例ハ一千八百八十八年露國倉庫法第二十條ナリ曰ク「重複證券ハ二枚ノ相分離シ得ヘキ部分即チ預證券及ヒ質入證券ヨリ成ルモノトス」又「リーゼル」氏提案第十九條ニ曰ク「倉庫證券ハ重複證券ナリ此證券ハ二枚ノ連結シタル而カモ分割シ得ヘキ部分ヲ有ス倉庫證券及質入證券ナリ」ト

蓋シ爰ニ論スル所ハ文字上ノ差別ニアリ而シテ其意味ヲ最適切ニ言表ハスハ此ニ用ヒタル文字ニテ遺憾ナシ又文字上ノ差別ハ此場合ニ於テ特ニ大切ナリト謂フヘシ故ニ次ノ如キコトハ考フマテモナク直チニ之ヲ是認セサルヘカラス即チ二個ノ證券カ第一ノ「ワラント」裏書ノ記入セラルヽ迄ハ唯一身同體ノ倉庫證券ノ成立部分ナルニ過キスト認メラルヽ場合ニ於テハ最モ明確ニ完全體カ其分子ニ對スル關係ヲ現ハスモノナリ而シテ特ニ注意スヘキ點ハ法律上其文字ノ區々ナルコトアルモ之ヲ顧ミサルノミナラス又ハ幾分法律上ノ文字ニ矛盾スルコトアリトスルモ尙是等ニ係ハラス學者ハ屢々第一ノ「ワラント」裏書以前ニ於ケル兩證

券ヲ目スルニ一個ノ證券ヲ以テスルニアリ例ヘハ「コッホ」氏（獨逸帝國銀行總裁）曰ク「貸借取引ニシテ第三者ニ對シ徹頭徹尾秘密ナルヲ要ストスルモ二枚證券制度ハ之ヲ妨クルコトナシ何トナレハ此場合ニハ二枚ノ券狀ヲ分離セスシテ渡スコトヲ得ルヲ以テナリ此點ニ於テハ一枚證券制度ハ二枚證券制度中ニ包含セラレタルモノナリ」ト

學者ノ方面ニ就テ之ヲ觀ルニ分離セラレサル倉庫證券ノ併行ハ全ク一般ニ之ヲ唯タ一枚ノ倉庫證券ト看做スヘシトノ説ハ同意セラルヽ所ナリ然レトモ法律上ニ於テハ此意見ハ全然一貫セス此問題ニ類似シ而カモ是程迄モ進歩セサル諸形式規則ト同樣ニ唯一定ノ特別ノ場合ニ於テ時トシテハ明確ニ言顯ハサルヽニ過キサルナリ

サテ終ニ述ヘタル特別ノ場合ナルモノヲ今少シク詳細ニ觀察スルトキハ此場合ニ言顯ハサルヽ意見即チ上ニ述ヘタル兩證券ヲ一枚ト看做スノ意見ハ先ニ述ヘタル第一點ノ困離ヲ打破スルノ意見ニ對シテ幾分カ反對現象ヲ示スモノタルヲ認ム即チ若シ證券發行ヨリ第一ノ「ワラント」裏書ニ至ル期間ニ於テ預證券ハ自働

的ノモノナリ質入證券ハ受働的ノモノナリト斷定センカ又一言ヲ以テ之ヲ云ヘハ此期間内ハ全ク重キヲ預證券ノ一方ノミニ置カル、モノナリトセハ則チ此期間内ニ於テハ彼ノ兩倉庫證券ハ如何ニシテ能ク一個ノ完全體卽チ統一的倉庫證券ノ均等部分トシテ現出スルヲ得ヘキヤ如何ニシテカ彼ノ偏重主義ト此ノ合同主義ト互ニ調和シ得ヘキヤ

今ヤ吾人ハ此新ナル第三點ノ困難ヲ排除センカ爲メ從來專ラ說キタル第一ノ「ワラント」裏書以前ノ關係ノミヲ觀察セスシテ却ツテ此關係ト密接ノ聯絡ヲ保持シツ、同時ニ又第一ノ「ワラント」裏書以後ニ於ケル關係ヲ攻究セサルヘカラサルナリ

然レトモ此際吾人ハ再ヒ一千八百八十九年澳國倉庫法及ヒ此倉庫法ニ由リテ生シタル狀態ヲ基礎トスルトキハ則チ吾人ハ今爰ニ述ヘタル裏書ノ前後聯絡ニ關シテ次ニ揭クル點ハ一々之ヲ指示スルヲ要ス

澳國倉庫法ニ於テ第一ノ質入裏書以前ニ重キヲ預證券ニノミ偏置スルコトハ同法カ上ニ述ヘタル精神ヲ以テ其第十九條第二項ニ於テ規定スル所ニ依リテ之ヲ

認ム可シ卽チ此規定ニ依レハ「兩部分ニシテ合シテ讓渡セラル、其間ハ預證券上ニ裏書スルコトハ兩部分ニ對シテ有効ナリ」ト云フナリ然ルニ之ト同一ノ見解ハ尙他ノ規定ニ於テモ適用セラルナリ卽チ第三十八條ニ曰ク「ワラント」ヲ分割讓渡スル(第二十條)以前ニ於テ預證券所有者ノ諸權利ヲ讓渡シ若クハ制限スルヲ目的トスル裁判上ノ命令カ預證券上ニ記載セラレタルトキハ「ワラント」ヲ分割讓渡スルヲ許サス又倉庫營業者ハ之ヲ其倉庫帳簿ニ登記スルヲ拒ムヲ要ス」ト第一ノ「ワラント」裏書以前ニ於ケル預證券ヲ拘束スルハ卽チ同時ニ質入ノ拘束ヲ意味スルモノナリ左レハ恰モ兩證券裏書ノ場合ニ同シク此場合ニ於テモ亦質入證券ハ受働的ノモノトシテ預證券ノ運命ニ從フモノナリ

然レトモ他ノ方面ニ於テハ此同一ノ期間ニ關シテ彼ノ兩證券ヲ合一スル所ノ合同主義ノ行ハル、モノアルナリ卽チ第十七條ニ曰ク「倉庫營業者ハ寄託者ノ請求アルトキハ倉庫ニ於テ保管スル貨物ニ就キ一枚ノ倉庫證券ヲ發行スルノ義務ヲ有ス此倉庫證券ハ倉庫營業者カ順次ニ記入ス可キ引裂キ帳簿(Juxtenbuch)ヨリ截取リシモノニシテ二個ノ連續スル且ツ互ニ分割シ得ヘキ部分卽チ(一)預證券(Récépisse)(二)質入證券(Warrant)ヨリ成立ス」ト又之ニ續テ第十八條ニ曰ク「此兩部分ハ指圖式ナルヲ要シ又互ニ相關保持スルヲ要ス」云々ト

右ノ如クナルヲ以テ澳國法律ニ於テハ第一ノ「ワラント」裏書以前ノ時ニ關スル上述二個ノ主義判然言明セラル、ナリ之ニ反シテ此裏書以後ノ時ニ關スル原則的主義ハ之ヲ或ル全然實際上ノ規定ニ就テ探求セサルヘカラス

而シテ此方法ニ依リ獲タル結果ヲ簡單ニ述レハ左ノ如シ

爰ニ引用スヘキ實際上ノ規定ノ二三ニ就テ之ヲ觀ルニ吾人ハ先ツ第一ニ彼ノ偏重主義ニモ又合同主義ニモ調和スヘカラサル全ク新ナル主義ノ存スルヲ認ム卽チ吾人ハ第一ノ「ワラント」裏書以後ニ於テ相並ヒ流通スル證券ノ併立スルニ遭遇スルナリ之ヲ第二十七條ノ規定ニ徵スルニ曰ク「倉庫營業者ハ寄託者ニ若クハ倉庫證券ノ既ニ發行セラレタルトキハ預證券並ニ質入證券ノ所有者ニ其營業規則ニ定メタル營業時間內何時ニテモ寄託物ノ點檢ヲ許スノ義務ヲ有ス」ト又第二十八條第二項ノ規定ニ曰ク「倉庫證券發行濟ミノトキハ此質權(倉庫營業者ノ法律上ノ質權)ハ倉庫證券ノ所有者若クハ其兩部分ノ一方ノ所有者ニ對シテ行使スルヲ

得但シ倉庫營業者ノ寄託者ニ對スル債權額ハ倉庫證劵發行ノ際ニ其兩部分ニ於テ之ヲ認メ得ルヲ要ス又債權ハ此質物ノ爲メ倉庫證劵發行以來ノ倉庫料ヲ目的トスル場合ニ於テハ此倉庫料ノ額ハ倉庫證劵ニ於テ豫メ定メラレタル保管期間ニ對シ若シ保管期間ノ定メナキトキハ倉庫證劵發行ノ日ヨリ一年ヲ超エサル期間ニ對シテ相當スル額ニ限ルコトヲ要ス」ト尙終リニ第三十九條第一項ノ規定ニ曰ク「倉庫證劵若クハ其兩部分ノ一方ノ喪失シタルトキハ其無効宣告ニ關シテ手形條例第七十三條ノ規定ヲ準用ス但シ其無効宣告手續ヲ認可ヲ得テ開始スルコトヲ倉庫營業者ニ承諾セシムルヲ要ス」ト總テ是等ノ規定ニ就テ觀ルニ第一編ニ於テ述タル所有權取引(及ヒ之ニ伴フ他ノ權利讓渡)ヲ媒介スル預證劵ト質取引ヲ媒介スル質入證劵トノ併立ハ明ニ之ヲ示スナリ尤モ是等ノ規定ニ於テハ唯タ或ル局部ニ於テ且ツ外見上散見スルノミナリト雖モ然カモ其之ヲ明示スルコトハ全ク疑ナキ所ナリ

然レトモ右ニ引用シタル所ハ總テ從タル點例ヘハ點檢ノ權法律上ノ質權、無効宣告等ヲ規定スルニ過キスシテ主タル點卽チ證劵所持人ノ貨物引渡請求權、及ヒ證券ヲ自己ニ對シテ記名式ト爲スヲ請求スル權利ノ說明ノ如キハ更ニ之レ無キコトハ右ノ諸規定ヲ一見セハ直チニ之ヲ知ルコトヲ得ヘシ

偖然ラハ今右ニ述ヘタル主タル點ハ墺國倉庫法ニ於テ如何ニ規定スルヤト問ハ、爰ニ再ヒ第一ノ「ワラント」裏書以前ノ時ニ關スル觀察ノ繰返サル、ヲ見ルナリ先ツ第一ニ預證券ヲ偏一的ニ重用スルコトハ之ヲ證スルナリ卽チ前ニ同國倉庫法第二十七條ノ初メノ條項ハ既ニ引用セシ所ナルカ其末項ニ曰ク「寄託者若クハ預證券所有者ニ對シテハ營業規則ニ依リテ細ニ規定スヘキ手續ニ從ヒ寄託物ノ見本摘出ヲ許サ、ルヘカラス」ト又吾人ニ對シ一層重要ナルハ第三十條第一項ノ規定ニシテ其ノ曰フ所次ノ如シ「預證券ノ所有者ハ質金額及質入證券ノ期限ニ至ル迄計算スヘキ利息アルトキハ其利息(第二十條第二項)ヲ併セ質入證券ノ所有者ニ支拂フ爲メ倉庫營業者ニ供託シタルトキハ質入證券ヲ同時ニ返還スルコトナクシテ貨物ノ出庫ヲ請求スルコトヲ得」トサレハ貨物出庫ノ權利預證券所有者ニ對シテ卽チ獨リ預證券所有者ニ對シテハ一定ノ條件ノ下ニ與ヘラレタリ縱令此條件ハアリトスルモ引渡ハ絕對的ニ拒マル、ニ非ス之ニ就テ「アドレル」氏曰ク「分離ノ後ハ裏書ニ由リテ權利ヲ得タル預證券ノ所持人ニハ以前證券ノ分離セラレサリシトキノ所持人ニ許サレタル總テノ權利ヲ附與セラル、ヲ原則トス彼レカ物件上ノ權利ハ活潑ナル所有權ナリ又彼レカ倉庫業者ニ對スル對人的權利ハ常ニ質入證券ヨリ生スル權利ノタメニ制限セラルト雖モ亦齊シク活潑性ナリ即チ貨物ヲ自由ニスル爲メニハ質債權ヲ消滅セシムルヲ要ス而シテ質債權ノ消滅ハ預證券所持人カ唯タ之ヲ支拂フカ或ハ又例外トシテ預證券所持人カ倉庫法第三十條ニ依リ質金額及ヒ其他ノ費用ニ對スル十分ノ現金擔保ヲ給付シ倉庫營業者ヲシテ其支拂ヲ實行シ得セシムルカ二者孰レカニ因由スルヲ得ヘシ」ト此條件ヲ履行セサルトキハ引渡請求權ハ獨リ倉庫證券ノ兩部分ヲ併セ所有スル者ノミ之ヲ有スサレハ此場合ニ於テハ又第一ノ「ワラント」裏書以後ノ時ニ對シテモ他ノ一方ニ於テ合同主義ヲ唱道スルノ諸規定ニ仲間入リシタルモノナリ殊ニ第二十九條第二項ニ於テ曰ク「倉庫證券發行セラレタルトキハ倉庫營業者ハ未拂ノ關税消費税及ヒ倉庫料其他ノ債權ノ支拂ヲ受ケ之ニ對シテ第二十八條第二項ノ規定ニ從ヒ倉庫證券兩部分ノ所有者ニ此證券ヲ同時ニ返還スルコトヲ條件トシテ何時ニテモ貨物ヲ引渡スノ義務ヲ有ス」ト又第二十六條第一項ハ之ニ類似スル規定ヲ設ク曰ク「手形條例第三十六條ニ準シ倉庫證券兩部分ノ所有者トシテ合法ナル證券所持人ハ倉庫營業者ニ對シテ直接自己ノ名義ニ宛タル新倉庫證券ノ發行ヲ請求スルコトヲ得」ト從ツテ又第二十六條第三項ニ曰ク「倉庫證券ノ各部分ヲ有スル二個ノ當事者ヨリ第一項ニ於テ揭ケタル權利ヲ同時ニ請求シタルトキハ之ヲ行フコトヲ得」ト

即チ二三ノ從タル點ヲ論外トシテ之ヲ觀ルトキハ墺國倉庫法ハ啻ニ第一ノ「ワラント」裏書以前ノ時ニ對シテノミナラス尚又其裏書以後ノ時ニ對シテモ偏重主義ト合同主義トノ二則ヲ保持スルモノト云フヲ得ヘシ而シテ墺國法律ハ緒論ニ於テ述ヘタル如ク唯タ他國ノ法律ノ代リニ代用セラレタルモノニシテ且ツ上述ノ如キ論定ハ多少明瞭ノ度ヲ異ニスルモ亦全ク一般ニ大陸風ノ二枚證券制度ヲ採用スル諸國ノ法律ニ就テモ之ヲ確認スルヲ得ルカ故ニ前ニ述ヘタル第三點ノ困難換言セハ上ニ述ヘタル偏重主義ト合同主義トノ調和ヲ目的トスル問題ハ茲ニ再ヒ湧起シ獨リ第一ノ「ワラント」裏書以前ニ於ケル時ニ關シテノミナラス更ニ之

ヲ擴張シテ兩證劵ノ有効期間ニ關シテ絕對的ニ解決セサルヘカラサルカ如キ大ナル範圍トナリタリ

而シテ此問題ヲ此ノ如ク擴張スルコトハ恰モ此問題ヲ解決スル所以ナリ

尤モ此事ナクシテハ全ク解釋シ能ハスト云フニ非ス蓋シ今假リニ此研究ヲ第一ノ「ワラント」裏書ニ至ル迄ノ期間ニ限ルトスルモ尙直チニ次ノ如キ想像ヲ生スルコトヲ得ヘケレハナリ(一)　預證劵ノ質入證劵ニ對スル關係ハ恰モ或ル一般ノ事カ或ル特別ノ事ニ對スル關係ノ如シ(二)　特別ハ一般ニ對シ或ル意味ニ於テハ從タルト同時ニ他ノ意味ニ於テハ一般ヲ補充スルモノタルヘキヲ以テ唯タ一般(預證劵)ヲ重視シテ特別(質入證劵)ヲ受働的ニ從タラシムルカ或ハ然ラサレハ一般ト特別ヲ綜統スヘキカ孰レニシテモ爲スヲ得ルナリ

然ラハ上ニ述ヘタル問題ノ擴張ヲ進步ト稱シ得ヘクハ此進步ハ此想像即チ擴張ナクシテ起リ得ル想像ヲ增々發達セシムルヲ得ルコト及ヒ之ト連續シテ假想的ニ提出セシ意見ノタメニ諸證據ヲ見出シ得ルコトニアリ

偖テ預證劵ト質入證劵ヲ單ニ其發行ヨリ第一ノ「ワラント」裏書ニ至ルノ期間ニ就

テノミナラス其有効期間全體特ニ此裏書以後ニ於ケル期間ニ就テ細ニ觀察スルトキハ則チ自然ノ結果トシテ預證券ハ總テ可能的ノ目的ニ使用セラル、有價證券トシテ効力ヲ有シ質入證券ハ唯質入目的ノミニ限ラレタル有價證券トシテ効力ヲ有スルモノナリトノ結論ニ至ラサルヲ得ス然レハ此結論ノ爲メ此兩證券ハ恰モ或ル一般ノ事カ或ル特別ノ事ニ對スル如キ關係ヲ有ストノ想像ハ格別ニ强固ト爲ルカ如クニシテ此想像ハ爰ニ論究セラル、ノ價値ヲ有スル議論トナルナリ

然レトモ上ニハ諸證據ヲ見出シ得ル云々ト述ヘシモ此證據ニ就テハ法律上ノ證言ヲ期待スヘカラス吾人ハ爰ニ所謂立法以外ニ在ルモノニシテ吾人ノ爰ニ試驗スル見解ハ積極法律ヲ説明スヘキモノナリト雖トモ然カモ積極法律ハ何所ニ於テモ此見解ヲ判然ト示サ、ルナリ

故ニ爰ニ論スヘキハ唯學説ニシテ唯學理上ノ證據ヲ見出サントスルノミトス而シテ此學理上ノ證據ハ吾人ヲシテ滿足セシムル丈ケ十分ニ供給セラル、ナリ何トナレハ吾人ノ爰ニ想像論トシテ述ヘタル所ハ學者ハ之ヲ普ニ明ニ組織セラレ

タル議論トナセシノミナラス又此議論中ニ潜伏スル總テノ法律上ノ結論ヲ之ヨリ演繹セシヲ以テナリ

此想像ヲ明ニ組織シテ立論セシ一例トシテ先ツ「ハッヘンブルヒ」氏ノ說ク所ヲ次ニ掲ク曰ク「兩證券（倉庫證券及ヒ質入證券――又ハ倉庫預證券及ヒ倉庫質入證券トモ稱ス）ハ同一ノ効力ヲ有ス即チ物件所持ニ緊着スル權利取得ヲ作成ス唯タ倉庫證券ハ比較上一般ノモノニシテ總テノ權利行爲ニ應用スルコトヲ得ルモ質入證券ハ倉庫證券ノ一般ノ範圍中ヨリ一定ノ行爲ヲ摘出シ質設定ニ對シ其取引ヲ容易ナラシムル爲メノ特別ノ證書ヲ顯示スルモノナリ」

次ニ之ヨリ演繹スル法律上ノ結論トハ次ニ述フルカ如シ即チ若シ倉庫預證券ハ倉庫質入證券ナル特種ノ有價證券ニ對シテハ實際或ル一般ノモノトシテ現ハルヽモノトセハ從ツテ倉庫證券ハ總テノ權利行爲ニ應用セラレ得ルモノタルコト論ヲ待タス故ニ彼ノ質入證券ノ爲メニ全ク特定セラレタル質入行爲ニモ使用セラレサルヘカラス而シテ此際兩證券ニヨリテ別々ニ生シタル質入行爲間ニ起リ得ル衝突ハ單ニ質入證券ニヨリテ生シタル質權ハ優先權ナリトノ意義ニ從ツテ

之ヲ裁定スヘキナリ現ニ法律ハ特ニ質入證券ヲ造出セリト雖モ是ヲ以テ直チニ他ノ方法ニ依ル質入ヲ排斥セントスルニアラス法律ハコレニヨリテ唯タ特別ニ優先ノ性質ヲ有スル質權ヲ存在シ得セシメントスルナリ是レ上ニ演繹セシ結論ヲ明確ニスルタメ止ムヲ得サルトコロナリ

而シテ總テ爰ニ述ヘタル所ハ實際多數ノ學者ノ唱道スル所ナリ

尤モ是等ノ著述者ハ唯タ或ル例外ノ場合ニ於テノミ能ク法律規定ノ明確ナル文句ヲ論據トナスヲ得ルノミ例ヘハ一千八百七十七年「ブレーメン」國法律ノ其第四條ニ於テ明ニ記セシ文句ノ如キ然リトス曰ク「質入濟ミヲ記載スル倉庫證券ノ讓渡アリトスルモ之カ爲メニ質入證券所持人ニ屬スル動產質權ハ無効トナルモノニアラス質入證券ヲ以テ設定セシ質權ハ恐ラクハ質入濟ミヲ記載スル倉庫證券ヲ以テ質入取引ヲナシタルニヨリテ生シタル質權ニ對シテ優先權ヲ有ス」ト然レトモ此種ノ法律上ノ規定ハ必要ト認メラレス預證券ヲ以テ質入スルヲ許スコトハ是等規定ナキモ亦能ク學者ノ辯護スル所ナリ唯タ二三ノ例ヲ引用センカ爲メ佛國ニ關シテハ「デューブロシ」氏及ヒ「オーステーン」氏ノ意見ヲ、獨逸ニ關シテハ「ハツヘンブルヒ」氏ノ立法論ヲ、澳國ニ關シテハ「アドレル」氏ノ說ヲ聽クヘシ皆之ヲ是認シテ更ニ疑フ所ナシ殊ニ是等ノ諸氏ハ此種ノ質入取引ハ全ク獨立ノ經濟上ノ任務ヲ有スル權利行爲ナリト認メ以テ益々之ヲ是認シ辯護セリ「デュープロン」氏ハ此經濟上ノ任務ハ殘價ノ質入ナリト謂ヒ又「オーステーン」氏ハ說明シテ曰ク「一般ニ普通ノ貸付者ナル銀行家ハ單ニ寄託商品ノ純價格ノ四分ノ三ヲ限度トシテノミ質入證券ニ貸出ヲナスモノナリ然ラハ寄託者ニハ其自由處分ニ屬スル四分一ヲ殘スヘシ而シテ若シ寄託者カ質名義ノ裏書ヲ以テ此殘四分一ニ等シキ金額ニ對シ預證券ノ取引ヲナストセハ小資本家ハ此自由ナル四分一ニ就テ恰好ノ投資口ヲ見出スコトトナルナリ」ト次ニ此點ニ關シテ「アドレル」氏曰ク「預證券ヲ以テ設定セシ質債權ヲ人及ヒ物ニ從フテ區別スルコトハ直接ニ此預證券ニ職由スヘカラス故ニ此別々ニスル形式ハ貸越約束ヲ有スル貨物擔保ニ對シ及ヒ交互計算ノ基礎トシテ質入證券ヲ利用スルコトニ對シテ適當ナリ」云々ト

尤モ他ノ方面ニ於テ是等ノ議論ニ對シ全ク反對說ノナキニアラサルハ看過スヘカラス「レオン＝カーン」氏曰ク「質入證券ノ裏書ハ倉庫ニ寄託セシ貨物商品ニ質權ヲ

設定スル唯一ノ方法ナリ」ト又佛國ノ裁判所判決ニ於テ同氏ト同一ノ見解ヲ下シ其理由トシテ一千八百五十八年ノ法律ハ特別法(loi spécial)ナリ「此特別法ハ如何ニシテ倉庫ニ寄託セシ商品ニ質權ヲ設定シ得ルカヲ嚴格ノ方法ヲ以テ指示セリ何人モ他ノ方法ヲ以テ質權設定ヲナシ得サルナリ」ト言ヘリ此判決ハ明確ニ斯ク主張セリ而シテ「ランダー」氏ハ澳國ニ對シテ殆ト之ト同一ノ意見ヲ述ヘタリ同氏ノ意見ニ從ヘハ「アドレル」氏カ預證券ノ質入ニヨリテ質權ヲ取得スト云ヘルハ誤解ニシテ澳國倉庫法第二十五條ハ「アドレル」氏ノ意見ニ反シテ嚴然ト「動產質ノ設定ハ(中略)裏書セラレタル質入證券(ワラント)ノ交付ヲ必要トス」ト言フト是等ノ駁擊其他之ニ類似スルモノニ對シテ前ニ揭ケタル辯護論ノ代表者ハ防禦シテ謂ヘラク當該ノ法律規定カ有スル限定的性質ハ之ヲ明瞭ニ證明スルヲ得ス又預證券ニ就テ之ヲ觀ルニ所有權取得ヲ爲シ得ルノ加數中ニハ又質權取得ノ減數ヲモ包含セサルヘカラスト而シテ吾人ハ是等ノ議論ハ根據ナキモノトシテ之ヲ排斥スルヲ欲セサルナリ然レトモ此問題ノ主點ハ爰ニ在ラスシテ前ニ述ヘタル理想ノ方面ニ於テ存スルカ如シ卽チ是等二三ノ學說ハ相背馳スルモノナリト

雖モ其常ニ歸着スル所ハ預證券ニハ質入裏書ヲモ亦記載スルコトヲ得トノ見解ナリトセハ其論據ハ從來學者カ此見地ノ正當ナルコトヲ證明センカ爲メニ再々ノ場合ニ於テ擧示シタル特別ノ原因ニアラスシテ却ツテ寧ロ遠大ナル觀念ニアルモノナリト謂ハサルヘカラス而シテ此觀念ハ恐ラクハ學者ノ覺知スルトコロトナラサリシナランモ確カニ根本ニ於テ行動スルモノナリ抑々此觀念トハ預證券ハ之ヲ質入證券ニ對シテ全ク普通性ヲ有シ從ツテ又質入目的ヲモ包含スルノ有價證券トシテ出現スルモノナリト云フニアリ

此觀念ハ此點ニ關連スル諸說明ニ從ヘハ彼ノ紛々トシテ預證券對質入證券ヲ決定スル總テノ理想ヲ統一綜合スルモノニシテ又是等ノ理想ハ恰モ之ニ關スル諸種ノ困難ヲ掃蕩スルモノナルヲ以テ結局此觀念ハ大陸ニ於ケル二枚證券制度ヲシテ引渡證券從ツテ又有價證券ノ範圍內ニ歸着スルヲ得セシムルモノナリ

第三章

吾人ハ爰ニ前二章ニ於テ詳述セシ所ヲ回顧スルニ其主眼ノ點ハ次ノ文句ニ依リ

テ再錄スルヲ得ヘシ曰ク大陸ノ二枚證券制度カ英國ノ二枚證券制度ニ異ナル所以ハ大陸ノ二枚證券制度ハ一定ノ形式的原則ノ特別ニ引渡證券ニ又一般ニ有價證券ニ共通ノモノヲ破棄スルニ在リ而シテ其原則中ニ於テ就中破棄セラル、モノハ引渡證券ノ効力從ツテ又有價證券ノ効力ハ其證券ノタメニ義務ヲ負フ者カ之ヲ發行スルト同時ニ發生スルモノナリトノ原則ナリ然ルニ一種ノ反動則ノタメニ動カサレ大陸ノ制度ハ再ヒ規則正シキ順調ノ進路ヲ取ルニ至ル之ヲ事實ニ徵スルニ大陸ノ二枚證券制度ハ其進化歷史上ノ本源タル一枚證券制度ニ於ケル表顯的質入裏書カ與フル所ノ模範ニ對シ再ヒ聯絡ヲ開キ而シテ斯カル聯絡ヲ妨クル總テノ障害ハ之ヲ排除スルニ預證券ノ質入證券ニ對スル關係ヲ問題トスル或ル理想ヲ喚起シ且ツ之ヲ實證スルコトヲ以テセリ蓋シ茲ニ所謂理想トハ結局預證券ヲ普通性ノ證券トシ質入證券ヲ預證券ヨリ分岐セシ特別ノ證券ナリト謂フノ點ニ歸着スルモノナリ

本編ニ於テ詳述セント欲スル進化順序ノ第一階級ハ是ヲ以テ終結トシ今ヤ第二階級ニ移リ論セント欲ス第二階級トハ既ニ第一編ノ終ニ述ヘタル如ク直チニ第

一階級ニ接續シ又第一階級ヨリ生スル自然ノ結果タルモノニ過キサルナリ
前章ノ終ニ述ヘタル如ク預證劵ノ質入證劵ニ對スル關係詳言スレハ普通性ノ證劵タル預證劵ノ特別性ノ證劵タル質入證劵ニ對スル關係ヲ捕捉シテ之ヲ詳細ニ觀察スルニ爰ニモ亦通常ノ諸原則ノ破棄セラル丶モノアルヲ認メサルヘカラス此普通ノ原則ノ破棄ハ進化順序ノ第一階級ニ於ケル如ク大陸ノ二枚證劵制度ノ明ニ英國ノ二枚證劵制度ニ異ナル所以ナリト雖モ此第二階級ニ於ケル破棄ノ狀態ハ第一階級ニ於ケル狀態ニ齊シカラス即チ第一階級ニ於ケル破棄ノ狀態ハ引渡證劵及有價證劵ニ共通ナル一定ノ原則ニ對シテ之ヲ試ムルナリト雖モ第二階級ニ於テハ引渡證劵特。有。ノ一定ノ原則ニ對シテ之ヲ試ムルナリ又第一階級ニ於テハ一定ノ形式的原則ニ對シテ之ヲ試ミタルモ第二階級ニ於テハ全ク實質的原則ニ對シテ之ヲ試ムルナリ
蓋シ吾人カ既ニ第一編ニ於テ之ヲ證明セント試ミタル如ク引渡證劵ノ實質的性質及ヒ特ニ一枚證劵制度ノ意味ニ於ケル倉庫證劵ノ性質ヲ觀察スルニ二個ノ物權上ノ主義即チ先ツ所持權主義及ヒ更ニ進ンテ所有權主義ニ準據スルヲ要スレ

ハナリ

倉庫證券ノ性質ハ英國ノ二枚證券制度ニ從フモ亦大陸ノ二枚證券制度ニ從フモ共ニ所持權主義ニ準據スルモノタルハ更ニ疑ナキ所ナリト雖モ所有權主義ニ準據スルコトハ唯タ英國ノ二枚證券制度ニ於テノミ之ヲ認ムルヲ得ヘク大陸ノ二枚證券制度ニ於テ殊ニ質入證券ニ於テハ之ヲ認ムルコト能ハサルナリ

英國ニ於テモ將タ大陸ニ於テモ倉庫證券ハ所持權主義ニ準據スルモノナリ何トナレハ英國ニ於ケル制度ニ從ヘハ倉庫營業者ハ期日支拂ノ提供セラルヽト否トニ從ヒ「ウエイトノート」所持人ノ爲メ又ハ「ワラント」所持人ノ爲メニ貨物ノ所持權ヲ執行ス又大陸ニ於ケル制度ニ從ヘハ同一ノ倉庫營業者ハ預證券所持人ノ爲メ及ヒ同時ニ質入證券所持人ノ爲メニ貨物ヲ所持スルモノナレハナリ唯タ此際注意スヘキコトハ此代理關係ハ英國ニ於テハ極メテ單純ナリト雖モ大陸ニ於テハ頗ル複雜ナルニ在リ殊ニ大陸ノ二枚證券制度ニ於ケル倉庫營業者ノ職務ハ寧ロ尙管理人的性質ヲ有シ兩種(所有權ト質權)ノ權利ヲ判然ト區別シ又相互ニ調和スルトコヲ目的トスル分子ヲ含ムヲ要スルコト多シ而シテ英國ニ於テハ均シク二

枚證劵制度ナリト雖モ此兩種ノ權利ヲ時ノ關係ニ依リテ分離スルモノナリ次ニ大陸制度ニ於テ複雜ナリト云フハ特ニ彼ノ分離シタル預證劵カ普通性ノ有價證劵タル性質ナルヲ利用シテコレニ因リテ質入ヲ爲スノ場合ニ於テ然ルナリ(倉庫營業者ノ管理人タル地位ハ學說上ニ於テハ既ニ是認セラレシニモ拘ハラス實際ニ於テ未タ十分ニ認メラレサルナリ)此複雜ナル所以ハ若シ倉庫營業者ニシテ二個ノ證劵ヲ有効ナラシメント欲スルトキハ啻ニ二個ノ異性質ノ權利ニ對スルノミナラス尙同性質ニシテ然カモ相互ニ差別ヲ有スル二種ノ權利ニ對シテ自ラ適當スルノ途ヲ講セサルヘカラサルニアリ之ヲ詳言セハ啻ニ所有權及ヒ委任權等ト質ト權ノ異性質ノ諸權利ニ對スルノミナラス尙又質入證劵ニヨリテ發生セシ優先ノ質ト權此質權ニ對シテ第二位タル質權卽チ預證劵ニヨリテ發生セシ質權ニ對シテ自ラ適應セサルヘカラサレハナリ

然ルニ倉庫證劵カ所有權主義ニ準據スルコトハ獨リ英國ノ二枚證劵制度ニ於テ之ヲ觀ルヘク大陸ノ二枚證劵制度ニ於テ之ヲ觀ル能ハサルコトハ學理上ノ證明ヲ要スル迄モナシ蓋シ既ニ第一編ニ於テ詳述セシ如ク英國ノ二枚證劵制度ニ於

テハ二個ノ證券共ニ所有權主義ヲ基礎トシ又標準トシテ規定セラレタリト雖モ大陸ノ二枚證券制度ニ於テハ所有權主義ヲ基礎トスルコト、特ニ所有權推定ノ形ニ於テ之ヲナスコトハ唯タ普通性ノ有價證券タル預證券ニ對シテノミ然ルモノニシテ特別性ノ有價證券タル質入證券ニ對シテハ然ラストノ事實ノ結果ニ過キサレハナリ之ヲ要スルニ特定ノ權利關係ノ爲メニスル推定ハ種々ノ効用ヲナシ得ル普通性ノ有價證券ニ於テ之ヲナシ得ヘシト雖モ特別性ノ有價證券然カモ唯タ特定ノ權利關係(質權)ニノミ使用セラルルヲ得ル有價證券ニ於テハ有リ得ヘカラサルカ如シ

如此ニシテ特別性ノ有價證券ハ所有權推定ト調和スヘカラス從ツテ引渡證券ノ諸原則ヲ破毀スルコトモ亦到底之ヲ修理シ能ハサルカ如シ吾人ノ先キニ第一階級ヲ論スルニ際シテ確認セシ如ク之ヲ通常ノ進路ニ復セシムルコト殊ニ表題的質入裏書關係ノ模範ニ從ツテ之ヲ復セシムルコトハ到底望ナキモノノ如シ蓋シ第一編ニ於テ詳述セシカ如ク此場合ニ於テハ所有權推定ヲ容ルルノ餘地ナケレハナリ

然リ而シテ更ニ深ク之ヲ觀察スルニ吾人ハ彼ノ破毀ヲ修理シ特別性ノ有價證券ト所有權推定ト調和セシムルコトハ全ク不可能ニアラサルコトヲ認ム即チ吾人カ從來採リ來リタル見地ヲ去リテ學理上ヨリモ寧ロ實際上ノ見地ヨリ事實ヲ觀察センカ換言セハ吾人ハ學說的原則ナル所有權推定ヲ去リテ此原則ヲ實際適宜ニ働カシムル點ヨリ觀察センカ則チ調和ハ不可能ニアラサルナリ何トナレハ此ノ如ク觀察スルトキハ一個ノ有價證券ニシテ種々ノ權利關係ヲ引受クル場合ニ於テハ所有權推定アルカタメニ所有權ハ他ノ諸權利關係ヨリモ先ツ重視セラルルコト又既ニ第一編ニ於テ述ヘタル如ク所有權推定ノアルカタメニ當該有價證券ハ一種ノ堅固ナル法律上ノ支柱ヲ得タルモノナリト吾人ハ茲ニ主張スルヲ得ルノミナラス更ニ進テ吾人カ斯カル支柱ノ存在ハ其形成ノ最近因ハ別トシテ融通即チ證券流通ニ對シ重大ナル保證ヲ伴ヒ來ルモノナラサルヘカラサルコトヲ認ムルヲ要スレハナリ此點ニ連續シテ吾人ハ更ニ次ノ問題ヲ提出セサルヘカラス即チ此適宜作用、此流通ノ保證ハ表顯的質入裏書ニ際シ及ヒ更ニ又質入證券ニ於テハ他ノ方法ニ依リテ之ヲ達スルヲ得サルカ、他ノ補助方法ニ依リテ之ヲ達スルヲ得サルカ、若シ他ノ補助方法ニヨリテ此流通上ノ保證ヲ達シ得トセハ是レ既ニ質入證券ヲ變則ニ相對的ニ引渡證券ノ範圍内ニ復歸セシムルモノニ非サルカ、而然カモ表題的質入裏書ヲ模範制度トシ其模範ニ從ヒ復歸スルモノニ非サルカ、而シテ此問題ニ對シテ然リト答ヘサルヘカラサルナリ

右ニ述ヘタル點ヲ證明スルコトハ次章ノ問題タルヘシ而シテ爰ニ吾人ハ質入證券ハ一時之ヲ論題外ト爲ササルヘカラスシテ唯タ質入裏書ノ關係ノミニ就テ詳論セント欲ス蓋シ質入裏書ノ關係ヲ知悉スルハ質入證券即チ大陸ノ二枚證券ノ研究ヲ爲スタメニ指導者ヲ得ル所以ナルヲ以テ吾人ハ彼ノ第一階級ノ場合ニ記述セシ順序ニ從フテ玆ニ論セント欲ス

引渡證券ニ於テ所有權推定ノ之ヲ保證スルモノナクシテ表顯的質入裏書ヲ應用スルトキハ其爲メニ該引渡證券ノ流通保證ヲ減少スルコト明ニシテ今ヤ其保證ハ如何ナル程度マテ減少セラル、ヤ又如何ナル方法ヲ應用セハ此減少シタル保證力ヲ實際再ヒ健全ナラシムルヲ得ルヤ此點ヲ明瞭ニシ此問題ヲ解決セントセハ則チ吾人ハ法律上非常ニ複雜ナル諸關係ヲ攷究セサルヘカラスシテ其タメニ

特ニ單獨ノ著述ヲ要スルナルヘシ
尤モ爰ニ吾人ノ認ムル困難ノ點ハ直チニ發生シ來ルモノニアラスシテ或ル簡易ナル前提問題ヲ解決シ盡シテ後チ始メテ現ハルヽモノナリ
先ツ第一ニ表顯的質入裏書ノ被裏書人ヲシテ有効ナラシムルハ他ノ總テノ裏書ノ如ク唯タ證劵發行者及ヒ第三者ニ對シテノミニシテ即チ被裏書人ハ唯タ發行者及ヒ第三者ニ對シテノミ絶對的ノ効力ヲ有スルモノナリ而シテ裏書人ノ被裏書人ニ對スル關係上ノ効力ハ其相互間ニ締結セシ法律行爲換言セハ此場合ニ於テハ質入行爲ノ標準ニ從フテ定マルモノタルハ疑ナキ所ナリ又更ニ進ンテ之ヲ觀察スルトキハ一回ノ質入裏書ヲ以テ此有價證劵流通ノ終局トナサヽル場合即チ此質入裏書ニ次クニ他ノ質入裏書ヲ以テスルニセヨ又抽象的裏書ヲ以テスルニセヨ苟モ裏書ノ連續スルモノアル場合ニ於テハ其當時ノ裏書人對被裏書人相互ノ關係ハ上ニ述ヘタル所ト同シク其相互間ニ締結セシ契約ニヨリテ定メラルヽコト復疑ナキ所ナリ而シテ爰ニ契約ト云フハ代理又ハ之ニ類似スルモノヲ別トシ其他何レノ方法ニ依ルニセヨ第一ノ質入裏書ニヨリテ發生セシ質權ヲ更流

通スルコトヲ目的トスルモノニシテ從ツテ又此ノ如ク更ニ轉々流通スルヲ目ニ的トスル或ル權利關係ヲ第一ノ質入被裏書人及ヒ其後ノ裏書人(又被裏書人)ノ間ニ承繼的順序ニ於テ造出スル所ノモノナリ

是ニ由リテ之ヲ觀ルニ證券ノ流通ヲ安全ニスル一定ノ原因ハ如何ナル程度ニ於テ質入裏書ニ隨伴スルカト云フノ問題ハ唯タ上ニ述ヘタル承繼的權利關係ヲ研究シ即チ爰ニ述ヘタル質權ノ轉々流通スルコトヲ目的トスル法律行爲ヲ研究シテ始メテ解決スルヲ得ヘシ而シテ是等ノ法律行爲ハ民法ノ規定ニ從ヒテ說明スルヲ要スルナリ

民法ニ於テ擧示スル質權ノ流通形式中重要ニシテ且ツ最モ廣ク行ハルヽモノハ質權ノ讓渡トス上ニ述ヘタル問題ノ解決モ先ツ甚タ單純ナルモノヽ如シ質權ノ讓渡ハ總テ債權ノ讓渡ト相伴フヲ常トスルモノニシテ債權ノ讓渡ニ於ケルカ如ク質權ノ讓渡ニ於テモ亦讓渡人ニ對スル責任ハ頗ル重大ナルモノナリ卽チ債權ノ正當ナルコト竝ニ其辨濟セラルヽコト、質權設定ノ正當ナルコト及ヒ質物ノ十分ナルコトニ對スル責任ハ皆質權ノ讓渡ト離ルヘカラサルモノナリサレハ讓渡ノ行ハル、毎ニ更ニ新ナル讓渡人ヲ生スルヲ以テ新ニ對人的責任ノ加ハルコトヲ意味スルハ自然ノ結果ニシテ又讓渡毎ニ質入行爲ノ保證ヲ益々確實ニシ從ツテ又質入裏書ヲ記載セシ證券ノ安全ヲ增進スルナリ

此意味ニ從ヒ質權ノ讓渡ハ其ノ裏書ヲ重ヌルコト愈々多ク表題的裏書ノ方法ニ依リ證券所持人ノ位置ヲ承繼的且ツ累進的ニ確固ニスルモノナリト云フヲ得ヘシ尤モ此讓渡ハ所有權推定ノ如ク縱令推定ナルモ然カモ全ク確定シタル物權ノ胸壁ヲ以テ證券所持人ヲ掩護スルノ意味ニ非サレトモ第一ノ質入契約(卽チ第一ノ質入裏書)ヨリ讓渡シタル權利ノ外ニ尙承繼的ニ累進增加スル責任義務及ヒ此義務ニ對スル相當ノ權利ヲ有効ナラシム換言スレハ讓渡ハ證券所持人ノ爲メニ或程度迄債。權。ヲ累加スルモノト謂フ可シ是レ亦有價證券流通ニ對シ保證安全ヲ與フルモノナリト認メサルヘカラス

質權ノ流通ヲ目的トスル質權讓渡ノ外更ニ第二ノ方法アリテ諸國ノ民法ニ於テモ之ヲ認メ又質權讓渡ニ並立シテ行ハル、モノアリ所謂轉質(Afterpfand)是ナリサテ上ニ述ヘタル事項ハ轉質ニ就テモ亦有効ナリヤト云フニ此場合ニ於テハ先

キニ述ヘタル如キ諸種ノ困難ノ發生スルモノアリ是等困難ノ點ハ頗ル多クソレカ爲メニ特別ニ說明シ又論究スルニアラサレハ之ヲ除クコト能ハサルヲ以テ今澳國民法ニ據リテ斯カル特別ノ說明ヲ述フヘシ此問題ヲ特別ニ分離シテ研究スルコトハ別トスルモ今澳國民法ヲ基礎トシテ論セハ此特別ノ場合ニ於テハカク同民法ニ制限スルコトハ轉質ノミヲ全ク特別ニ掌ル法律範圍ニ導クヲ得ルノ利益アリ卽チ此轉質ノ制度ハ「コード、ナポレオン」ニハ嘗ツテ論セラレサリシ所ナリト雖モ澳國法律ニ於テハ其他普國法ニ於ケル如ク個々ノ堅固ナル基礎ニ依リテ說明セラレシノミナラス尙多數ノ著述ノ之ヲ論スルモノアリテ今日ニ於テモ其研究上ニ於テ盛ニ進步シツヽアルナリ

偖是等ノ著述ニ於テ第一ニ研究セラルヽ問題ハ此轉質權ハ質物其物ニ就テノ新ナル質權ト看做スヘキカ又ハ質權上ニノ質權ト看做スヘキカ或ハ又質權ニ依リテ保護セラレタル債權上ニノ質權ト看做スヘキカト云フニ在リ而シテ此問題ヲ論究スル著述家ハ常ニ此說若クハ彼說ト限リテ之ヲ是認スルモノナシ殊ニ以前ノ著述家ハ屢々彼ノ三說ヲ混同スルノ說ヲ是認セリ今之ヲ細別スルトキハ轉質

トハ質物及ヒ質權ノ質入ナリト云ヒ又ハ質權及ヒ債權ノ質入ナリト說キ或ハ又質物、質權及ヒ債權ノ質入ナリト論スルモノアリ

是等衝突議論ノ進行及ヒ此際各學者ノ提供セシ諸種ノ證論並ニ其反證等ヲ爰ニ論究スルコトハ吾人研究ノ範圍外ニ屬スルモノタルヤ明ナリ但シ爰ニ二三ノ意見ハ之ヲ揭クヘシ蓋シ此二三ノ意見ハ吾人ノ見ル所ニヨレハ上述諸種ノ議論ヲシテ一定ノ方向ニ傾カシメタルニ與ツテ力アルモノニシテ而シテ特ニ轉質入ハ其裏書形式上ニ於テ原始的質入ニ倣フモノタル以上ハ此二三ノ意見ハ質入裏書ノ關係ニ就テ十分ナル且ツ明瞭ナル說明ヲ與フルモノナルヲ以テナリ

特ニ爰ニ揭ケントスル意見ハ轉質ノ構成ハ債權ノ質入ナリトノ意味ニ於テ論スルモノナリ

尤モ轉質入ハ物件ノ質入ナリト看做スハ最モ簡易ノ說ナルハ爭フヘカラサルナリ「デルンブルヒ」氏ノ如キモ既ニ普通法《ゲマインレヒイ》上ニ於テハ債權主義ヲ唱道セシ人ナリト雖モ客觀的ニ觀察シテ此物件主義ニ贊同セサルヘカラサリシナリ又此意見ノ根據タルモノハ少クトモ普通法ニ於テハ轉質權者ニ質物訴訟ノ準訴權（Utilis actio in rem hypothecaria）ヲ與ヘラレタルニ在リ

然レトモ此訴權ノ性質ヲ明細ニ研究スルトキハ普通法ニ於テモ既ニ彼ノ根據ハ頗ル薄弱ノモノトナルナリ何トナレハ準訴權ハ準訴權タルニ過キスシテ物件其モノニ就テノ質權ニ適當スルヨリモ寧ロ、ヨリ僅カ直接ノ權利例ヘハ「質權上ニノ質權」ノ如キモノニ適當スルカ如キヲ以テナリ「ゾーム」氏ハ此意味ニ於テ說テ曰ク「轉質權者ハ、轉質者ニ質入セラレタル物件ヲ占有スルノ權利ヲ有ス轉質權者ハ第一ノ質權者ニ等シク質物ノ訴權（actio in rem hypothecaria）ヲ有ス然レトモ爰ニ特ニ注意スヘキハ轉質權者ノ是等總テノ權利ヲ有スル所以ハ彼カ此物件上ニノ質權ヲ有スルカ爲メニアラスシテ却ッテ唯タ質權上ニノ質權ヲ有スルノ結果タルニ過キスト云フノ點ナリ………此ノ如クニシテ轉質權者ノ質訴權（actio hypothecaria）ハ準訴權（actio utilis）ニシテ恰モ彼ノ收益權ノ質權者ニ役權ノ訴權（actio confessoria）ヲ又物權質權者ニ物件所有權ノ訴權（reivi ndicatio）ヲ與ヘラレタルカ如シ此「アクチヲ、ウチリス」（準訴權）ナル語ハ右ノ各場合ニ於テ提供セラレタル訴訟ハ有効ナル權利上ニ於ケル質權ヨリ流出セシモノナルコトヲ示シ又權利モ物件モ共ニ原告ノ財產中ニ在ラサルモノタルヲ顯スナリ……若シ法律上ニ於テ語調ノ惡シキコトニ頓着セサリシナラハ羅馬人ハ此際質權ノ質權訴權(hypothecaria hypothecaria actio)ナル文字ヲ用キシナラン」ト

羅馬法ニ於テ既ニ然リ而シテ澳國法律ニ於テハ彼ノ根據ナルモノ一層微弱ニシテ殆ント之ヲ引用スルヲ許サヽルナリ澳國法律ニ於テハ即チ轉質權者ノ準訴權スラ尚之ヲ認メス同國ノ判決ニ於テハ明ニ之ヲ否認シ學者モ亦法律解釋論トシテハ之ヲ辯護スルモノナシ唯僅カニ立法論トシテ之ヲ希望シ又ハ勸告スルモノアルニ過キス而シテ又之ニモ拘ハラス時トシテハ尚轉質權者ノ賣却權(ius distrahendi)ヲ主張スルモノアリト雖モ斯カル意見ノ贊成ヲ見出サヽルハ唯自然ノ結果ト云フヘシ

轉質權トハ質物件上ニノ新ナル質權ナリトノ論ニ對シ上ニ掲ケタル羅馬法ノ質物ノ訴權ト聯絡スル諸理由ハ多少之ヲ贊クルアリト雖モ然レトモ此理由ヨリモ一層判然ト之ヲ批難スルノ事實アリ卽チ縱令ヒ質物件上ニノ新ナル質權ナリトノ説ヲ代表スル者ト雖モ尚此物件ノ質入ヲ言フニ當リテハ諸關係狀勢上、轉質入者卽チ第一ノ質權者ノ取得セシ權利ノ範圍內及ヒ其限界ニ於テ質入セラルヽナリト論セサルヘカラサルナリ之ヲ換言セハ第一ノ質權ノ範圍內ニ於ケル質入ナリト謂ハサルヘカラサルノ事實アルナリ

「ブュツヘル」氏ハ物件上ニノ質入ナリトノ說ヲ固持セントスル人ナリト雖モ亦曰ク「轉質入ハ既ニ質入セラレタル物件ヲ更ニ質入スルコトヲ謂フト雖モ是ヲ以テ所有者等ヨリ質入セラルヽ際ニ生スルト同一ノ効力ヲ生スルモノナリト解スヘカラス却ツテ債權者ハ自己ニ質入セラレタル貨物ヲ唯タ其權利ノ範圍內ニ於テノミ更ニ質入スルコトヲ得ルハ論スル迄モナシ」ト「ワンゲロー」氏モ亦同シク物件上ニノ質權ナリトノ學說ヲ代表スル人ナリト雖モ「ブュツヘル」氏ニ等シクシテ其主說ニ續テ注意シテ曰ク「質權者ハ自己ニ質入セラレタル物件ヲ唯タ其權利ノ範圍內ニ於テノミ更ニ質入スルコトヲ得ルハ論ヲ俟タサルナリ」ト尚此種ノ議論頗ル多シ而シテ此等ノ議論ハ多クノ場合ニ於テハ上述ノ如キ制限ハ「轉質ノ法律上ノ性質ニハ更ニ影響セサルモノナリ」トノ豫定條件ヲ暗默ニ前提シ若クハ幾分明示シテ前提スルモノナリト雖モ此點ニ關シテハ寧ロ「アルンツ」氏ノ所說ノ正當ナ

ルヲ忠ハサルヘカラス曰ク「轉質入ハ質權ノ質入ナリトノ說ニ反對スルモノアリ然レトモ是レ恰モ永借權及ヒ地上權ノ質入ハ是等權利ノ質入ナリト云ヒ又ハ其物件ノ質入ナリト云ヒツヽ爭フカ如ク實ニ無益ニシテ且ツ理由ナキコトト謂フヘシ何ヲ以テ之ヲ無益ト謂フカソレ質入ノ目的物ハ永借地卽チ質入物件ナリト認ムル者モ此ノ如キ質入債權者ニ與フルニ質入者ノ有スル以上ノ權利ヲ以テセサルコトヲ是認セサルヘカラサレハナリ」ト然リ又「ゾーム」氏ハ轉質入者ハ質物件ヲ質入スルナリト雖モ然カモ唯タ其質權ノ限界ニ於テノミ質入スルナリトノ議論ハ是レ其本體其者カ既ニ保守スヘカラサル議論ヲ徒ラニ維持センカ爲メノ遁辭ナリト述ヘタリ是レ亦實ニ然リト謂ハサルヘカラス其故ハ今轉質ニ離ルヘカサル制限及ヒ限界ヲ十分ニ注意シツヽ全ク虛心ニ觀察シ而シテ茲ニ顯レ來ル狀態ニ就テ之ヲ觀ルニ「質物件上ニ於テノ質權」ト云フヨリモ寧ロ「質權上ニ於テノ質權」ト云フノ勝レルニ及カサルナリ就中吾人ハ爰ニ澳國法律ノ解釋者カ其總テノ法律構成前ニ能ク硏究シテ轉質ニ就テ草案セシ所ヲ注意スルニ例ヘハ「ニッペル」氏曰ク「例ヘハ甲者アリ乙者ヨリ一千八百三十二年一月一日ニ支拂フヘキ一百「フ

ローン」ノ債務ニ對シテ質物ヲ得タリ此場合ニ於テ甲者ハ此質物ヲ第三者例ヘハ
丙者ニ同シク一千八百三十二年一月一日滿期ノ一百「フローン」ノ債權ノ爲メニ更
ニ質入ヲ爲スコトヲ得而シテ又此金額ヨリモ少額ナル又ハ一千八百三十二年一
月一日以後ニ支拂フヘキ債權ニ對シテ更ニ質入ヲ爲スコトヲ得レトモ此金額ヨ
リ多額ナル又ハ此期限ヨリ以前ヲ期限トスル債權ニ對シテハ之ヲ爲スコトヲ得
ス」ト又「クラインツパッフ」氏曰ク「轉質權者ニ質物ノ質入セラルヽニ當リテソレニ
對スル金額ハ第一ノ質權者ニ對シテ負フ所ノ金額ヨリモ多額ナリト假定センカ
此場合ニ於テモ轉質權者ハ第一ノ債務者ニ對シテハ其直接ノ債權者ニ給付スヘ
キモノヨリモ多額ノ金額ノ支拂ヲ請求スルコトヲ得ス又轉質權者ハ前債權ノ滿
期以前ニ於テ其質權ヲ行使スルコトヲ得スシテ前債權ノ期限ハ轉質權者ニ對シ
テモ亦標準トナルモノナリ」ト

之ヲ要スルニ右ノ諸議論ハ「質物上ニ於ケル質權」說ヨリモ寧ロ「質權上ニ於ケル質
權」說ト能ク一致スルモノナリ然レトモ更ニ一歩ヲ進メテ「質權上ニ於ケル質權」說
ト「債權上ニ於ケル質權」說トノ間ニ撰擇ヲ爲スヘキ場合ニ於テハ未タ前者ヲ是ナ

リト決定スヘキニ非ラス却ツテ其反對ヲ言ハサルヘカラス卽チ上ノ如クニ轉質權ヲ論述スルトキハ其重點ハ彼ノ質權ヲ負擔シ又金額ト期限トニヨリテ異ナリタル債權ノ方面ニ益々推移スルヲ認ムルナリ
重點ノ推移ヲ完成スル二種ノ理由アリ
卽チ第一ハ普通ノ理由ナリ夫レ質權ハ債權ノ保證ヲ目的トスル權利トシテ現ハル丶モノナルヲ以テ今各國ノ法律ニ依リテ制定セラレタル個々ノ除外例ハ之ヲ別トシテ觀ルトキハ質權ハ債權ノ消滅ト共ニ消滅セサルヘカラス又債權ナクシテ質權ノミヲ讓渡スヘカラス之ニ反シテ債權ノ他人ニ移轉スル場合ニ於テハ自然ノ結果トシテ質權モ亦之ニ伴フ何トナレハ存續及ヒ讓渡ニ關シテ債權ノ運命ハ質權ノ運命ニ對シテ決定ヲ與フルモノナリト覺知セハ則チ轉質權ハ質ノ方法ヲ以テ擔保セラレタル債權上ニ於ケル質權トシテ構成セラル丶モノナリトノ推定ヲ喚起ス是レ必要上ノ結果ナルヤ明ナリ而シテ之ニ從フテ質權上ニ於ケル質權後續スルナリ
加之ナラス尙一ノ理由アリ此理由ハ特ニ「デメリュース」氏ノ唱道スル所ニシテ上

ニ述ヘタル理由ニ對シ特ニ轉質權殊ニ澳國ニ於ケル轉質權ヲ本據トシタルモノナリ卽チ澳國民法ハ其四百五十五條ニ於テ規定シテ曰ク「所有者若シ轉質ノ通知ヲ受ケタルトキハ所有者ハ轉質物ヲ所持スル者ノ同意ヲ得テ後チ始メテ其債權者ニ支拂フコトヲ得又ハ其債務ヲ裁判所ニ供託スルコトヲ要ス然ラサレハ質物ハ轉質物ノ所持者ニ屬ス」トサレハ普國法ハ轉質關係ヲ確定スルニ原始的債務者ヲシテ轉質ヲ承諾セシムヘシトノ規定ニ依リテ之ヲ達セシト欲セシモ澳國民法ハ之ヲ確定スルニ其形ヲ異ニシ却ツテ原始的債務者ニ通知スルノ制度卽チ通知制度(Denuntiation)ニ依リテ之ヲ達セント欲セリ然ルニ通知ハ債權法ニ於テ就中債權讓渡ノ際ニ於テ特ニ發達シタル事ナルヲ以テ從ツテ轉質權ニ通知制度ヲ採用スルコトハ又明ニ此轉質權ニ債權法上ノ印象ヲ與フルモノナリ故ニ第四百五十五條ニ於テ設ケラレタル規定ニ關シテ「デメリユース」氏曰ク「是ニ由リテ之ヲ觀レハ澳國法ハ轉質入ヲ恰モ債權質入ノ一種ト認ムルモノナリ」ト吾人ハ此見解ノ澳國司法ニ依リテモ亦實證セラルルヲ見ルナリ「クラインツバッフ」氏曰ク「轉質權者若シ第一質權者(轉質入者)ニ對シ支拂判決ヲ得タルトキハ轉質

權者ハ之ヲ取立ツル爲メ又ハ支拂ニ換ヘ質入セラレタル債權ノ轉付ヲ請求スルノ權利ヲ有ス之ヲ取立ツル爲メノ轉付ニヨリ轉質權者ハ其債務者ノ名義ニテ債權(期限後)ヲ訴ヘ又其債權ノ爲メニ設定シタル質權ヲ行使スルノ權利ヲ取得ス」ト而シテ茲ニ同氏ノ述フル所ハ澳國裁判々決カ多數個々ノ場合ニ於テ宣告セシ所ヲ唯タ一般ニ纒メテ述ヘタルニ過キサルナリ尤モ此ノ如キ判決ハ先ツ不動産信用ニ關係スル多數個々ノ場合ニ對スルモノナレトモ亦動産ニ就テノ質權ヲ問題トスル場合ニ對スルコトモ之レアルナリ此場合ニ對スル判決例ニ於テ特ニ曰ク「甲者(轉質權者)ハ其債務者乙者(轉質入者)ニ對シテ執行方法ヲ以テ乙者ノ債務者(原始的質債務者)ノ動産上ニ得タル執行力アル質權ヲ質入シ及ヒ評價スルコトヲ認可セラレタル後チ甲者ハ此質權ノ競賣ヲ請求セリ第一審裁判所ハ動産其者ノ競賣ヲ宣告シ高等地方裁判所ハ質權ノ競賣ヲ宣告セリ……最高等裁判所ハ下級裁判所ノ判決ヲ變更シ甲者ノ競賣權ヲ棄却セリ」之ヲ棄却セシ理由ハ「甲者ハ其債務者乙者カ丙者ノ動産上ニ有スル質權ヲ强制的ニ質入シ及ヒ評價スルコトヲ認可セラレタレハ此認可ノ判決ヲ基礎トシテ此質權ノ競賣ヲ申請セリ」然ルニ「質權ハ

従タル權利ニシテ……常ニ唯タ有效ナル權利ニ聯關スルモノニシテ……而シテ債權者ハ其債務者カ他ノ個人ニ對シテ有スル債。權。ニ對シテ其質入及ヒ更ニ强制執行ヲ請求スルハ全ク自由ナリ」云々ト云フニアリ

以上述フルトコロハ最要點ノミニ止マリ畢竟普通法ニ據ルモ就中亦澳國法ニ據ルモ轉質トハ質權ニ依リテ擔保セラレタル債權ノ質入ナリト認ムルヲ正當トナスノ理由ナリサテ此ノ如クニシテ是認セラレタル(債務法上ノ)轉質ノ學理ヨリ特ニ質入裏書ノ關係ニ對シテ一層明瞭ナル實際上ノ結論ヲ獲ント欲セハ則チ吾人ハ此學理ヲ先ツ更ニ伸張セサルヘカラス之ヲ伸張スルトハ吾人ハ此學理ノ精神ニ遵ヒ此學理ノ標準ニ從ヒ以テ第一、原始的質債務者第二轉質入者及ヒ第三轉質權者ノ相互ノ關係ヲ成ルヘク明ニ描出スルコトヲ勗メサルヘカラス而シテ此目的ノ爲メ先ツ第一ニ議論ヲ立テシ者ハ「デメリュース」氏ナルカ如シ

同氏ハ其議論ヲ立ツルニ當リテ基礎タルヘキ債權ニ對スル關係上質權ハ補充的性質ヲ有スルモノナリトノ點ニ重キヲ置ケリ之ニ關シテ曰ク「吾人ハ主觀的意義ニ於ケル質權ニ對シテ定義ヲ下サハ同質權トハ擔保セラレタル義務ノ履行セラ

レサル場合ニ於テ一定ノ財産權上ノ貨物(廣義ニ於ケル物件)ヨリ補。充。的。ノ滿足ヲ得ルヲ目的トスル債權者ノ權利ナリト云フヲ得ヘシ……物質的保證ヲ二重ニスルコトハ質入行爲ノ本體ナリ是ニ由テ新ナル財産權」ヲ生スルニ非スシテ唯既ニ存在スル財産權ニ更ニ安全ノ施設ヲ附加スルノミ」云々ト今之ヲ轉質權ノ關係上ニ應用スルトキハ轉質入者ニ對シ轉質權者ノ有スル債權ハ其轉質權ニヨリテ補充ヲ受クルモノト云フヘシ然ルニ爰ニ述ヘタル轉質ニヨリ又殊ニ前ニ述ヘタル第一ノ質債務者ニ致ス通知ニヨリ又質物ヲ轉質權者ニ引渡スニ因リテ全ク他種ノ補充的性質ヲ生スルニ至ルナリ「デメリュース」氏曰ク「通。知。セラル、時ハコレト同時ニ轉質權者ニ對シテ第一ニ責任ヲ負フモノハ第三債務者(卽チ第一ノ質債務者)カ其債權者(卽チ轉質入者)ニ對シテ支拂フヘキ所ノモノナリ此辨濟源ヨリ流出スルモノナキトキハ其代リトシテ質物進ミ出ルナリ……故ニ吾人ハ言フヲ得ヘシ轉質入ノ効力ノタメニ第三債務者ニ對スル通知ヲ以テ要件トナス者ニ對シテ第一ノ保證物件トナルモノハ第三債務者ノ給付スヘキモノナリ」云々ト又他ノ方面ニ於テ同氏曰ク「轉質入ハ補充的辨濟源ナルカ故ニ第三債務者ヨリ給付スヘキモノト及ヒ其後又補充的ニ質物ヨリ換價スヘキモノヲ先ツ第一ニ設定セント欲スルナラントノ說ヲ正當ナラシムル爲メ與ツテ力アルモノハ余ノ信スル所ニ依レハ質物カ轉質權者ニ交付セラレタリトノ事實ナリトス……是レ即チ質物解除ノ爲メ支拂ヲ受取ルノ權利アル所以ナリ」ト此ノ如クニシテ吾人ハ一方ニ於テハ轉質權者ノ轉質入者ニ對スル債權ハ轉質權ニヨリテ準備補充セラレ他ノ一方ニ於テハ轉質入者カ第一質債務者ニ對スル債權ハ此轉質權（從ツテ又通知及ヒ引渡）ニヨリテ轉質權者ニ提供セラレ而シテ此提供セラレタル債權ハ轉質入者カ物件上ニ有スル質權（轉質權者ニ間接ニ提供セラレタル質權）ニヨリテ第二次ニ補充セラルヽヲ見ルナリ「デメリュース」氏又曰ク「轉質入者ハ質物ヲ以テ辨濟セシメントノ自己ノ補充的權利ヲハ更ニ自己ノ債務ニ對スル補充的辨濟源トシテ提供ス是レハ第三債務者モ亦轉質入者モ共ニ各自ノ債務ヲ辨濟スル能ハサル場合ニ於テ轉質入者ハ物件ノ換價權ヲ自己ノ權利範圍内ニ於テ行使センカタメナリ」ト之ヲ要スルニ轉質權者ノ利益ノ爲メニ質物ノ實物的拘束ト同時ニ――若クハ寧ロ其以前ニ――二重ノ對人的義務ノ存スルアルナリ即チ轉質入者ノ義務及ヒ第一質

債務者ノ義務是ナリ而シテ此ノ如キ對人的義務ハ轉質權者カ更ニ再ヒ質物ヲ轉質シ單純ナル轉質契約ノ三個ノ人ニ加フルニ更ニ第四或ハ第五ノ人ヲ以テスルトキハ益々增加スルモノトス然ラハ此事實ニ於テ質權流通ノ承繼的保證ヲ認ムルコトヲ得ルニアラサルカ又轉質關係ハ之ヲ引渡證劵ニ於ケル質入裏書ノ關係上ニ應用シ從ツテ又質入裏書ハ實際轉質取引ヲ目的トスルモノナリトシテ質入裏書ノ關係ヲ轉質權ノ規定ニ從ヒ論スルトキハ此保證ハ同時ニ引渡證劵流通ノ保證ト云フヲ得ルニアラサルカ尚此流通保證ハ質權讓渡ト異ナル所アリト雖モ然カモ系統ヲ等シクスルモノトシテ質權讓渡ニ伴フ保證ニ併論スルヲ得ルニアラサルカ

此等ノ問題ヲ提出セハ其自然ノ結果トシテ或ル相對現象ノ存在スルニ注視スルナルヘシ相對現象トハ轉質權ヲ觀察セハ必ス現出スルモノニシテ又最モ明ニ之ヲ揭ケ論シタル者ハ「デメリュース」氏ナリトス吾人ノ爰ニ所謂相對現象ヲ發見セントスルトキハ右ニ述ヘタル轉質ノ特性卽チ對人的義務ノ承繼的增加ヲ生スル特性ヲ基礎トシテ轉質權ノ保證取引タル定義ヲ建設シテ以テ流通取引(質權ノ移

轉、融通、轉輾ノ意味ニ於テ)ナル轉質權ト差別スルニ在リ

即チ上ニ述ヘタル兩樣ノ取引ハ轉質權ニ於テ合同スルモノナリト雖モ然カモ又機械的ニ分離スルヲ得ル分子ナリト考フルトキハ保證ノ目的ノ爲メニ負擔スル對人的義務ト流通ノ目的トノ間ニ於ケル聯絡ヲ否認スルヲ得ルカ如シ從ツテ上ニ述ヘタル意義ニ於テ移轉ノ保證融通ノ保證ト云フヲ得サルニ至ルナルヘシ又カヽル保證ハ實際存在スルヤトノ問題ハ此場合ニ於テ否定セサルヘカラサルナラン

然レトモ「デメリュース」氏ハ爰ニ述ヘタル相對現象ヲ論スルニ當リテ之ヲ機械的ニ對立スルモノト言ハスシテ其内容ニ於テ聯絡ヲ有スルモノナリト認メタリ蓋シ同氏ハ現時ノ轉質權ノ歷史的成立沿革ヲ論述スルニ當リテ羅馬ニ於ケル轉質權ヲ以テ純粹ナル保證取引ナリト論シテ之ヲ轉質權發達ノ劈頭第一ニ置キ而シテ更ニ次ノ如ク言ヘリ曰ク「獨逸法律ノ影響ハ質物ノ輾轉ニ獨占的保證作用ヲ取去レリ質權的ニ保證セラレタル債務關係中ニ包含セラルヽ財産價額カ債權者ヨリ債權者ヘ連續スル指圖ニ依リ一定ノ移轉及ヒ融通能力ヲ保有スルコトヲ得ルハ

是レ獨逸法律ノ其道ヲ開キ且ツ助成セシ所ナリ……尤モ是ニヨリテ轉質權中ニ在ル保證ノ分子ハ法律上廢除セラレタリト云フニ非ス唯タ實際上第二位ニ下リシナリ」ト此言句ヲ推究スレハ保證取引ナル轉質ハ第一期ノモノニシテ流通取引ナル轉質ハ第二期ノモノナリ而シテ第二期ノモノハ彼ノ第一期ノモノヲ基礎トシテ建設セラレ又第一期ノモノヲ前提トシテ規定セラレタルモノナルヲ認ムルナリ而シテ更ニ一歩ヲ進メテ追究スルニ轉質カ保證取引トシテ效力アル所以ノ其性質ハ亦流通取引トシテノ轉質ニモ齊シク影響スルモノナルヲ知ルヘシ又對人的義務ノ累加ハ質權ノ流通ヲ促シ及ヒ時トシテハ質入裏書ヲ記載セシ引渡證券ノ流通ヲ促カスモノタルヲ知ルヘシ是レ對人的義務ノ累加ハ彼ノ質權ノ流通及ヒ此引渡證券ノ流通ヲ安全ニスルヲ以テナリ

是レ即チ轉質ノ質權讓渡(民法上ノ)ニ對スル關係ヲ明ニスル所ノモノタリ質權ノ讓渡ハ質權ノ正當ナルコト及ヒ十分ナルコトニ對シ承繼的增加スル保證義務ヲ喚起スルモノナリト雖モ承繼的ニ增加スル支拂義務ハ亦轉質トモ分離スヘカラサルモノナリ是レ轉質權ハ此支拂義務ニ對シテ或ル從タルモノ或ハ補充的ノモ

ノトシテ出現スルヲ以テナリサレハ質權ノ讓渡並ニ轉質ハ共ニ承繼的ニ增加スル對人的義務卽チ債務法上ノ義務ヲ包含スルモノニシテ此義務ハ質權ノ移轉從ツテ又質入裏書ヲ記載セシ引渡證券ノ流通ヲ保證セントスルモノナリ是故ニ質入裏書ノ場合ニ於ケル關係ヲ其當時基礎トスル法律行爲ノ精神ニ從フテ解釋シ或ハ質權讓渡ノ意味ヲ以テスルモ或ハ轉質ノ意味ヲ以テスルモ孰レニシテモ必ス承繼的ニ顯出スル債務法上ノ義務ニヨリテ保證セラレ以テ流通スルモノナルヲ認ム此債務法上ノ流通保證ハ卽チ引渡證券從ツテ又單純ナル倉庫證券卽チ一枚證券ノ質入裏書ニ對シテ始終特性トナルモノナリ而シテ吾人ハ次章ニ於テ二枚證券制度ニ於ケル質入證券ニ就テ爰ニ述ヘタル所ヲ標準トシテ如何ナル點迄論スルコトヲ得ヘキヤヲ研究セント欲ス

第四章

二枚證券制度ニ於ケル質入證券ハ如何ナル程度迄一枚證券制度ニ於ケル質入裏書ト趣ヲ一ニスルヤ殊ニ二枚證券制度ニ於テハ流通ヲ保證スルヲ目的トスル法

律制度ノ證明スヘキモノ何カアルヤ此問題ハ吾人ヲシテ一方ニ質入裏書ヲ有スル一枚證券ト他ノ一方ニ二枚證券制度ニ於テ獨立存在ノ地位ニ達セシ質入證券トノ兩者間ニ於ケル顯著ナル反對現象ニ注意セシムルナリ

卽チ質入裏書ヲ有スル一枚證券ニ就テ之ヲ觀ルニ上ニ述ヘタル如ク質入裏書人及ヒ質入被裏書人カ此第一ノ被裏書人ニツヽク其後ノ被裏書人ニ對スル法律上ノ關係ハ種々ノ法律行爲ニ依リテ定メラルヽナリ而シテ其法律行爲ハ民法ノ規定ニ從フテ判斷セラル詳言スレハ質權上ノ讓渡契約、轉質契約等トシテ解釋セラルヘキモノニシテ彼ノ有價證券固有ノ本來ノ作用トハ唯タ間接ノ關係ヲ有スルモノナリ故ニ一枚證券制度ニ於ケル倉庫證券タル此有價證券ハ之レヲ其最普通ノ規定其純然タル理想ニ從フテ觀察スレハ所持權ノ讓渡ノ爲メニ設ケラレタルモノニシテ此所持權ヲ基礎トシテ建設セラレタル物權(卽チ又質入裏書ニヨリテ生セシ質權)ノ設定ハ所持權ノ讓渡ニ對シテハ既ニ第二位ニアリ又此ノ如クシテ設定セラレシ物權ノ輾轉就中質權讓渡ニヨリ又轉質ニヨリテ生スル質權ノ輾轉ハ第三位ニ於テ始メテ其本來ノ效力範圍ニ到達スルモノト謂フヘシ是ヲ以テ或ル場合ニ生スル質權讓渡、轉質入等其他總シテ爰ニ論スル實物ニ關スル法律行爲ハ第一ノ質入裏書ニ連續スル裏書ヲ說明スル爲メニ大ナル要件トナルモノナリ唯タ有價證券ノ元來ノ意義ノミニ依リテハ未タ十分ニ是等ノ點ヲ說明スル能ハス更ニ有價證券主義以外ニ尙倚賴スル點ヲ要ス而シテ此倚賴スル點ハ上ニ屢々述ヘタル質權讓渡ノ法律行爲中ニ於テ始メテ之ヲ發見スヘキナリ

之ニ反シテ二枚證券制度ニ於ケル質入證券ニ就テハ大ニ趣ヲ異ニス卽チ後ノ被裏書人ノ權利ハ第一質權者ノ權利ニ連續シ且ツ創設ノ質權ノ輾轉ヲ豫定スルモノニシテ而シテ又之ヲ規定スル所ノ法律上ノ理由及ヒ關係トハ質入證券カ獨立ノ有價證券トナリテ行動スル其第一次ノ初期ノ範圍ニ屬スルモノトス何トナレハ質入證券ナルモノハ其第一裏書ノ以後ニ於テハ第一裏書人ト第一被裏書人トノ間ニ設定セラレタル質權ノ獨立負擔者トシテ現出スルモノニシテ從ツテ若シ更ニ輾轉シテ第一被裏書人甲ヨリ第二被裏書人乙ニ移轉スルトキハ此移轉ノ爲メニ有價證券ノ最モ重要ナル且ツ要素タル効用ニヨリテ質權ノ讓渡ヲモ亦媒介スルモノナレハナリ

此反對現象ヲ成ルヘク的然ト擧示スルコトハ全ク之ヲ忽セニスヘカラス殊ニ諸著述ニ於テ彼ノ質入裏書ヲ有スル一枚證券ト二枚制度ニ於ケル質入證券トノ界線ヲ抹消セントスルカ如キ議論アルニ至リテハ益々之ヲ忽セニスヘカラサルナリ

例ヘハ「シモンソン」氏ハ一千八百八十九年澳國倉庫法ヲ論スルニ當リテ曰ク「質入證券ノ讓渡ニヨリテ既ニ成立セシ質權（第一ノ「ワラント」裏書ニヨリテ設定セラレシ質權）ヲ他人ニ讓渡スルコトヲ得若シ然ラサレハ第一ノ質入ニヨリテ生シタル質債權ニ就テノ下質權（轉質權）ヲ設定スルコトヲ得」ト「シモンソン」氏ノ爰ニ述フル所ニヨリテ見レハ同氏ハ質入證券ニ就テ有價證券適當ノ轉々讓渡ト轉質權設定トヲ以テ二個ノ互ニ並立スル可能行爲ナルカノ如ク論セシナリ（尤モ「シモンソン」氏ハ又他ノ場合ニ於テハ佛國ノ關係ニ關シテ新ナル權利取得ヲ間接ニ批難シ謬說ニモ彼ノ質權ノ輾轉ヲ讓渡ナリト說明セント欲スルモノ、如シ）然レトモ「シモンソン」氏ハ澳國ノ關係ニ就テ更ニ曰ク「余ノ信スル所ニ依レハ若シ「ワラント」ニ依リテ質的ニ保證セラレタル債權カ唯タ一定ノ金額ニ對シテ質入セラレタルコトヲ其裏書中ニ於テ表題セラレサルトキ則チ轉質權者ハ第三者ニ對シテハ裏書ニヨリテ「ワラント」債權ヲ取得シタル者ト同一ノ權利地位ヲ有スルモノタルハ勿論ナリ」ト今爰ニ同氏ノ述ヘタル「ワラント」ニ依リテ質的ニ保證セラレタル債權カ唯タ一定ノ金額ニ於テ質入セラレタルコトヲ其裏書中ニ於テ表題セラレサル𪜈ハ」ナル文句ニ(卽チ吾人ノ尙後段論スル如ク此ノ如キ債權カ一定ノ金額ニ於テ質入セラルヽコトハ質權ノ轉々讓渡ニ際シテ爲シ得ル所ナリ)今假リニ換置スルニ「若シ裏書ニヨリテ其轉質契約ナルヲ知ル能ハサル𪜈ハ」ナル文句ヲ以テスルトキハ則チ上ニ述ヘタル「轉質權者ハ第三者ニ對シ裏書ニヨリテ「ワラント」債權ヲ取得シタル者ト同一ノ權利地位ヲ有ス」ナル論ハ動カス可ラサルモノナリ而シテ此論定ハ質入證券ノ裏書ハ第三者ニ對シテ如何ナル場合ニ於テモ質權ヲ讓渡スル裏書トシテ有効ナリト言明スルナリ又吾人ハ此事實ニ一層重キヲ置カサルヘカラサル所以アリ卽チ吾人ハ質權ノ讓渡ヲ目的トシテ質入證券ヲ裏書スルハ是レ普。通。ノ裏書行爲ナリト見ルヲ以テナリ若シ然ラスシテ轉質入ヲ目的トスルトキハ之ヲ(第三者ニ對シテ)裏書中ニ於テ明示スルカ又ハ(契約者ニ對シテハ)法律行爲ノ內容ニ遡リテ證明セサルヘカラス是モ彼モナキトキハ則チ唯タ讓渡ヲ目的トスル裏書トシテ有効ナリ是質入證券ノ純粋ナル裏書ト謂フヘシ

サレハ之ヲ論スル學者ノ多數モ亦此純粋裏書ノ論ヲ固守ス「ダマツシノ」氏曰ク「質入證券《ラント》ノ第一裏書ハ質行爲ヲ組成シ其以後ノ裏書ハ利益享有者名義人ノ變更ヲ目的トスルニ止マルノミ即チ讓受人(當該有價證券ニヨリテ權利ヲ得タル者ト稱スルヲ適當トス)ノ變更ノミニシテ行爲ハ同一ニシテ其性質ヲ變セス」ト他ノ諸國ニ於ケル學者ノ議論モ亦大ニ之ニ類似ス例ヘハ以國ニ關シ「ヴヰダーリ」氏曰ク「即チ流通證券ハ質入證書ナリ而シテ被裏書人ハ正ニ貨物ノ上ニ質權ヲ取得ス(中略)此權利タル被裏書人カ同一方法ニ依リテ一様ニ他人ニ移轉スルコトヲ得。ルモノトス」ト又獨逸ニ於ケル質入證券《ワラント》ニ關スル著書中ニ於テモ「バイエルデルフェル」氏曰ク「質入證券《ワラント》ノ取引ニ於テ借入金額ヲ支拂フヘキ者ハ常ニ(中略)第一裏書人ナリ而シテ受取人即チ債權者ハ變更ス從ツテ(中略)第一債權者ハ其債權ト質權トヲ第二ノ人ニ此者ハ第三ノ人ヘト逐次讓渡スルコトヲ生ス(中略)第一債權者ハ其質入證券ヲ更ニ裏書シ又其以後ノ裏書人ハ之ヲ裏書シ以テ質入證券取引ニ於ケル關係者ノ列ヨリ全ク退去シ而シテ總テノ權利ニ關シテ其地位ニ代ハルモノハ被裏書人ナリ」ト「コッホ」氏ノ所說モコレニ同シ曰ク「(質入證券)轉々裏書ハ質權讓渡ノ意味ヲ有スルニ過キス(中略)前者ノ對人的對抗ヲ全ク斷絕スルナリ」ト

實ニ轉々シテ「ワラント」裏書ヲ爲スノ目的ハ質權ヲ更ニ讓渡スルニアリトノ事情ニ就テ之ヲ觀ルニ此裏書ハ其効力ノ爲メニ登記ヲ要スルモノニ非ラストノ事實ノ正當ナルコトヲ知ルヲ得ヘシ「エーベルマン」氏曰ク「後ノ場合(質入證券ヲ轉々スル場合)ニ於テハ權利ヲ有スル人ノミ變換スレトモ權利ハ常ニ同一ナリ故ニ此權利ヲ新ニ確認シ又從ッテ之ヲ登記スルコトハ不必要ニ屬ス」ト而シテ同氏ノ意見ハ一千八百五十八年佛國法律理由書ト一致シ又「レオン＝カーン」氏ノ說モ亦之ニ同シ

爰ニ揭ケタル「エーベルマン」氏ノ議論ノ拔粹ニ依リテ觀ルモ質入證券ヲ以テ執行セラレタル權利讓渡ノ性質ハ此ノ如クニシテ全ク適當ニ判斷セラルヽモノトストモ尤モ時トシテハ之ニ反對スル二三ノ意見提供セラルヽコトアリト雖モ未タ一般ニ是認セラルヽ所ニ非ラサルナリ

是等反對意見トシテ就中爰ニ「ガライス」氏ノ説ヲ掲ケン曰ク「總テ此種ノ裏書(卽チ總テ輾轉ヲ目的トスル「ワラント」裏書)ハ新ナル質入ニシテ以前ノ債權者ハ其裏書ニヨリテ質債務者トナリ質物卽チ寄託シタル倉庫貨物ノ價格ハ必ス各質權者(通常最終ノ質權者)ニ對シテ義務ヲ負フ」ト然レトモ此「ガライス」氏ノ主張ハ「ロッシエル」氏ヨリ鋭キ批評ヲ受ケシ所ニシテ結局此主張ハ唯タ質入證券ノ流通ハ多クノ場合ニ於テハ元來(第一回)ノ質金額ニ對シテ爲サルヽニ非スシテ更ニ新ナル然カモ元來ノモノヨリモ低額ノモノニ對シテ爲サルヽヲ常トスト云フノ事實ノミヲ其論據トナスニ過キス尤モ此事實ハ一般ニ認メラルヽ所ナリト雖モ然カモ此事實ハ特ニ質入證券ノ流通ニノミ限リ論スヘキニアラスシテ寧ロ一般ノ原則ヲ以テ之ヲ説明スルヲ得ヘシ卽チ總テノ有價證券ノ輾轉裏書ハ其全額ニ於テ受理セラルヽヲ要セス却ッテ唯タ其一部ノミニ止マルコトヲ得(一部裏書)而シテ質入證券ハ一有價證券タルニ過キサルナリ偖事情此ノ如クナルトキハ「ガライス」氏ノ議論ヲ採用スルノ理由全ク存セス寧ロ次ノ如ク述ヘタル「バイエルデルフェル」氏ニ賛成セサルヘカラス曰ク「ワラント」ヲ裏書スルハ是レ貨物ヲ新ニ質入スルナリト看

做スヲ得ス貨物ハ唯タ一度質入セラルルノミ而シテ占有者(第一「ワラント」裏書人)カ第一債權者ヨリ借リタル金額ニ對シテ之ヲ爲スナリ此ノ如ク成立セシ質權ハ裏書ニヨリテ債權ノ讓渡(寧ロ引渡ト稱スヘシ)ト同時ニ唯タ別人ニ之ヲ引渡サルヽニ過キス」ト

故ニ如何ナル場合ニ於テモ質入證券ハ第一ノ「ワラント」裏書ニヨリテ完全トナル質權的有價證券ナリト謂ハサルヘカラス質入證券第一ノ裏書人ハ此證券ニ因由スル義務者ナリ第一ノ被裏書人ハ此證券ニ因由スル權利者ナリ而シテ其後ノ被裏書人ハ其前者ニ對スル總テノ異議ニ就テ責任ヲ有セサルヲ以テ原始的質權者ナリト雖モ然カモ同時ニ第一被裏書人ニ代リテ現出シ從ツテ又其爲メニ最初ノ質權ヲ取得スルノ質權者ナリト謂ハサルヘカラス又之ヲ質入裏書ヲ有スル一枚證券ニ比較スルニ彼ノ裏書ノ基礎トナル民法上ノ法律行爲ニ溯ルノ必要ハ遙ニ少シ又場合ニヨリテハ斯カル法律行爲(質權讓渡轉質入)ニ遡ルヲ要スルコトアリトスルモ通常ハ之ニ遡リ攷究セサルモ有價證券適當ニ讓渡セラレシコト卽チ質入證券ニ於テ表ハサレタル質權ニ關シテ行ハレタル讓渡ヲ確定スルヲ以テ足レ

リトス此點ハ如何ナル場合ニ於テモ確認セサル可カラス要スルニ質入證券ニ對シテハ有價證券ノ效力卽チ有價證券法ハ民法ヨリモ寧ロ遙カニ重要ナリトス故ニ此質入證券ニ關スル特種ノ場合ニ於テハ有價證券法ノ上ニ重キヲ置キ又法律上ノ主力モ爰ニ注カサルヘカラス

又取引流通ヲ安全ナラシムヘキ方法ハ質入證券ニ在リテハ質入裏書ヲ有スル一枚證券ニ於ケルトハ全ク他ノ性質ヲ現ハスモノナラサルヘカラス卽チ民法ニヨリテ之ヲ求ムヘカラス直接ニ有價證券ニ就テ、直接ニ有價證券法ニヨリテ之ヲ論セサルヘカラサルナリ

彼ノ安全ナラシムル方法ヲ求ムルニ當リテ既ニ二個ノ相異ナル途ハ論究セラレタリ一ハ質入證券ハ質權讓渡轉質等ニ際シテ行ハル、關係狀態ヲ基礎ト爲シ又之ヲ適宜ニ修正シテ以テ有價證券法ニ全ク適當スル方法ヲ自ラ新ニ產出スルヲ得ルナリ若シ然ラサレハ質入證券ハ有價證券法ノ範圍內ニ於テ既ニ存在セシ制度ニシテ類似ノモノヲ外面ヨリ引用シテ其特別ノ目的ノミニ適合セシムルヲ得ト云フニアリシナリ

第一ノ途ハ自然ニシテ且ツ十分ノモノナルカ如シ第二ノ途ハ簡單ニシテ且ツ便利ナルモノノ如シ而シテ實際ニ採用セラレシハ實ニ此第二ノ途ナリシナリ卽チ學者カ注目セシハ手形法上ノ償還請求權ニシテ此請求權ヲ質入證券ニ於ケル特別ノ狀態ニ適合セシムル爲メ修正セシコトヲ攷究セリ而シテ手形法上ノ償還請求權ハ手形法一般ノ性質ニ適當シ極メテ嚴重ニ形成セラレタルモノニシテ元來質入證券ニ就テ生スヘキ目的以上ニ出テタルモノナリト雖モ然カモ之ヲ質入證券ニ應用セシナリ蓋シ此手形法上ノ償還請求權ノ本體トシテハ手形ニ裏書スル者カ證書的ニシテ且ツ絕對ニ責任ヲ包含スル義務ヲ有スルノミナラス卽チ質權讓渡轉質等ニ於ケルト多少類似ノコト(尤モ此民法上ノ場合ニ於テハ非常ニ輕シ)タル彼ノ責任ノ承繼的成立ヲ要スルノミナラス尙又其本體トシテ償還請求權ヲ行使スル者ハ裏書ノ順序ニヨリ拘束セラルヽコトナク各個ノ裏書人ニ隨意ニ撰擇スルコトヲ得一言以テコレヲ云ヘハ此手形法上ノ償還請求權ハ撰擇償還請求權(Sprungregress)トシテ現ハルヽモノナリトノ事實アルナリ

以上述ヘタリシ所ヲ總括スレハ其實狀次ノ如シソレ質入證券ハ其進化歷史上ニ

於テ質入裏書ヲ有スル一枚證券ニ緣由スルモノナルヲ以テ一枚證券制度ノ模範ニ從ヒ其流通ヲ保證スル方法ヲ案出スルヲ要ス然レトモ質入證券カ要セシ所ノ方法ハ普通民法上ノモノニアラスシテ有價證券ニ關スル特別法ニ適合スルモノニアリシヲ以テ卽チ手形法上ノ償還請求權ヲ採用セシナリ尤モ此償還請求權ハ選擇償還請求權ナルカ故ニ其効果ハ質入證券カ元來冀望セシ以上ニ出テシト雖モ然カモ選擇償還請求權ナルカ故ニ質入證券ノ流通ヲ益々便宜ニ行フコトヲ得セシメシナリ

尤モ此手形法上ノ償還請求權ノ始メテ質入證券ニ應用セラレシ場合(一千八百五十八年佛國法律ニ於テ)ニ於テモ亦其後之ヲ襲用セシ時ニ於テモ皆上ニ述ヘタリシ關係ヲ覺知シ且ツ明瞭ニ察知シテ之ヲ採用セリトハ謂フヲ得サルヘシ然レトモ如何ナル程度ニ於テ此關係ヲ覺知セシヤハ姑ク論外トシテコレヲ觀察スルニ總テ是等ノ場合ニ於テ兎ニ角證券ノ流通ヲ安全ニセントノ冀望ハ與ツテ力アリ又畢竟質入裏書ヲ有スル一枚證券ノ事ト及ヒ一枚證券制度ニ於テ流通ヲ保證スル對人的責任ノ事トヲ回想セシハ彼ノ方法採用ノ原因トナリシカ如シ是等ノコ

トハ從來ノ著書中ニ於テモ既ニ屢々散見スル所ナリ
一枚證券ノ質入裏書ニ連想スルコトハ尤モ唯タ時々之ニ論及セシニ過キスシテ且ツ又其論及ノ形式モ全ク批難ナキモノニ非ス
卽チ「シモンソン」氏ハ一枚證券制度ニ連想シテ曰ク「償還請求權主義ヲ採用スル者ハ爰ニモ亦其證券ノ(質入裏書ニ因リテ)質入證券トナリタル後チハ裏書ヲ爲シタル前者ニ對シテ證券所持人ノ利益ノ爲メニ選擇償還請求權ヲ請求セサルヘカラサルカ如シ」ト又「ザックス」氏ハ特ニ一千八百六十六年ノ澳國條例中ノ一枚證券ニ關シ述ヘテ曰ク「倉庫證券ニ質入裏書ヲ爲ストノ事ハ是レ從來澳國ニ於テ全ク知ラレサリシ一種ノ信用證券ヲ生セシナリ卽チ是レ物上保證ヲ有スル手形ナリ」ト此ノ如クシテ質入裏書ヲ有スル一枚證券ト質入證券トノ差別又質權讓渡從ツテ又轉質ノ關係ト償還請求權ノ關係トノ差別ハ看過セラレシナリ此兩要素ノ聯絡ハ解釋サル、コト甚タ少ナカリシト雖モ然カモ聯絡關係ノアルコトハ決シテ誤認セラル、ナク寧ロ之ヲ重視シ過キタルナリ
然ルニ此聯絡關係ヨリ分離シタル保證分子卽チ特ニ質入證券ニ對スル流通保證

ノ希望ハ從來ノ著述ニ於テ之ヲ認メシノミナラス尙之ヲ正當ニ解釋シ且ツ其効力ノ著大ナルコトヲモ認メタリ其一例トシテ「コーレル」氏ノ述フル所ヲ讀過セハ以テ其全般ヲ知ルニ足ルヘシ同氏曰ク「各裏書人ハ質入證券ノ最後ノ所持人ニ對シテ質金額ニ關シ撰擇償還請求權ノ下ニ連帶責任ヲ負擔スルカ故ニ卽チ質入證券ハ特別ノ保證ヲ得ルモノナリ尤モ此償還請求權ハ手形法ニ於テ定メラレタルト同シク法律上規定セシ一定ノ形式ト期限トニ從フヲ要ス」ト

此ノ如ク認知セラルヽト同時ニ之ニ伴フ一定ノ意見アリテ相互甚タ懸隔スル所アリ其議論ノ範圍タル頗ル大ナリ今ヤ從來論述セシ見地ヨリ之ヲ明細ニ論評スルヲ要スルナリ

是等意見ノ第一ハ如何ナル特色ヲ示スモノナルヤト云フニ流通ノ保證ハ同時ニ信用ノ保證又信用ヲ確實ニスルモノナルヲ以テ其經濟上ノ効力ハ之ヲ十分ニ認メ且ツ之カ爲メニ手形法上ノ償還請求權ハ必要ノモノナリト決定セサルヘカラスト謂フニ在リ尤モ他ノ一方ニ於テハ此手形法上ノ償還請求權ナルモノハ質入證券法ノ見地ヨリ全ク異ナリタル且ツ此質入證券法ヲ複雜ナラシムル制度ナリトノ

コトハ併セテ之ヲ認ムルナリ「レヴキー」氏曰ク「唯タ所謂形式債務ニ就テハ撰擇償還請求權ハ如何ナル場合ニ於テモ缺クヘカラサル要件ナリ是レ債務ノ原因ヲ示スコトヲ得又示スコトヲ欲セサルカ故ナリ……然レトモ質入證券《ワラント》ナルモノハ船荷證券ニ等シク精々證書債務ト云フヘキノミ」ト同氏ハ最初消極的ニ緒論ヲ述ヘ之ニ續クニ經濟上ノ説明ヲ以テシテ遂ニ償還請求權ノ爲メニ辯護セリ卽チ曰ク「若シ夫レ質入證券ヲ信用證券トシテ世ニ洽ク行ハレシメント欲セハ從ツテ其裏書人ノ連帶責任ヲ確實ニシ而シテ選擇償還請求權ヲ許スコトハ益々之ヲ忽カセニスヘカラサルカ如シ」ト「ガライス」氏ノ所説モ亦大ニ之ニ類似スル所アリ曰ク「吾人「ワラント」ニ就テ償還義務ヲ否認スルトキハ「ワラント」ナルモノハ極メテ簡單ナル且ツ一見了解ノモノトシテ現ハルヘキコトハ更ニ疑ナキ所ナリ」ト然レトモ質物ノ十分ナラサル場合ニ就テ同氏ハ曰ク「物質的權利ノ遲鈍ナル民法上ノ債權ハ其凸凹アル歸路ニ就カサルヘカラサルヘシ(換價及ヒ補償ニ關スル)物質的權利ノ爲メニ生スル多數ノ訴訟ハ此制度ノ元來ノ簡單且ツ透明ナル地ヨリ盛ニ發生スルヲ得……償還請求權ナクシテハ「ワラント」ノ流通範圍極メテ狹隘ナルモノナ

リ唯タ償還請求權アルカ爲メニ「ワラント」ハ能ク質契約ノ遲鈍ナル證書以上ノ働ヲ爲スモノナリ……故ニ「ワラント」ヲシテ十分ニ其取引ヲ擴張セシメンカ爲メニハ對人的保證ナクシテ單ニ物件的保證ノミニテハ到底考フヘカラス又全ク其目的ヲ達スルコト能ハサルナリ」ト

總テ是等ニ對シテ第二ノ意見アリ其異ナル所ハ彼ノ流通保證ノ流通保證タル所以ヲ認メスシテ却ッテ其缺點卽チ保證ト離ルヘカラサル流通ヲ澁滯セシムルコトヲ主トシテ提論スルモノニシテ從ッテ此意見ハ償還請求權ヲ以テ質入證券ノ性質上相容レサル分子ト看做シ或ハ之ヲ批難シ或ハ直接ニ之ヲ否認スルモノナリ

「バイエルデルフエル」氏曰ク「若シ質入證券ノ被裏書人ニ償還請求權ヲ附與スルトキハ是レ卽チ……質入證券ニ與フルニ其性質及ヒ其本體ニ背馳スルノ規定ヲ以テスルモノナリ」ト而シテ「ヘヒト」氏曰ク「今尙人ノ慨嘆スル所ハ佛國ニ於ケル「ワラント」制度ノ採用カ貨物ノ順序正シキ流通ヲ大ニ進捗スルコトヲ得スシテ寧ロ之ヲ阻礙セシニ在リ(中略)「ワラント」ハ貨物信用取引ヲ促スノ制度タル性質(殊ニ貨物

信用ヲ促スヲ以テ其本旨トス)ヲ有シ此性質ハ立法ノ方針ヲ定メシモノニシテ(中略)從ッテ當時成ルヘク手形法上ノ慣例ヲ爰ニ應用シテ外見上「ワラント」證券ニ適合スルノ要素ヲ採用セント勉メタリシモ却ッテ此要素ハ幾分ハ大ニ有害ニシテ且ッ「ワラント」ノ發達ヲ妨害セシモノナリシナリ(中略)手形同樣ノ責任ハ其結果驚クヘキモノニシテ此責任アルカ爲メ「ワラント」ノ流通ヲ妨害セリ」ト

サレハ此二個ノ意見ハ主トシテ流通保證及ヒ流通澁滯ヲ積極的若クハ消極的ニ是非ニ決定スルモノニシテ此決定ハ上ニ述ヘタル聯絡關係ノ點ニハ是レ以上尋及スルモノニアラス而シテ此流通保證ニ關スル論定ヨリ延ヒテ償還請求權ヲモ可否セシナリ之ニ反シテ此二個ノ意見ノ相一致スル所ナキニアラス即チ此償還請求權ハ質入證券ニ全ク密着セサル無關係ナルモノナリト認ムルニアリ此見解ハ吾人ノ從來論述セシ所ニ依リテモ亦全ク之ヲ是認スルコトヲ得ヘシ但シ吾人ハ此見解ニ大ナル制限ヲ加フルモノナリ何トナレハ上ニ述ヘタル吾人ノ見地ヨリ償還請求權ハ「ワラント」ニ無關係ノモノナリト雖モ其程度ハ次ノ事項ニヨリテ大ニ減削セラル、モノナリ即チ償還請求權ノ方面ニ於テ或ハ少クトモ償還請求權ニ特有ナル効力卽チ流通保證ノ方面ニ於テ質入證劵ノ本性ニ深ク根底ヲ有スル原則ノ浸入スルヲ以テナリ然リ實ニ「ワラント」ノ償還請求權ト質入裏書ノ諸關係トノ聯絡及ヒ間接ニ所有權推定トノ聯絡ニ思ヒ至ラハ此原則ハ獨リ質入證劵ノ本性ニ於テノミナラス尚又倉庫證劵全體ノ本性卽チ引渡證劵タル倉庫證劵ノ本性ニ於テ深ク根底ヲ有スルモノナリ

蓋シ此原則ハ獨リ償還請求權卽チ手形法上ノ特別制度ニノミ關係スルモノニシテ此種ノ制度ノ多數ニ關係セス勿論又手形法全體ニモ關係セサルモノナルカ故ニ吾人ハ玆ニ從來述ヘ來リタル二個ノ意見ニ對スルヨリモ更ニ判然ト尚第三ノ意見ノアルヲ明ニ示サヽルヘカラス而シテ吾人ノ特ニ擧示セント欲スル或ル意見トハ手形法上ノ償還請求權ハ質入證劵ニ適合セストノ意見ヲ否認スルモノニシテ償還請求權ノ學説ヲ直チニ伸張シテ以テ質入證劵ハ手形ナリ手形劵狀ナリトノ論ヲ建設セントスルモノナリ

而シテ此意見ハ頗ル弘ク行ハルヽモノニシテ此意見中ノ個々ノ點ニ於テハ斷然之ニ反對スルノ聲ナキニ非スト雖モ然カモ多數ノ著書ハ此意見ノ勢力ノ大ナル

ヲ明示ス實ニ著述者中ニハ主義上ニ於テハ他ノ見地ヲ採ルモノト雖モ獨リ此點ニ關シテハ此意見ヲ抱持スルモノアリサレハ手形法的見解ハ所謂不知不識ノ間ニ多數ノ論説中ニ於テ効力ヲ有スルニ至リシナリ

是故ニ吾人ハ此意見ニ就テ玆ニ特ニ研究スルヲ要スルナリ吾人ハ上來述ヘタル所ニ於テ卽チ此研究ノ總テノ進路ニ於テ既ニ彼ノ意見ヲ説明シ盡シタリトシテ滿足スヘカラス又質入證券ニ手形法上ノ償還請求權ヲ襲用スル點ニ關シテハ引渡證券法上ノ或ル規定ハ恰モ如何ナル方向ニ於テ影響ヲ及ホスヤヲ知レハ則チ質入證券ヲ手形ナリトシテ立論スルモノ又ハ之ニ近キ議論ニシテ斷然手形ナリト言フ程大膽ナラサル諸論ニ自然反對スルモノナリトノコトヲ以テ滿足ス可カラス却ツテ吾人ハ爰ニ提出セシ第三ノ意見ヲ其總テノ點ニ就テ之ヲ研究シ之ヲ駁擊セサルヘカラス而シテ吾人ハ之ヲ駁擊スルノ任務ヲ盡スノ傍ラ尙他ニ期スル所アリ卽チ此ノ如クニシテ間接ニ吾人ノ手形償還請求權ニ對スル見解ノ要點ハ是認ヲ受ケ又其局部ノ點ニ於テハ是ニヨリテ補充セラルヽ所アラントスルナリ

サテ此第三ノ意見卽チ質入證劵ヲ以テ直チニ手形ナリト云フノ意見ヲ打破スヘキ爲メニ吾人ハ爰ニ三個ノ相異ナレル論點ヲ證明スヘシ

第一吾人ハ爰ニ手形法上ノ償還請求權ヲ質入證劵ニ應用スルニ際シテ生シタル上述ノ修正ハ單ニ細末ノ枝葉點ニ關スルモノニアラスシテ却ツテ大ニ重要ノ點ニ關スルモノナルコトヲ示サヽルヘカラス第二吾人ハ個々ノ從タル規定ハ論外トシテ之ヲ問ハス而シテ手形法上ノ制度ヲ法律カ質入證劵ノ上ニ襲用シタルハ償還請求權及ヒ之ニ關係シテ襲用セラレタル二三ノ點ニ限ラレタルコトヲ證明セサルヘカラス第三吾人ハ其明瞭ニ言表ハセルト否トハ多少ノ差異アリト雖モ兎ニ角「ワラント」ヲ手形トシテ論セントスル總テノ學說ハ多少常ニ不十分ニシテ不揃ナル點ヲ有スルコトヲ說明セサル可ラス

先ツ第一ニ手形法上ノ償還請求權ヲ質入證劵ニ應用スルタメニ修正セシ點ニ就テ述ヘン學者ハ通常「ワラント」償還請求權ノ始メテ歷史上ニ出現セシハ一千八百四十八年ノ佛國法律ト一千八百五十八年ノ同法律トノ差別ニ起因スト說明セリ卽チ一千八百四十八年ノ法律ニ從ヘハ證劵ニ依リテ權利ヲ有スル質權者ハ全ク

其撰擇ニ從ヒ或ハ質物ニ就テ或ハ對人的義務ニ就テ辨濟ヲ受クルヲ得シト雖モ一千八百五十八年ノ法律ニ從ヘハ此債權者ノ對人的義務ヲ問尋スルハ彼ノ質權上ノ方法ノ既ニ遂行セラレ而シテ尚不滿足ノ結果ニ終リシ後チニ於テ始メテ行フコトヲ得ト云フニ在リ同法律第九條二項ニ於テ「『ワラント』所持人ハ貨物ニ關スル其權利ヲ行使シ其代金カ不十分ナルトキニ限リ債務者及ヒ裏書人ニ對シテ償還ノ請求ヲ爲スコトヲ得」ト規定セリ

學者ハ此ノ如ク說明スルモ常ニ忘却シタルコトアリソレハ彼等ハ爰ニ異種ノモノヲ對照比較スルニ在リ卽チ一千八百五十八年ノ法律ニ於テハ二枚證券制度ノ質入證券ヲ論題トシ之ニ反シテ一千八百四十八年ノ法律ニ於テハ一枚證券制度卽チ質入裏書ヲ記載セシ預證券(récépissé)ヲ論題トスルナリ

元來純然タル質入證券ヲ論スルニ當リテハ一千八百四十八年ノ法律ハ之ヲ論外ニ置クコトヲ要スト雖モ之ニ反シテ若シ質入證券ノ償還請求權關係ヲ質入裏書ヲ記載セシ一枚證券ノ諸關係ヨリ差別セント欲スルトキハ則チ此二個ノ法律ヲ對照スヘキナリ

何トナレハ爰ニ特ニ二個ノ點ノ注意スヘキモノアルヲ以テナリ第一對人的義務ニ遡ルコトハ一枚證券制度ニ在リテハ之ヲ質物ヨリ受クル辨濟ニ對置シテ其撰擇ハ債權者ニ任セリ質入證券ニ就テノ償還請求權ハ最後ノ手段トシテ即チ質權上ノ辨償ヲ爲セシ後チニ於テ始メテ之ヲ行フヘキモノトス第二、一枚證券ニ於ケル對人的義務ハ質金全額ニ及フヘキモ質入證券ニ於ケル償還請求權ハ唯タ質物ヲ以テ辨償シ盡サレサリシ不足額ノミニ對スルモノトス

上ニ述ヘタル如ク「ワラント」ノ償還請求權ハ一枚制度ニ於ケル質入裏書ノ諸關係ニ伴ヒ沿革シ來リタルモノニシテ今其前身ニ就テ之ヲ觀ルニ學者ハ之ヲシテ手形法上ノ償還請求權ノ模型ニ如何ニシテナリトモ成ルヘク接近セシメントノ企圖ヲ有セシ如キ形跡之レナキナリ若シ斯ル企圖ノアリシモノトセハ蓋シ對人的義務上ノ請求ヲ可成丈ケ質物上ノ請求ヨリ分離セシナルヘク且ツ質入證券ニ表ハサレタル總價額ニ對シテ對人的義務上ノ請求ヲナシ得セシメシナルヘシ然リ是等ノ事ハ既存ノ法律規定彼ノ一千八百四十八年ノ法律規定ノ此方針ヲ指示セサルヘカラサリシトキニ於テハ一層之ヲ爲セシナルヘシ然レトモ事實ニ徴スル

ニ學者始メテ質入證券ニ關スル償還請求權ヲ論定セシ時ニ當リテハ恰モ此法律規定ト明ニ分離セリ兎ニ角此事實ハ學者カ手形法上ノ償還請求權ヲ成ルヘク修飾セスシテ全部之ヲ襲用スルコトニ重キヲ置カサリシコト且ツ學者ハ全ク不羈自由ニ襲用スヘキ制度ヲ修正センコトニ勗メタリシコトヲ證明スルナリ

サテ尤モ立法論トシテハ全ク異ナル意見ヲ提出スルヲ得ヘシ例ヘハ「アドレル」氏ノ「ワラント」債權者ハ第一ニ貨物ニ就テ手ヲ下スヘキカ或ハ債務者其人ニ對シテ處置スヘキカハ全ク其自由ナラサルヘカラストノ意見ニ贊成スルモ可ナリ而シテ此意見ノ正當ナルヲ證センカ爲メニ特ニ一千八百五十八年ノ佛國法律モ亦貸主ノ權利トシテ質物賣却以。前。ト雖モ質債務者ニ對スル對人的訴訟ヲ保留スルヲ得ルコトヲ明ニ認メタリシコトヲ引用スルヲ得ヘク又一千八百八十六年以後ニ於テ白耳義國民銀行等ノ如ク幾多ノ銀行ハ割引ノ爲メニ「ワラント」ヲ提出スル者ニ對シテ對人的責任ノ條件トシテ貨物ヲ換價スルコトヲ棄權セヨト直接ニ要求シタルコトヲ引用スルヲ得ヘシ然レトモ解釋論トシテハ一千八百五十八年佛國法律ハ手形法上ノ償還請求權ヲ唯タ補充的ノモノトシテ卽チ唯タ質物ヲ以テシテ辨償セラレサリシ不足額ニ對シテ採用シタリシ事實及ヒ此旨趣ハ一千八百五十八年ノ佛國法律ニ模倣セシ其他諸國ノ法律ニ於テモ亦通常保持セラレタル事實ヲ確認セサルヘカラス

斯クノ如クナルヲ以テ手形券狀ニ伴フ諸狀態ニ反シテ爰ニ償還請求權ノ基礎トナルヘキ重ナル金額ト有價證券ニ記載セラレタル金額トノ間ニ一種特別ノ差異ヲ生ス（手形ニ於テモ「ワラント」ニ於テモ此重ナル金額ニ他ノ課目ノ加ハルモノアリ例ヘハ延滯利息拒絶證書費用等ノ如シ而シテ全體ノ金額ヲ大ニ影響スルコトアリ「アドレル」氏著澳國倉庫法一八二頁參照）此差異アルカ爲メニ質物ニ依ル辨償ノ不足ナル場合ニ於テハ交付セシ金額ヲ直チニ倉庫ヨリ確認セシメ之ヲ質入證券面ニ記入セシムヘシトノ意見ヲ生ス是レ畢竟證書訴訟（償還請求訴訟）ノ爲メニ安全ナル基礎ヲ造ルノ目的ニ外ナラサルヘシ

其他尚上ニ述ヘタル所ノ結果トシテ手形券狀ニ於ケル償還請求權ニ反對ノ點一アリ即チ「ワラント」ノ償還請求論ハ質權ノ行使即チ質物賣却ニ拘束セラルヽコトトス

サテ立法論トシテハ此拘束關係ヲモ亦就中「リーゼル」氏ノ論ノ如ク又「ブレーメン」法律ノ實際定メタル如クニ解釋シテ質物賣却ノ權限ヲ倉庫業者ニ推與スルヲ得ヘシ又吾人ハ此見解ヲシテ事實上ノ理由ヲ有セシメンカ爲メニ正當ニ次ノ如キ事實ヲ引用スルコトヲ得卽チ例ヘハ貨物カ一定ノ時期ニ至ルモ出庫セラレス若クハ腐敗ノ虞アル如キ場合(澳國倉庫法第三十三條)ニ於テハ倉庫營業者ハ實際ノ必要ヨリシテ直チニ上述ノ權限ヲ行使スルコト及ヒ此權限ハ受任者タル一定ノ義務ヲ負擔スル保管者ナル所ノ倉庫營業者カ取ルヘキ其全體ノ行動ニ全ク一般ニ悖反セサルコトトス實ニ此第二ノ點ニ關シテハ尙更ニ進ンテ若シソレ倉庫營業者ニシテ賣主トシテ行動スルナラハ縱令質入證券法ハ賣買關係ノ生シタルカ爲メ必ス複雜トナルト雖モ尙比較的最明瞭ナル且ツ最簡單ナル形象ヲ有スト主張スルヲ得ヘキナリ然ルニ是等ニモ拘ハラス倉庫營業者カ「ワラント」所持人ニ對シテ賣却ノ爲メニ貨物ヲ引渡ス場合(法律ニ於テハ常ニ此場合ヲ認ム)ニ於テハ特ニ甚タシク複雜ナル關係ヲ生スルヲ以テ「ワラント」ノ償還請求權ト手形法上ノ償還請求權トノ差異點ハ唯タ益々明ニ唯タ益々嚴ニ顯ルヽノ事實ハ吾人之ヲ忘ルヘ

カラサルナリ
之ヲ一千八百八十九年澳國倉庫法ニ徵スルニ右ニ述ヘタル複雜ハ獨リ引用セシ同法第三十三條ヨリ生スルノミナラス殊ニ其第三十二條ヨリモ生スルモノトス蓋シ第三十三條ニ於テハ貨物カ一定ノ時間ニ於テ引取ラレサル場合及ヒ腐敗ノ虞アル場合ニ對スル賣却關係ヲ規定スルモノニシテ第三十二條ハ「ワラント」支拂ノ遲滯セシ場合ニ對スル賣却關係ヲ規定シ此場合ニハ倉庫業者ヲ煩サスシテ賣却ノ權利者トシテノ「ワラント」所持人ヲシテ事ヲ處セシムルモノナリ而シテ此二ケ條ヨリモ一層著シキハ第三十四條及ヒ第三十五條ノ規定ニシテ是等ノ條項ハ第三十二條ニ據ル賣却及ヒ第三十三條ニ據ル賣却ニ就テ細密ノ規定ヲ設ケ而シテ賣却手續賣却目的物ノ引渡ニ關シ(第三十四條)又賣却代金ヲ總關係者ニ分配スルコトニ關シテ(第三十五條)規定スルモノトス
更ニ論究スヘキ第二ノ證據點卽チ立法ハ個々ノ從タル規定ハ之ヲ論外トスルモ全體ニ於テ手形法上ノ諸制度ヲ「ワラント」法上ニ襲用シタルハ唯タ手形法上ノ償還請求權ニ連續セシメタル場合ニノミ限ルコトヲ證明センタメニ吾人ハ再ヒ之

ヲ澳國倉庫法ニ徵スルヲ得ヘシ
右ニ述ヘタル個々ノ從タル規定ト看做スヘキハ手形法ヨリ襲用セシ規定ニシテ無効宣告(第三十九條第一項)及ヒ印稅義務ニ關スル(第四十條第三項)モノトス之ニ反シテ其他ノ條項ニシテ明ニ若クハ其內容ニ於テ手形法ヲ準用シタルコトヲ示スモノハ必ス呈示、支拂擔當者及ヒ拒絕證書ニ關係スルモノニシテ是等ノ制度ハ皆償還請求權ヲ其本來重要ノ中點トナシ之ニ連關シテ論セラル、ナリ
若シ先ツ第三十一條第一項ノ規定ヲ見ルトキハ是等諸制度ト償還請求權トノ聯絡ハ殊ニ顯著ナリ卽チ同項ニ曰ク「ワラント」若シ期日ニ支拂ハレサルトキハ「ワラント」所有者ハ支拂ヲ求ムル爲メ支拂擔當者ニ爲シタル手形ノ呈示及ヒ支拂ヲ受ケサリシコトヲ一定ノ時期ニ爲シタル拒絕證書ニ依リテ確認セシムルヲ要ス然ラサレハ償還請求權ヲ失フモノトス」ト換言スレハ償還請求權ヲ行フ前ニ呈示、支拂擔當者及ヒ拒絕證書ノ制度ニ關スル手續ヲ爲サ、ルトキハ償還請求權モ亦存在セサルナリト云フニ在リ
然レトモ他ノ條項ニ就テ之ヲ見レハ是等諸制度ト償還請求權トノ聯絡關係ハ此

ノ如ク單純ナルモノニ非ラサルナリ
尤モ此聯絡ノ點ニ於テ困難ヲ原因スル規定ハ呈示ニ關スルモノニアラス亦支拂擔當者ニ關スルモノニモアラス獨リ拒絕證書ニ關スルモノトス
何トナレハ呈示制度ニ就テハ同法律ニ於テ右ニ述ヘタル以上ニ述フル所ナシ又支拂擔當者制度ニ就テハ一定ノ形式上ノ規定ト共ニ少シク說明セラル、ノミナルヲ以テナリ卽チ支拂擔當者制度トシテ第二十一條ニ曰ク「第一裏書ニ於テ同一場所ニ居住スル他ノ支拂擔當者ノ記載ナキ場合ニ於テハ倉庫營業者ヲ以テ「ワラント」ノ支拂擔當者ト看做ス若シ此記載アルトキハ支拂擔當者ノ姓名ヲ預證券並ニ倉庫帳簿ニ明瞭ニ記載スルコトヲ要ス」ト
之ニ反シテ拒絕證券ニ關シテハ啻ニ明細ニ說明セラル、ノミナラス之カ原因トナリテ細密ナル法文形成ノ材料ヲ與フルモノナリ其明細ニ說明セラル、ハ第三十一條第二項ニ於テナリ曰ク「拒絕證書作成ノ時及ヒ形式ニ關シテハ普通ノ手形法ニ於テ不支拂ノ場合ニ對スル拒絕證書ニ關スル規定ヲ準用ス」ト而シテ此條項ニ連關スル物質的法文ハ第三十二條第一項及ヒ第三十六第二項第三項ニ含有セ

ラルヽナリ

サテ總テ是等法文ハ償還請求權ヲ以テ其中點トナシ其重點トナシテ皆之ニ歸向スヘキカ將タ又是等ノ法文ハ拒絕證書ヲシテ償還請求權トノ連鎖ヨリ脫出セシムルモノナリト謂ハサルヘカラサルカ

一見シタル所ニテハ右二個ノ問題中第二ノモノヲ是認セント試ムヘキカ如シ何トナレハ第三十二條第一項モ亦第三十六條第二項モ毫モ償還請求權ノコトヲ言ハス又第三十六條第三項ニ於テハ其文句中償還請求權ニ及ホセシ所アリト雖モ上述二條項ニ於ケルカ如ク別ニ償還請求權トハ異種ノモノ即チ質物ノ賣却ナル事ニ特ニ重キヲ置クカ如キ故ナリ

然レトモ恰モ此理由ハ吾人カ深ク研究スルニ從ヒテ吾人ヲシテ償還請求權ヲ本來ノ中點ト看做スコトニ立戾ラシムルモノナリ

即チ上ニ述ヘタル如ク質入《ワラント》證券ニ於ケル償還請求權ハ手形券狀ニ於ケルト異ナリテ質物賣却ニ對シテ特殊ノ拘束關係ヲ有スルモノナリ此質物賣却ハ償還請求權ノ條件トシテ顯出スルモノニシテ第三十六條第一項ハ十分明ニ之ヲ言ヘリ曰

ク「ワラント」ノ所有者ハ貨物賣却ニヨリ完全ニ辨濟ヲ受ケサリシトキハ其債權ノ辨濟不足ノ部分ニ對シテ償還請求權ヲ有ス此償還請求權ニ就テハ手形法ノ規定ヲ準用ス」ト

然レトモ質入證劵ノ償還請求權ハ右ノ條件ヲ有スルト同時ニ手形劵狀ニ於ケル狀態ニ模倣シ尙他ノ一條件ニ拘束セラル卽チ拒絕證書ノ作成是ナリ此二個ノ條件ノ相對的關係ヲ劃定スルタメ法律上ノ規定ヲ要スルヤ論ヲ待タス亦此二個ノ條件ノ竝立ヲ如何ニシテナリトモ司法上ノ實務ニ適應セシムヘキ規定ヲ要スルコトモ明ナリ而シテ此二個ノ條件ノ竝立ハ質入證劵以外ニ於テハ實例ヲ見出ス能ハサルナリ

而シテ表面上頗ル問題多キカ如キ觀ヲ呈スル彼ノ第三十二條第一項竝ニ第三十六條第二項第三項モ其目的トスル所ハ結局爰ニ述ヘタル點ニ過キサルナリ

故ニ先ツ第三十六條第三項ニ於テ「貨物ノ賣却カ拒絕證書作成ヨリ起算シテ三十日以內ニ行ハレサルトキハ償還請求權ヲ失フモノトス」ト云フ其精神ハ償還請求權ニ關スル二個ノ條件卽チ拒絕證書作成ト賣却トノ間ニ橫ハル間隙ハ此際許ス

ヘキ限度ヲ確定シテ以テ之ヲ制限スヘシト云フニ在ルコト明ナリ
次ニ第三十六條第二項ニ於テ「拒絶證書作成ノ後チ貨物ノ賣却カ執行セラレシトキハ質入證券ニ就キ拒絶證書ヲ作成セシメタル所有者ニ對スル通知期間及時効ハ貨物賣却ヲ完結シタル日ヲ以テ始マル」ト規定セル其意味ハ吾人之ヲ次ノ如ク言フヲ得ヘシ即チ通知期間及時効期間ノ計算ニ關シテ元來主因トナルモノヲ決定セサルヘカラス是レ第一條件タル拒絶證書ノ作成カ將タ又第二條件タル質物ノ賣却カ而シテ第二ノ條件(賣却)ヲ以テ主因ナリト決定シタルナリト
尙終リニ第三十二條第一項ニ於テ規定シテ曰ク「若シ拒絶證書作成ノ期間內ニ於テ質入證券ノ支拂濟マサルトキハ其所有者ハ貨物ノ賣却ヲ行フコトヲ得」ト規定スルハ是レ明ニ第一條件(拒絶證書)ハ又第二條件(賣却)ノ條件トナルニアラスヤトノ問題ヲ生スルナリ然レトモ此問題ノ解決ハ曰ク賣却行爲ニ對シテハ實ニ拒絶證書作成期間ノ經過ハ顧ミラルヽト雖モ賣却ヲ執行スルニハ拒絶證書作成ノ行爲ヲ要件トセサルナリト而シテ此意味ハ右第一項ノ規定ノ間接且ツ消極的ニ示ス所ナリト雖モ然カモ最モ重要ナルモノナリ

爰ニ述ヘタル説明ノ實際ノ事情ニ適合スルコトハ澳國倉庫法ト他ノ諸國ニ於ケル倉庫法トヲ比較セハ之ヲ證明シ得テ尙餘アリ何トナレハ斯ル比較ハ償還請求權ニ連續スル諸定義殊ニ支拂擔當者及ヒ拒絕證書作成ノ定義中ニ含容スル比較的事項卽チ第二位ニ屬スヘキ事項ヲ特ニ顯著ナラシムルモノナレハナリ支拂擔當者ニ關シテ之ヲ觀ルニ「アドレル」氏ハ之ヲ支拂擔當者ト云ハスシテ名宛人ト云フヲ適當ナリト論セシハ或ハ然ラン卽チ此擔當者ニ關シテ他國ニ於テハ更ニ規定ノ存セサルヲ常トシ或ハ少クトモ法律上規定セラレサルヲ常トス又他國ノ法律ハ支拂擔當者ニ就テ(倉庫ニ就テニセヨ又ハ第三者ニ就テニセヨ)呈示スルヲ要求セスシテ却ッテ質入證券ノ第一裏書人ニ就テ呈示ヲ爲スコトヲ要求スルヲ常トス是等ハ特ニ顯著ナル差異點トス次ニ拒絕證書作成ニ就テモ同シク顯著ナル差異ト云ハサルヘカラサルアリ卽チ拒絕證書ノ作成ハ時トシテハ白國ニ於ケルカ如ク償還請求權ニ拘ハラス全ク必要視セラレス又立法論トシテモ時トシテハ之ヲ必要ト認メサルナリ其他拒絕證書ニ關シテハ前ニ述ヘタル重要ナル點ニ於テモ亦拒絕證書作成ト賣却トノ關係ニ就テモ其細則ハ必スシモ同一ノ原則ヲ基

礎トナスニアラスサレハ澳國法律ハ拒絶證書作成行爲ヲ以テ賣却ノ條件ナリト規定セサリシモ他國ノ法律殊ニ一千八百五十八年ノ佛國法律ニ於テハ通常之ヲ條件ト認メタリ尤モ他國ノ法律中ニ於テモ白國露國及ヒ匈國ノ如キ數國ハ之ヲ例外トセリ

之ヲ要スルニ結局唯タ手形法上ノ償還請求權ニノミ歸著スルカ故ニ支拂擔當者ニ從ッテ又拒絶證書ノ制度ヲ採用スヘキヤ否ヤ又拒絶證書ニ關スル彼是ノ規定ヲ設クルノ是ナルヤ否ヤ是等ハ皆原則ニ非ラスシテ純然タル適宜問題ナルノミ是故ニ今ヤ第三ノ證據點卽チ最終ノ證據點ヲ論スルニ當リテ質入證劵ヲ多少一種ノ手形ナリト論シ試ミルハ總テ最初ヨリ强大ナル不信ノ念ヲ以テ迎ヘラルヽハ亦止ムヲ得サルトコロナリ

而シテ之レヲ明細ニ觀察スレハ此ノ不信念ハ理由アルカ如シ卽チ質入證劵ヲ支拂擔當者ノ記載ナキ手形劵狀ナリト看做セシモノアリ或ハ支拂擔當者ノ記載アル手形劵狀ナリト認ムルモノアリ而シテ斯ノ如ク説ク所以ハ唯タ一定ノ差違ニ重キヲ置クニアルコトハ明ナリト雖トモ此差違ハ全ク各國ノ質入證劵法中ニ於

テノミ形成スルモノナルヲ見ルナリ即チ一千八百五十八年ノ佛國法律(爰ニ述フル議論ハ主トシテ皆此法律ニ據ルモノナリ)ヲ見ルニ支拂擔當者ノ記載ナキ手形券狀ト同一視セリ之ニ反シテ澳國倉庫法ヲ見ルニ支拂擔當者ノ記載アル手形券狀ト大ニ相類似スル所アリ後者ニ在リテハ既ニ述ヘタル所ニ依リテ知ルヲ得ヘキカ如ク支拂擔當者ノ存在ハ恰モ法律上ノ豫定條件ナルカ如シ而シテ特別ノ規定ナキトキハ倉庫營業者ヲ以テ支拂擔當者ナリト解セラル、ナリ前者ニ在リテハ之ト同等ノ規定ヲ定メス從ツテ質入證劵第一裏書人ハ(自己ニ就テ)拒絶證書ノ作成セラレシヤ否ヤニ拘ハラス總テ責任ヲ負フモノトス是レ澳國倉庫法ト大ニ異ナル所ニシテ澳國倉庫法ニ依レハ(支拂擔當者ニ就テノ)拒絶證書ハ質入證劵第一裏書人ノ責任ニ對スル條件トナルモノナリ(第三十一條第一項、第三十六條第一項)

今ヤ吾人ハ既ニ引用セシ著名ナル著書ニ依リテ尚更ニ問題ヲ起スコトヲ要ス即チ質入證劵ナル形ニ於ケル手形劵狀ハ支拂擔當者ノ定メアルニセヨ又コレナキニセヨ其詳情ハ如何ナルモノト考フヘキヤ之ヲ約束手形(eigener Wechsel)トシテ考

フヘキヤ或ハ又爲替手形(gezogener Wechsel)トスヘキヤ此問題ニ就テ最モ適切ニ說明シタルハ「アドレル」氏ナリ殊ニ同氏ハ其性質上ハ約束手形ニ準スルモノナルカ如シト雖モ然カモ之ヲ爲替手形ニ準スルハ正當ナルカ如シト謂ヘリ

何トナレハ質入證券第一裏書人ヲ以テ卽チ主タル債務者(débiteur)ナリトスル彼ノ他國法律ノ見解ハ適當ナラサルカ如キヲ以テナリ此見解ハ大陸ノ二枚證券制度ニ屬スヘキ總テノ法律中ニ於テ明ニ屢々繰返ヘサレタル規定ヲ全ク無視スルモノニシテ此等ノ規定ニ從ヘハ質入證券第一裏書人カ若シ質入證券ヲ支拂ヒタルトキハ呈示及ヒ拒絕證書ナクシテ直チニ貨物賣却ノ權利ヲ有スルナリ(澳國倉庫法第三十二條第二項)

質入證券第一裏書人卽チ第一「ワラント」裏書人ハ啻ニ義務者タルノミナラス却ツテ貨物ニ對スル關係ニ於テハ權利ヲ有ス從ツテ結局第一「ワラント」裏書人ハ唯タ特種ノ修正ヲ經タル爲替手形ノ振出人タルニ外ナラスト解釋スヘシ而シテ其爲替手形ノ引受人タル者ハ第一「ワラント」裏書人ニ對シテノミナラス尙一般ニ對シ

第一位ニ支拂ノ責任ヲ有スル貨物ナリト考フヘシ
然ルニ手形法上ノ見解ヲ斯クノ如ク適用スルハ最モ適當ナルニモ拘ハラス尚此見解ニハ逃ルヘカラサル不十分ニシテ不揃ナル點アリ此點ハ幾分輕減セラレタリト雖モ尚全ク看過スヘカラサルナリ偖最初ニ一般ニ就テ「アドレル」氏自ラモ先キニ引用セシ個所ニ關シテ曰ク「斯クノ如キ比較卽チ此ノ如ク觀察スルコトハ既成法文ヲ説明スル爲メニ應用セラル丶ヲ得然レトモ新ナル法文ヲ設定スル爲メニハ他ノ解釋方法ヲ攻究シ盡力セシ後ニ於テ唯タ補充的ニ應用セラル丶ヲ得ルノミ……斯ノ如キ觀察法ハ法文ヲ構成スルノ價値ヲ更ニ有セサルモノナリ」ト殊ニ「アドレル」氏ハ自己ノ議論ヲ評シテ裏書人カ(質入證券ニ付テ)貨物ノ後チニ責任ヲ有シ之ニ反シテ(手形券狀ニ就テ)手形券狀ノ引受人ト共ニ責任ヲ有ストノ點ニ就テハ劃別セラレタルモノナリト稱セリサレハ同氏ハ「質入證券ハ手形ナリ」トノ文句ニ反對ノ理由ハ上ニ述ヘタル手形法上ノ償還請求權ノ「修正」中ニ存スルコトヲ認ム換言セハ此償還請求權ハ質入證券ニ於テハ貨物ノ賣却ヲ豫定條件トシ先ツ償還請求權ニ先チ貨物ノ賣却ヲ行ハサルヘカラサルノ事實ニ於テ彼ノ理由

ノ存在ヲ認メントスルナリ
批評ヲ完全ニナサンカ爲メ吾人ハ此理由ノ外尙第二ノ理由ヲ爰ニ附加セサルヘカラス卽チ吾人ハ爰ニ「アドレル」氏ノ學理ニ據レハ引受人卽チ第一ノ義務者、人的權利主體トシテ貨。物。卽チ物質的物體ヲ揭クルコトヲ注意セサルヘカラス同氏ノ學理ハ定義ノ範圍ヲ擴張シテ以テ其適所ヲ求ムルモノニシテ斯ノ如ク定義ヲ擴張スルコトハ嚴格ニ解釋スヘキ手形法及ヒ其極メテ狹義ノ限界以外ニ屬スルモノナリ吾人ハ是ニ於テモ亦比較ハ構成ノ價。値。ヲ。全。ク。有。セサルヲ觀ルナリサレハ人若シ嚴格ナル意味ニ於ケル法律構成ノ範圍ヲ脫スルコトヲ欲セサリセハ質入證券カ有スル手形法ノ臭味(特ニ手形法上ノ償還請求權ヲ襲用セル點ニ於テ)ハ是レ此證券ノ性質ヲ表明スヘキ主論ニアラスシテ唯揷說ト看做スヲ得ヘシサレハ吾人ノ說明セシ如ク質入證券ノ斯ル模樣ヲ示スモノハ是レ畢竟其流通保證ヲ大ナラシムルノ進化ヨリ生セシ最終ノ發芽ト謂ハサルヘカラス而シテ此進化ハ實ニ大陸ノ二枚證券制度ニ於ケル倉庫證券ハ引渡證券ノ性質ヲ有スルカ故ニ總テ之カ影響ヲ蒙リ而シテ此進化ノ最終ノ形象ニ於テハ就中質入證券ハ特ニ

影響ヲ蒙リシナリ

第三編　預證券ト質入證券トノ關係

上來說キシ所ヲ通覽スルニ就中吾人ヲシテ注目セシムルモノハ前後兩様ノ進化順序ヲ最モ嚴重ニ分離スル界線ノ存スルコトナリト謂ハサルヘカラス即チ前ニ述ヘタル進化順序ハ特別ノ制限ヲ要スルコトナカリシモ後ニ述タル所ニ就テ見レハ引渡證券法ノ原則ヲ破棄スルコトト此原則ニ復歸スルコトトノ間ニ於テ一種ノ矛盾存在スル事實ヲ確認セサルヘカラス殊ニ本來希望セシ物權上ノ流通保證(所有權ノ推定)ノ代リニ單純ナル債務法上ノ代用物(手形法ノ精神ニ於ケル償還請求權)ノ進ミ出テシ事實ヲ確認セサルヘカラサルナリ

而シテ之ヲ明細ニ調査スルニ此矛盾ハ特ニ流通保證ニノミ關スル問題ノ範圍ヲ逸出シ寧ロ倉庫證券一般ニ關スル意味ヲ有スルモノナルヲ知ルヲ得ヘシ何トナレハ所有權推定ハ特ニ預證券ニ關係シ償還請求權ハ質入證券ニ關係スルヲ以テナリ故ニ預證券ハ物權的性質ヲ現ハシ質入證券ハ債務法的趣味ヲ示スナリソレ

斯ノ如キ不一致ハ能ク大陸ノ二枚證券制度ノ意味ニ於ケル倉庫證券ノ統一ヲ危クスルコトナキカ旣ニ此不一致ノ特ニ存在スル以上ハ更ニ他ノ見解ヲ求メテ以テ彼ノ問題トナレル統一ヲ再ヒ囘復シ且ツ倉庫證券ヲシテ彼ノ不一致ニモ拘ハラス能ク一體トナリテ調和作用スルヲ得セシムルノ要ナキカ

偖此見解ハ如何ニシテ之ヲ求ムヘキヤト云フニ先ツ上來說キシトコロ就中前章ノ結論ニ直接ニ連續シテ以テ之ヲ知ルヲ得ヘシ

卽チ前章ニ於テハ手形法上ノ見解ニ從ヘル總テノ論說中最モ完全ナルモノト認メラレタル「アドレル」氏ノ理論ニ對シテ特ニ二個ノ反駁ヲ爲セリ而シテ其一ハ「アドレル」氏自ラ爲セシ所ノモノニシテ其二ハ此反駁ニ附加シテ爲セシ所ノモノナリ何トナレハ質入證券ノ裏書人ハ引受人ノ後。チ。ニ。於テ始メテ責任ヲ有シ而シテ此事ハ手形券狀ニ於テ之ニ相當スル諸狀態ニ反スルコト及ヒ引受人タル者ハ人ニ非ラスシテ却ツテ物體卽チ貨物ナルコトハ吾人ハ幾囘モ之ヲ說明セシニ非スヤ

而シテ此二個ノ反駁說ニ關シテ吾人ハ此反駁說ノタメニ元來ノ理由ヲ提供スル

所以ノ法律規定ヲ示セリ即チ吾人ハ先ツ貨物賣却(引受人ニ對スル執行)ヲ(裏書人ニ對シテ行使スヘキ)償還請求權ノ條件トシテ之ヲ示シ又「アドレル」氏ニ倣ヒ墺國倉庫法第三十二條第二項及ヒ之ニ類似スル他國ノ規定ヲ掲ケタリ蓋シ是等ノ規定ニ從ヘハ質入證券第一裏書人ハ單ニ義務ヲ有スルノミナラス又權利ヲ有シ而カモ貨物ニ對シテ權利ヲ有シソレカ爲メニ貨物ヲ以テ引受人ト認ムヘキ必要ヲ惹起スルナリ

爰ニ再述センニ恰モ手形法ニ據ル觀察方法ヲ最モ根本的ニ且ツ有力ニ打破スル所ノ是等規定ハ之ヲ詳シク攷究スルトキハ吾人ヲシテ上ニ要望シタル見解ヲ求ムルニ至ラシムル法律理由ヲ質入證券法ニ與フルモノナリ

而シテ此見解ヲ求ルニ至ル理由ニシテ始終對物債務(Realschuld)ノ方針ニ於テノミ行動スルモノハ(此事ハ茲ニ豫メ述ヘ置クヲ要ス)其大部分ハ極メテ簡單ナルモノナリ殊ニ第一ニ說キシ法律規定即チ償還請求權ハ其前ニ行ハレタル貨物ノ賣却ノタメニ拘束セラルヽナリトノ法律規定ヲ論スルニ當リテハ彼ノ理由ハ極メテ單純ナリ何トナレハ此法律規定ハ「アドレル」氏ノ云フ如ク「被裏書人ノ爲メニ人的

權利ハ物的權利ノ終了スル所ニ於テ始メテ生ス」而シテ「償還金額支拂ノ義務ハ對物債務（rei obligatio）ニ對シテ從タル準保證關係ヲ有ス」ト雖モ「物件上ノ權利ハ（債務的義務ニ對シテ）從タル權利トシテ現ハル、モノニアラス」ト言フヨリ外ニ他ノ方法ヲ以テ之ヲ說明スル能ハサルナリ故ニ倉庫貨物ノ物件的拘束ハ從來慣用ノ定義ニ於ケル質權ニ原因スルニ非スシテ寧ロ對物債務ノ一種タルニ基因スルナリ』之ニ反シテ質入證劵第一裏書人ハ或ル場合ニ賣却權ヲ有ストノ上ノ法律規定ヲ以テ未定ノ問題ナリトセハ右ニ述ヘタル理由ハ次ニ掲クル他ノ見解ノタメニ容易ク不明瞭トナルナリ卽チ此賣却權ハ如何ナルモノナルヤニ就テ屢々之ヲ說明シ試ミテ謂ヘラク質入證劵ノ第一裏書人ハ自ラ其資格ニ於テ卽チ質入人トシテ之ヲ目セスシテ却ツテ質入證劵ノ裏書人ナルト同時ニ又預證劵ノ裏書人ニシテ且ツ之ヲ融通スル者ナリト認ムヘシ卽チ本來ノ貨物賣主ナリト認ムヘシト又爰ニ述ヘタル賣却權トハ後ノ預證劵被裏書人ニ對シ買主ニ對シテノ正當ナル取戾權及ヒ擔保權ナリト論スヘシ今爰ニ二三ノ例ヲ引用セン尤モ此見解ハ既ニ一千八百五十八年ノ佛國法律（墺國倉庫法ニ於テハ然ラス）ニ於テ十分ニ示サレタルモノニシテ(第七條第二項ニ曰ク……預證券所持人ニ對シテ……貨物賣却ヲ爲スノ權利ヲ有ス……)佛國ニ於テハ「レオン＝カーン」氏及ヒ「ボアテル」氏獨逸ニ於テハ「ハツヘンブルヒ」氏ノ殊ニ力ヲ致シテ論シタルモノアリ就中「ボアテル」氏曰ク「質入證券ノ取引ニヨリテ商品上ニ質權ノ設定セラレシ後チ此商品ヲ購買スル者ハ其價格ノ過剩(差額)ヲ支拂フヲ以テ足ルコトニ注意セサル可ラス而シテ販賣者ハ商品價格ノ内、質權額ニ相當スル部分ニ對シ債權者ナリ故ニ若シ買主ニシテ其商品ヲ自由ニ持行カント欲セハ其債權額相當ノ部分ニ對スル金額ヲ賣主ニ償却セサルヘカラス然ラサレハ少クトモ此部分ニ關シテハ賣却解除ノ一種ヲ生スヘシ」ト卽チ此賣却解除ヲ理由トシテ「ボアテル」氏ハ質入證券ノ第一裏書人ノ賣却權ヲ説明セント欲スルカ如シ

然レトモ此説明ハ總シテ英國ニ於ケル狀態ヲ重モニ研究セシ結果ナルカ如キ觀アリ大陸ニ於ケル純然タル二枚證券制度ニ對シテハ或ル場合ニハ此説明ニテ實際ノ關係上ハ十分ナリト雖モ法律上ノ關係ニ於テハ未タ十分ナリト云フ能ハサルナリ而カモ佛國法律ニ於テハ「預證券所持人ニ對抗シテ」(Contre le porteur du récépissé)

ト述ヘタルニ拘ハラス尚且ツ然ルナリ其故ハ今甲者カ質入證劵ノ第一裏書人トシテ質入證劵ヲ乙者ニ、而シテ別ニ預證劵ヲ丙者ニ裏書シタリトセハ此丙者ハ貨物ヲ受戻スヲ以テ自己ノ經濟上利益ナリト認ムルトキハ實際上ニ於テハ甲者及ヒ乙者間ノ質入證劵ニ附隨スル關係ニ對シテモ亦影響スルモノナリ然レトモ丙者ハ貨物ヲ受戻スノ義務ヲ有スルモノニアラサルカ故ニ法律上ヨリ之ヲ觀察スルトキハ甲者及ヒ乙者間ノ關係ニ對シ卽チ質入證劵其物ニ對シテハ全然無關係ノモノナリ是故ニ法律上ニ於テハ質入證劵ニ就テ構説スルニ丙者ヲ顧ミルコトナキヲ要ス

尤モ嚴格ナル質權主義ノ麾下ニ屬スルヲ要スル間ハ斯ル構説ハ全ク不可能ナルカ如シ何トナレハ質權主義ノ見地ヨリ之ヲ論スルトキハ「ハツヘンブルヒ」氏ノ次ニ言フ所ヲ正當ト謂ハサルヘカラサレハナリ同氏曰ク「彼レ質入證劵ノ第一裏書人ニ賣却權アリト是認スル所以ハ彼レカ第一質入人トシテ質債務ヲ支拂ヒタルカ故ニ非ス何トナレハ此支拂ハ其義務ナレハナリ……此支拂ニヨリテ其契約セシ質債務ハ消滅シ從ツテ此質債務ニ對シテ生セシ質權モ亦其附隨ノ權利ト共ニ消

滅ス質入人タリ債務者タル者ニ依リテ設定セラレタル質權カ再ヒ此質入人自ラニ移轉スルコトハ法律上有リ得ヘカラサルナリ」ト

此事ノ全然有リ得ヘカラサルハ疑ナキトコロトス然レトモ今若シ實際ニ於テ又ハ法律規定ニ於テスラ之ニ反スル場合アリトセハ則チ必スシモ嚴格ナル質權主義ヲ株守スルヲ要セサルナリ質入證券ノ第一裏書人ニシテ質入證券ヲ受戻シタルトキハ其賣却權ヲ有ス然レトモ償還請求權ヲ有セス又「アドレル」氏ノ云フ如ク彼レハ質物ヲ有ス然レトモ債務者ヲ有セス既ニ此ノ如クニ之ヲ觀レハ茲ニ論スル物件的且ツ質權類似ノ權利ナクシテ成立スルヲ得トノ結果ヲ生シ從來、從タル權利ナリト言ヒシ質權ノ定義ニ反スルナリ然ルニ此慣來ノ定義ハ之ヲ說明スルニ不十分ナリ又質入證券ニ伴フ貨物ニハ對物債務ヲ負ハシムヘシトハ即チ此見解ノ說明中ニ於テ更ニ述フル所ナリ

然レトモ此見解ヲ論據トセハ「ハッヘンブルヒ」氏ノ所論ハ自己ノ根底ヲ失フニ至ルヘシ何トナレハ今縱令質入證券ヲ純然タル質入證券トシテ論ストスルモ決シテ不可能ノ事ヲナスニハアラサルヲ以テナリ卽チ質入證券ノ第一ノ裏書人カ設

定スル所ノ質權トハ法律ノ規定ニ據リテ或ル一定ノ條件ノ下ニ對物債務ニ移變スルモノナリ而シテ如何ニシテ對物債務ニ移變スルヤト云フニ卽チ此對物債務ニ對峙スル權利ハ恰モ本來ノ質入人ニ歸着シテ以テ質權ハ對物債務トナルナリ此「對物債務ニ移變スルコト」ヲ明瞭ニセント欲セハ上段ニ揭ケタル二個ノ反駁ノ第一點卽チ貨物賣却權ト償還請求權トノ關係ニ付テ論シタル所ニ立戾リ考フヘシ卽チ此關係ノタメニ「倉庫貨物ノ物權的拘束」（アドレル」氏ノ用語ヲ再記ス）ハ之ヲ質入證券ニ就テ見ルニ既ニ全ク一般ニ「從來ノ定義ニ從フ質權ヲ基礎トスルニ非ラスシテ却ツテ對物債務ノ一種ニ基因スルモノナリトセハ卽チ換言セハ質入證券所持人ノ質權ハ既ニ一般ニ對物債務類似ノ權利關係トナリテ顯ハル丶モノトセハ」則チ或ル一定ノ事情ノ下ニ純然タル對物債務ニ移變シ以テ質物アリテ債權ナシトノコトハ決シテ怪ムニ足ラサルナリ是レ論理上ノ結論トシテ斯ノ如クナラサルヘカラサルナリ

今質入證券卽チ「ワラント」ニ就テ論スヘキハ對物債務類似ノ關係ナルヤ又ハ純然タル對物債務ナルヤト云フニ過キス然レトモ是故ニ此質入證券ヲ以テ彼ノ（推定）

所有權ヲ代表スル預證券ニ對照スルトキハ上ニ要望セシ見解ヲ獲得スルナリ則チ對物債務ヲ純然タル債務法ニノミ從フテ構成スルコトハ全ク考ヘ得ヘカラサルコトタル疑ヒナシ故ニ又上述ノ場合ニ於テハ物權上ノ形ヲ有スル法文ト純然タル債務法上ノ形ヲ有スル法文ト絶對ニ衝突ス卽チ原則上不一致ナリトノ論ヲ說ク能ハサルナリ

上ニ述ヘタル所ヨリ生シタル結果ハ唯消極的ノモノニシテ卽チ質入證券ト預證券トヲ分離スル障壁ヲ破リタルニ過キス然ルニ彼ノ新ニ獲得シタル見解ニ依リテ得ル所モ亦コレヲ以テ盡シタルカ如シサレハ(推定)所有權ヲ代表スル預證券及ヒ對物債務(又ハ對物債務類似ノ關係)ヲ負擔スル質入證券ノ間ニ法理上確認シ得ヘキ且ツ定義ヲ下シ得ヘキ積極的ノ共通點ヲ見出スコト能ハサルナリ蓋シ此場合共通點ハ唯タ彼ノ所有權ノ目的物トナリ或ハ對物債務ノ基礎トナル所ノ物體上ニノミ存スルヲ以テナリ而シテ純然タル物權上ノ所有權ト彼ノ常ニ債務法ノ影響ヲ受クル對物債務トハ各其法律上ノ性質及構造ヲ全ク相異ニスルカ故ニ卽チ此共通點ハ所有權卽チ預證券ニモ亦他ノ一方ニ於テ對物債務卽チ質入證券ニ

モ相方ニ固有ノ權利、要素ノ上ニ存スルモノニアラサルナリ

是ニ於テカ吾人ハ一歩ヲ進メテ問ハサルヘカラスサテ倉庫證券全體ヲ結局統一的ノモノトシテ示スタメニ尙一層完全ニシテ且ツ十分ナル見解ハ別ニ之レナキカ

惜斯ル見解ハ之レナキニ非スト雖モ余ノ信スル所ヲ以テセハ先ツ吾人カ上來研究シ來リシ結果トシテ確認スヘキ學理的觀察法ニシテ且ツ終ニ於テ(推定)所有權ト對物債務(又ハ對物債務類似ノ關係)トヲ對照スルニ至ラシメシモノニ對シテ今ヤ法律歷史上ノ觀察法ヲ引用スルヲ要ス而シテ之ヲ爲スニ當リテハ先ツ第一ニ上ニ述ヘタル如キ英國又ハ大陸ニ於ケル二枚證券制度ト潛匿的質入裏書又ハ表顯的質入裏書トノ聯絡關係ヲ說キ次キニ潛匿的又ハ表顯的質入裏書ト或ル古代ノ羅馬法上ノ法文トノ聯絡關係ニ就テ連想スルヲ要ス此ノ如クニシテ始メテ能ク彼ノ見解ニ到達スルヲ得ヘシ

其理由ハ次ノ如キ顯象ハ一見シテ直チニ大ニ人ノ注意ヲ引クモノナラサルヘカラサルヲ以テナリ

即チ質入裏書ニ二種アリト云フ此兩存主義ハ一方ニ於テハ質權ハ質權者ノ(尤モ推定的)所有權ノ陰ニ潛匿シ他ノ一方ニ於テハ質權ハ質權其者トシテ現ハル、カ故ニ恰モ羅馬法ニ於ケル fiducia《フキドウチア》(信託權)ト又同シク羅馬法ヨリ出テタル pignus《ピグヌス》(質權)トノ兩存主義ニ酷似ス ソレ pignus《ピグヌス》ハ質權關係ヲ隱蔽スルコトナク之ヲ表示スルモノナリト雖モ fiducia《フイドウチア》ハ然ラス「フキドウチヤ」ハ法律歷史上「ピグヌス」ヨリモ一層古ク存在スルモノニシテ之ニ據レハ貨物ハ債務者ノ所有權ヲ去リテ直チニ債權者ノ所有權(尤モ取戻ヲ爲スコトヲ得ルモ此場合ニハ積極的所有權)ニ移リ以テ質權ハ隱蔽セラル、ナリ之ヲ簡言セハ「フキドウチア」ニ於テハ質權ハ特種ノ權利トシテ現ハル、ニ非スシテ少クトモ外面上ハ所有權トシテ現ハル、モノナリ

斯ノ如ク學則上ニ於ケル酷似ハ亦法律歷史上ノ姻戚關係ナキヤトノ想像ヲ喚起セシムルモノナラサルヘカラス而シテ少クトモ表顯的質入裏書ノ「ピクヌス」ニ對スル關係ニ於テハ此想像ハ學說上ノ批評ニ對シテ能ク自ラ保持スルコトヲ得潛匿的質入裏書ト「フキドウチア」トノ關係ニ就テハ此想像ハ尤モ成立ツコト能ハサルナリ何トナレハ羅馬法ニ於テハ其後「ピグヌス」制度ノ發達セシニヨリテ「フキド

ウチア」ハ既ニ殆ント全ク凌駕セラルヽニ至リ從ツテ「フキドウチア」制度ニ伴フ連脈ニシテ獨逸ニ於ケル普通法ヲ貫通シ進ンテ引渡證劵殊ニ引渡證劵ノ表顯的質入裏書ニ迄達シ得タルモノハ殆ント之レヲ擧示スルコト能ハサレハナリ而シテ此進路ヲ別ニシテ其他ニ就テ見ルモ斯ル連脈ハ如何ナル場合ニモ之レナカリシカ如シ之ニ反シテ遙ニ眞ニ近ク且ツ吾人ヲシテ滿足セシムルノ一説アリ卽チ潛匿的質入裏書ノ「フキドウチア」トシテ現ハルヽハ是レ「フキドウチア」思想ヲ後チニ至リテ再ヒ採用シタルモノニシテ近世ノ或ル法律構成ノ意味ニ於テ就中引渡證劵制度及ヒ此制度ニ依リテ要望セラレタル所有權推定ノ意味ニ於テ任意ニ新ニ採用セラレタルモノナリ而シテ又此ノ如ク「フキドウチア」制度ヲ新設セシコトノ最モ盛ナリシハ就中英國ノ法律區域内ナリシカ如ク其他一般ノ法律氣帶中ニ於テモ此思想ヲ歡迎シ苟クモ此思想ニ好適スル要素ヲ發見セシ所ニ於テハ其新設最モ盛ナリシナリト謂フニアリ「ゴールドシユミツト」氏ハ英國及ヒ北米國ノ法律ニ關シテ曰ク「動産所有權ノ取得ニ關シテハ羅馬法ノ原則ヲ適用シ而シテ其以來普通法(common law)ト爲レリ尤モ此原則ノ適用セラレタルハ商業及ヒ交通ノ漸次

發達シ又之ト共ニ動產的財產ノ勢力益々增加スルニ從ヒ動產物權ニ關スル理論發達シ來リシヲ以テ此理論ノ基礎トナリタリト云フニ過キス……此原則ヲ完全ニ襲用セシコトハ殆ント之レ無クシテ占有(saisine)ハ動產ニ就テノ獨立權トシテ認メラルヽコトナク又所有權狹義ノ物權及ヒ債權ハ如何ナル場合ニ於テモ嚴格ニ差別セラルヽコトナシ寧ロ動產ニ就テノ又ハ動產上ニノ總テノ權利ハ之ヲ所。有。權。(Property)ナル共通ノ定義ノ下ニ綜合シタルヲ以テ此所有權ハ或ハ占有權ノ相伴ヘル完全ノ所有權ナルアリ或ハ制限セラレタル所有權ナルアリ或ハ他人ノ物件ニ伴フ物權ナルアリ或ハ單ナル債權ナルアリ」ト偖テ斯ノ如ク諸種ノ權利定義ヲ所有權定義ノ下ニ混入セシ法律系統ナレハ勿論引渡證券ヲモ亦所有權ノ範圍內ニ認ムルヲ要ス(米國ニ於ケル倉庫受取證ノ文言ヲ見ルニ例ヘハ次ノ如シ「此受取證ハ裏書ニ依リテ讓渡スルコトヲ得、斯クノ如クシテ讓渡セラレタル者ハ其證書ニ記載スル所有權《プロパーチー》ノ持主ト推測セラルヘシ而シテ此證券ノ交付及ヒ抹消ニ依ルノ外此所有權《プロパーチー》ハ他ニ引渡サルヽコトナシ」ト)而シテ潛匿的質入裏書ニハ恰モ英國ニ於ケル一枚證券制度ノ特色タル特點ヲ是認セサルヘカラス而シテ此特色

ハ亦英國ニ於ケル二枚證券制度ヲ說明スルニ全ク唯一ノ方法タルナリ
尙終リニ英國ニ於ケル一枚證券ノ潛匿的質入裏書ノミナラス更ニ其二枚證券制度ヲモ併セ觀察スルトキハ此制度ハ先ツ第一ニ債務者ノ所有權保護ヲ主トスルモノナルカ故ニ此點ニ於テモ「フキドウチア」トノ聯絡ハ之レナキカ如シ之ニ反シテ債權者ノ所有權保護ハ如何ト云フニ「フキドウチア」トノ聯絡ハ第二次ニ始メテ認メラルヽモノニシテ此點ヨリ云ヘハ既ニ上段述ヘシ如ク「フキドウチア」制度ヨリモ寧ロ Lex commissoria《レツキスコンミツソリヤ》(代償法)ノ制度ニ近シト謂フ可シ即チ第一ニ(期限ニ至ルマテ)解除條件付(期限マテニ支拂ハレサル條件付)所有權ノ屬スル所ハ債務者(信用買主「ウエートノート」所持人)ナリトス期限後ニ至リテ始メテ債權者(信用賣主、「ワラント」所持人)ハ貨物ノ所有權ヲ取得ス即チ債權者ハ假リニ所有權ヲ有スト云フモ可ナレトモ其所有權ハ停止條件付所有權ニシテ即チ上ニ述ヘタル支拂ナキ場合ニ於テ始メテ效力ヲ生スル所有權ニ外ナラス斯クノ如ク英國ノ狀態ヲ研究スルコト益々精密ナルニ從ヒ「フキドウチア」ハ愈々之ニ遠隔スルモノナルヲ認ムヘシ
然ルニ今若シ大陸ノ二枚證券制度就中此制度ノ根源タル表顯的質入裏書ト「ピグ

ヌス」制度トノ關係ヲ熟視スルトキハ上段ニ示セシ如ク「フキドウチア」トハ大ニ其趣ヲ異ニス何トナレハ後代ノ羅馬法及ヒ更ニ下リテ獨逸ノ普通法中ニ於テ「ピグヌス」制度ノ存續セシコトハ動スヘカラサル事實ニシテ從ツテ此制度ハ羅馬法尚又普通法ニ準據シテ種々ニ發達セシ引渡證券法ノ範圍ニ影響セシコトハ法律歷史上ニ於テモ此兩制度ノ相關連スルコトノ反證トナルニ非スシテ却ツテ其タメノ證據ヲ與フルモノナレハナリ

此二個制度ハ恐ラク相關連スルモノナリトノ意味ヲ一層確實ニ現ハス所ノ積極的報道モ亦決シテ之レ無キニ非ス尤モ是等ノ報道ハ質入裏書其物自ラニ關スルモノニアラスト雖モ然カモ歷史上質入裏書ノ前驅ナルモノ即チ質入ノタメニ為サレタル記帳又ハ記號ヲ附スルコトニ關スルモノニシテ彼等カ吾人ニ告クル所ハ疑ヒモナク羅馬法又ハ普通法ノ影響ヲ受ケシ法律國ニ屬スルモノアリ(例ヘハHondachi《フオンダチー》法(倉庫法)及ヒ之ト同時ニ運送法ノ如キ然リトス)且ツ是等報道ハ質權ヲ「ピグヌス」トシテ全然表明セシノミナラス尚又所有權ニ同等並立スルモノトシテ吾人ニ告クルナリ

「ラスチヒ」氏ハ財産權上ノ物上記號ニ關シテ曰ク「物件上ニ付セラレタル記號ニシテ若シ財産權上ノ効用ヲ有スルモノトセハ則チ此記號ハ其物上ニ現存スル(或ハ成立スル)財産上ノ權利關係ヲ負擔スル者ヲ示スコトヲ目的トス而シテ法源ハ此種ノ財産權トシテ唯タ所有權及ヒ質權ヲ云フノミ」ト又此種ノ財産權上ノ物上記號ヲ應用スヘキ特種ノ場合ハ就中運送法ナリトス同氏曰ク「亦運送上ノ關係ニ於テモ主タルモノハ運送債務ニ非スシテ寧ロ此債務ニ伴フテ進行スル所有權者若クハ質權者又ハ是等ノ代理人ノ物件的權利關係ナリトス」ト偖テ彼ノ往古ノ倉庫ナリシ「フオンダチー」ニ於テハ記號ノ外ニ若クハ記號ノ代リニ倉庫帳簿ニ記帳スルヲ常トシ貨物ヲ換價センタメニ之ヲ質入スルコトアリ而シテ此質入ハ所有權ヲ賣却スルニ因ル換價方法ニ並ヒ行ハレタルヲ示セリ何トナレハ所有權賣却ニ因リテ之ヲ換價スル場合ニ於テハ貨物ヲ帳簿ニ於テ新所有權者ノ名義ニ書替フル如ク「之ヲ質入スルトキハ貨物ヲ質權者ノ名義ニ書替ヘ若クハ少クトモ質權者ノ名義ヲ傍ニ記入スルヲ常トナシタレハナリ是ニヨリテ質權者ハ寄託貨物ノ處分權ヲ有シ從ッテ滿期日ニ至レハ貨物カ負擔スル公ノ義務ヲ支拂シ後チハ貨物

ヲ「フォンダチー」ヨリ引取リ且ツ自己ニ對スル債務ヲ辨濟セシムル爲メ之ヲ賣却スルヲ得シナリ」(ラスチヒ氏ノ一節)

此拔萃ニヨリテ之ヲ觀ルモ「フォンダチー」ニ於ケル質物記帳ハ既ニ確カニ表顯的質入裏書ヲ意味スル一種ノ法律歷史上ノ階梯タルニ外ナラス然カモ此階梯ハ表顯的質入裏書ト僅カニ一歩ヲ隔テタルニ過キスト謂フヘシ故ニ此制度ト「ピグヌス」制度トノ聯絡ハ疑フヘカラス左レハ吾人ハ此記帳ノ制度ヲ以テ「ピグヌス」ト引渡證券ノ表顯的質入裏書就中爰ニ吾人ノ問題トスル倉庫證券ノ表顯的質入裏書トノ聯絡ヲナス中間形象ナリト解釋スルヲ要ス

此聯絡ハ恰モ表顯的質入裏書ヲ全ク新タナル照準圈內ニ入ラシムルニ適當ナリ又其結果トシテ大陸ノ二枚證券制度モ之ニ伴ヒ明瞭トナルヘシ何トナレハ「ピグヌス」及ヒ普通法ニ於ケル質權ハ法律上ノ占有定義ト論理上ノ關係ヲ有シ且ツ此占有定義ヲ爰ニ述ヘタル重モナル關係狀態ニ對シテ應用スルコトハ吾人ヲシテ全ク新意見ヲ開カシメサルヘカラサレハナリ

第一ニ「ピグヌス」及ヒ普通法上ノ質權ハ法律上ノ占有ヲモ含有スルコトハ蓋シ否

認スルヲ得サルコトトス尤モ「ポチエー」氏其他二三ノ學者ハ此場合ニハ自然占有(Naturalis possessio)ト論スルヲ得ルノミナリト雖モ「エーリンク」「ウヰンドシャイド」及ヒ「デルンブルヒ」等諸氏ノ現今行ハルル意見ニ從ヘハ法律上ノ占有ヲ含容スルモノト見ルヘキナリサレハ元來爰ニ決定セサルヘカラサル問題ハ唯タ此羅馬法上及ヒ普通法上ノ特性カ大陸ノ二枚證券制度ニ干係スル諸國ノ法律ニ影響セシト認ムヘキヤ否ヤ殊ニ影響セリト認ムトセハ先ツ時ノ關係上第一ニ現ハレタル佛國次キニ吾人カ爰ニ特ニ研究ヲ要スル澳國ニ對シテモ亦之ヲ認ムルヲ得ヘキヤニ在リ

サテ此問ニ對シテハ學則的見地ト歷史的見地トヲ最モ嚴重ニ差別セサルヘカラス

之ヲ學則的見地ヨリ觀察スレハ質權者ノ法律上ノ占有ハ佛國ニ對シテモ亦澳國ニ對シテモ斷然否認スヘキモノトス即チ佛國ニ於テハ動產ニ對スル占有保護ニシテ法律上ノ占有定義ノ意味ヲ有スルモノハ決シテ之レ無キナリ既ニ民法第二千二百七十九條ノ「動產ニ關シテハ占有ハ正權限ヲ價ス」ナル原則ニ從フモ此ノ如

キ占有保護ヲ必要トスル點ヲ見出スヘカラサル如キヲ以テナリ澳國ニ於テハ佛國ニ於ケルカ如キ一般ニ渉レル故障ハ存立セスト雖モ爰ニ述ヘタル如キ保護ノ制度ハ澳國ノ民法中ニ於テ襲用セラレサリシコト及ヒ此民法ノ精神ニ於テ動產質權者ハ唯所持人トシテノミ現ハル、ナリトハ論者一般ニ意見ノ一致スル所ナリ

尤モ「スタインレヒネル」氏ハ澳國ノタメニ研究シテ質權者ハ質物ヲ所持スル爲メニ債務上ノ權利ヲ有シ從ツテ又所持ノタメノ債務上ノ權利ヲ事實ニスルノ意味ナル占有卽チ「權利占有」(Rechtsbesitz)ヲ有ストノコトヲ證明セント試ミタリ然レトモ恰モ此ノ如ク議論ヲ組織スルノ必要ハ畢竟第一、質物ニ就テノ法律上ノ占有ヲ規定スルノ不可能ナル所以第二、質權上ノ關係ヨリ少クトモ爰ニ述ヘタル物上占有ノ孰レカ代。用。トナルヘキモノヲ採用スルノ止ムヲ得サルニ至ラシメタル所以ヲ示スナリ(「スタインレヒネル」氏スラ尙曰ク「澳國法律ハ直接ニ動產質權者ニ眞ノ占有ヲ屬セシメ得ルコトヲ明ニ規定セサルモノニシテ此事ハ澳國法律ニ從フテハ始メヨリ考フヘカラサルコトナルカ如シ」ト)

最終ニ述ヘタル主義ハ實際ニ於テモ亦之ヲ否認スル能ハサルナリ先ツ澳國ノ法律ニ就テ之ヲ見レハ此主義ハ澳國最高等裁判所ノ諸判決ト一致ス此判決ハ質權設定ニ際シテ質權者ニ委附セラレタル保管中ニ於テ若クハ屢々用キラルヽ語ヲ以テ云ヘハ即チ質權者ノ質物占有中ニ於テ質權者ヲ妨害スルヲ許サヽルコトヲ明ニ述フルモノナリ又此主義ハ一般ニ現今ノ立法主義就中獨逸新民法ニ於テ表明セラレタル主義ニ一致スルモノナリ即チ或ル權利關係ノ爲メニ物件ヲ所持スル者即チ又質權者ノ所持ハ(直。接。ノ占有トシテ)法律上ノ保護ヲ加フヘキモノナリト云フノ主義ニ一致ス

然レトモ爰ニ謂フ主義ノ元來有力ナル所以ハ常ニ繰返シツヽ引證セラルヽ所ノ事實ニアルナリ而シテ其事實トハ質權者ノ法律上ノ占有ハ所謂制定法ノ形ニ於ケル質權ニ適スルモノニ非サレトモ其自然法上ノ原形ニ於ケル質權ニ適スルモノナリト云フニアリ「ステインチング」氏曰ク「實際ニ於テ動產質權者ハ占有ノ保護ヲ缺乏シ得ルヤ此事ハ澳國法律ニ於テ定ムル所ニモ拘ハラス余ハ之ヲ疑フヨリモ寧ロ否認セントス」ト尚其他ノ學者ノ著述ニ就テ之ヲ見ルモ占有ト質權トノ關

係ハ自然ノモノナリ必要ノモノナリト言フモノ少ナカラス例ヘハ「コーレル」氏ハ普通ノ事實ヲ基礎トシテ質權者ノ占有ヲ說明シテ曰ク「物件ノ普通ノ效力ハ之ヲ質權者ニ與ヘストスルモ亦所有權者ニモ之ヲ許サヽルナリ此ノ如クニシテ物件ハ寧ロ無作用ノ姿ニテ置カレ物件ニ自然附帶スル作用ハ之ヲ封鎖シテ質權者ニ與ヘラレ而シテ所有權者ニシテ之ヲ借リ若クハ願望シテ所持セント欲スルトキハ所有權者ハ再ヒ之ヲ質權者ヨリ受取ルヲ要ス」ト又「オフネル」氏曰ク「自然ノ意義ニ於テハ占有ヲ爲ス者ハ獨リ所有權者ノミナラス用益者動產質權者賃借人等モ亦然ルナリ但シ各自ハ其占有ノ目的ト方法ヲ異ニス」ト又「ヘッス」氏曰ク「債權者ハ債務者ニ對シテ安全ナル位置卽チ法律上ノ占有者タル位置ヲ占ムルコトハ主トシテ質契約ノ性質ヨリ自然生スルモノタルコト及ヒ是故ニ「ウヰンドシヤイド」氏カ質權者ノ占有ヲ保護スルノ理由ハ純然タル歷史上ヨリ來リシ理由ナリト論定スルハ大ニ誤レルコト是等ハ既ニ今日動產質入ハ啻ニ法律上ノ占有ヲ交付スルナクシテハ之ヲ認メサルノミナラス所持權ノ交付ナクシテモ亦之ヲ認メサルニヨリテ明ナリ動產ニ就テハ唯タ動產質ノミ……サレハ質權者ノ安全ナル地位卽

チ少クトモ法律上ノ占有ハ決シテ變則ノモノニ非スシテ總テ質契約本來ノ性質ヨリ生セシモノナリ」ト

以上述ヘタル所ニ依リテモ既ニ明ニシテ尚且ツ爰ニ一層明ニセント欲スルハ上ノ理由ハ今爰ニ綿密ニ批評スルヲ欲セスト雖モ然カモ是等ノ理由ハ之レアリトスルモ彼ノ澳國ノ法律及ヒ佛國ノ法律ニモ質權者ノ物上占有ヲ認メストノ事實ハ決シテ變更スルコト能ハス而シテ此事實ハ學則的見地ヲ是認シタルモノナリ然レトモ法律上ノ占有ト質權トノ間ニ存在スル姻戚關係ヲ唱道シ以テ又彼ノ占有ノ一タヒ質權關係ノ中ニ襲用セラレタル場合ニ於テハ縱令法律ハ此占有ヲ認メスト雖モ然カモ其襲用セラレシ以後ハ引續キ其効力ヲ發揮スルヲ得シコトヲ示スナリ尤モ占有ト云フモ法律規定ノ後方ニ於テノミ卽チ占有主義ヲ固守スルニ適スル物質上ノ狀態ニ倚リテノミ之ヲ能クス而シテ此狀態ノ影響ヲ及スハ上ニ述ヘタル法律規定ノ所謂前面ニ顯ハル丶モノニアラサルナリ

先キニ吾人カ歷史上ノ見地ヨリ提出セシ問題モ亦コレニ由リテ其答辯ヲ得タルナリ何トナレハ爰ニ述ヘタル所ニヨリテ之ヲ觀ルニ佛國及ヒ澳國ノ立法ハ質權

者ノ法律上ノ占有ヲ是認セサリシト雖モ然カモ是等立法ノ治下ニ於テ彼ノ普通法ニ於テ故障ナク承認セラル、法律上ノ占有ハ裏面ニアリテ勢力ヲ有シ得タリシコト及ヒ就中此勢力ハ恰モ彼ノ普通法上ノ見解カ以國ノ「フォンダチー」法ノ標準トナリシ如ク倉庫證券ニ關シテ現實ニ得タリシコト即チ少クトモ此可能的事實ハ之レ有ルヲ以テナリ

而シテ右ノ可能的事實ハ大陸ニ於ケル總テノ倉庫制度ト少シモ背馳セサルナリ尤モ大陸ニ於ケル倉庫制度ノ狀態ヲ總覽スレハ以國ニ於テ證明シ得ヘキ初期即チ「フォンダチー」ニ濫觴スルモノニ非ラズシテ寧ロ英國ノ狀態ニ準據スルモノナルカ如シト雖モ是ヲ以テ彼ノ可能的事實ニ背馳セサルコトヲ妨ケス其故ハ此自覺シ且ツ一般ニ亘リテ英國ノ狀態ニ準據セシコト同時ニ或ル特別ナル點ニ關係シテ且ツ寧ロ自覺ナクシテ他ニ準據セシモノアリテ此兩樣ノ準據ハ如何ナル關係ニ於テモ善ク調和シ得ルヲ以テナリ而シテ他ノ準據トハ普通法及ヒ羅馬法ニ於ケル質權上ノ占有ニ準據スルヲ云フナリ

ソレ然リ而シテ玆ニ尙一層緊要ノ論點アリ即チ倉庫證券法又ハ引渡證券法ソレ

自ラノ中ニ於テ特別ノ理由ノ證明スヘキモノアリテ彼ノ法律的占有ハ質狀態(卽チ質入裏書ニ依リ又ハ其後質入證劵裏書ニ依リテ設定セラレタル質狀態)ノ場合ニモ尙依然トシテ有効ナリシト云フコトヲ自ラ是認シ得ルモノアルカ又上ニ論定セシ可能的事項ヲシテ益確固ナラシムルモノアルカ先ツ此問題ヲ決定スルヲ要ス

之ニ就テ一事ノ既ニ明瞭ナルモノアリ卽チ右ニ述ヘタル如キ理由アリトセハ是レ倉庫證劵從ッテ又引渡證劵全般ニ對スル占有定義ニ附與セラレタル効力中ニ就テ之ヲ求メサルヘカラス

是ニ於テカ吾人ハ茲ニ先ツ前ニ原則ヲ攻究スルニ當リテ研究セシ引渡證劵說ヲ追想セント欲ス此說タルヤ既ニ示セシ如ク其論據トスル所ハ運送セラレ又ハ入庫セラレタル物體ノ所持ヲ代理ストノ主義ニアリ今之ヲ追想セハ則チ直チニ吾人ノ眼底ニ映スルモノハ此所持代理ノ主義ハ唯タ是レ他ノ主義卽チ占有代理ノ主義ニ模倣セシモノナルニ過キサルコトナリ

抑モ引渡證劵說ヲ主唱セシ元祖ハ「ゴールドシユミツド」氏ニシテ同氏ノ立論セシ

原則ナル所持代理ノ說ハ民法上ノ占有理論（但シ之ヲ誤謬ナク論スルヲ要ス）ニ準セシモノニシテ且ツ此原則ハ代理人ニ依リテ占有取得ヲナストノ民法上ノ諸原則ト背馳スルモノニ非ス却ツテ此民法上ノ原則ヲ論理的ニ遂行スルモノナリトハ同氏ノ幾度モ明ニ唱道セシ所ナリ同氏曰ク「法律上ノ占有ノミナラス所持モ亦均シク代理ニ依リテ取得シ又行使スルヲ得卽チ所持トハ單ニ事實上ノ狀態ヲ稱スルニ非スシテ寧ロ諸種ノ權利ト其行使トノ豫定條件タルモノナリ」ト而シテ占有ノ代理ト所持ノ代理ヲ斯ノ如ク竝馳セシメ若クハ所持ノ代理ヲ占有ノ代理ニ準據セシムルノ議論ハ民法全般ヲ論スル他ノ著書ニ於テモ吾人ノ屢々遭遇スル所ニシテ其一例ハ「ランダ」氏ノ著書ナリ（同氏著占有論、附タリ澳國法律ニ從フ占有訴訟「ライプチヒ」一千八百七十九年刊行―四四一頁）曰ク「總シテ財產權中ニ顯出スル代理ハ占有ニ就テ殊ニ占有ノ取得ニ就テモ亦之ヲ禁セス尙又占有ノミナラス所持モ亦代理ニ依リテ之ヲ取得シ之ヲ行使スルヲ得蓋シ所持ニ就テモ之ヲ言フ所以ノモノハ則チ所持モ亦時トシテハ法律上ノ効力ヲ有スルカ故ナリ」ト然ルニ狹義ニ於ケル引渡證券說卽チ今日學者ノ唱道スル引渡證券說ハ所持ノ定義ヲ經由シテ以テ間接ニ占有ノ定義ニ連關スルモノナリト雖モ今若シ其他ノ學說ニシテ引渡證劵ニ關シテ發表セラレシモノヲ(上ニ述ベタル所有權ノ理論ハ別トシテ)觀ルニ彼ノ占有定義トノ連關ハ全然直接ノモノトナルナリ何トナレハ其他ノ學說ナルモノハ苟クモ其占有ノ範圍內ニ就テ論究セシモノハ之ヲ他ノ地域ニ推論スルコトヲ爲サヽルノ點ニ於テ皆一致スルヲ以テナリサレハ占有ノ範圍內ニ於テ論究セシモノハ却ツテ直チニ之ヲ以テ占有ノ方面ヨリ引渡證劵ノ諸狀況ヲ說明スルノ具トナスヘキナリ

然ラハ此說明ヲ爲スニハ如何ナル巨細ノ方法ヲ要スルヤト云フニサテ吾人カ上ニ述ヘタル他ノ學說ナルモノハ非常ニ多ク又種々ノ見解見地アリテ今之ヲ單ニ拔萃ノ形ニノミ止メントスルモ尙且ツ一定ノ制限ト又特ニ此目的ノタメニスル說明トヲ要ス是故ニ吾人ハ從來論シ來リタル順序ヲ姑ク爰ニ中絕シテ彼ノ說明ヲ挿入セント欲ス

上述ノ點ニ就テ著述者カ多ク注目スル所ハ自然ノ勢トシテ先ツ第一ニ事實上ニ於ケル占有權ノ制度ナリサテ事實上ニ於ケル占有權ノ制度トハ占有ノ移轉ヲ媒

介スル標式的引渡ノ制度ニシテ此ノ如キ引渡ト引渡證券主義トノ間ニ連絡アラシムル爲メニハ決シテ學理上ノ冒險苦心ヲ要セサルナリ而シテ事實上ノ點ニ注目セシムルコトハ既ニ積極的立法ニ於テ少クトモ之カ動機、之カ勸誘ヲ與ヘサルヘカラサリシナリ

嚴格ニ云ヘハ事實上ノ占有權制度ニ注目セシモノハ唯タ普魯亞法律ノミトス卽チ普國國法《ランドレヒト》中ニハ一千七百八十五年七月十六日發布ノ勅令アリ倉庫證券ニ關スル規定モ亦其中ニアリ尤モ此倉庫證券ハ猶不十分ニシテ且ツ唯タ質入目的ノ爲メニノミ規定セラレシモノナリト雖モ而カモ既ニ證書債務トシテ示サレシモノナリ此普國國法中ニ於テ之ニ關スル重要ノ材料ハ「標式的引渡ニ因ル質入」ナル題目ノ下ニ編集セラレタリ之ニ反シテ此普國國法ト相隔ツルコト甚シカラサル澳國民法ニ於テスラ尙カヽル編集ハ之レナキナリ

然ラハ澳國法律ハ標式的引渡ヲ更ニ知ラスト云フカ決シテ然ルニアラス蓋シ澳國ニ於テハ普國ニ於ケル如ク法律ヲ以テ承認セシニアラスト雖モ普國ニ於テ法律上承認セシ解釋法ハ墺國ニ於テハ少クトモ之ヲ學理上襲用ノ權利ヲ十分ニ應

用セントセシハ著名ナル學者ノ務メシトコロニシテ其著述ニ於テ明ニ之ヲ示スナリ例ヘハ「クラインツパツプ」氏ハ標式的引渡ヲ招致スル方法物件トシテ場合ニヨリテハ鍵及ヒ證書、就中質證券引。換。證。券。保。管。證。券。ヲ計上セリ

但シ是等ハ各地方局部法律ニ依レル狀況ナルカ普通法ニ依リテハ其狀況大ニ異ナリテ引渡證券ト標式的引渡トノ連結ハ到底之ヲ見ルヘカラス是レ普通法ニ於テハ單ニ標式的引渡ヲ知ラサルカ故ナリ而シテ「ニユルンベルヒ」會議進行中ニ於テ「普通法ハ標式的引渡ヲ知ラサレトモ引渡證券ノ場合ニ於テハ之ヲ承認セシメサルヘカラス」トノ意見ヲ提出セシ人アリ是レ明ニ一個ノ要求ナリシナリ然レトモ此要求ニ應シタリシ學者ハ實ニ僅少ナリキ

之ヲ要スルニ標式的引渡ヲ採用スルコトハ唯タ地方的法律ノ範圍ニノミ止メシナリト雖モ而カモ此標式的引渡ヲ主唱セシ見解ハ他ノ極メテ一般ニ涉レル學說ト頗ル密接ノ關係ヲ有ス卽チ他ノ學說トハ引渡證券ヲ說明スルニ占有承繼ノ論ヲ以テセントスルモノナリ

此事タルヤ實ニ疑ヒナキトコロナリ而シテ占有ノ移轉ヲ實體ニスル標式的引渡

ハ人之ヲ觀ルニ占有承繼ノ意見ヲ應用セシ特定ノ場合ナリト云フヲ以テス特ニ澳國ニ就テ之ヲ見ルニ多數ノ學者ハ此觀察ヲ是認ス而カモ「ストローハール」氏其他ノ著述家ノ如キハ占有承繼ノ意見ハ普通民法第三百十五條卽チ直接ノ占有取得ト間接ノ占有取得トヲ差別スル同條ニ於テ之ヲ察知スルヲ得ヘシ殊ニ同條カ直接ノ占有取得ニ當リテハ「前所有者カ所持シ且ツ明瞭ナル表示ニヨリテ引渡シタルモノハ總テ皆之ヲ取得ス」トノ規定ニ於テ明ナリト謂ヘリ又「ヲフネル」氏其他ノ著述家ニシテ第三百十五條ニ記セシ二樣ノ取得方法ヲ原始的ナリト論定スルモノモ亦時トシテ前述ト同一ノ意見ヲ有シ卽チ標式的引渡ヲ以テ或ル單獨ノ事柄ト見做シ是レ占有ナル狀態中ヘ傳承ノ占有取得卽チ占有承繼ヲ加フル事ヲ要求スルモノナリトセリ

サテ此占有承繼ナルコトハ元來學理壇上決シテ全ク消滅セサリシモノニシテ殊ニ近時ニ至リテ「ストローハール」氏其他ノ學者ハ其著述ニ於テ之ヲ學理的討論壇ノ前面ヘ推擧セリ而シテ就中如何ナル有樣ニテ推擧セラレシヤト云フニ今日ハ學說ニ於テモ亦判決(殊ニ又澳國最高等裁判所判決)ニ於テモ之ヲ是認スルコト頗

ル廣ク且ツ此占有承繼論ハ占有權ニ通シテ應用スヘキ原則ナリト見做サレ錯雜ナル狀況ヲ說明スルニ當リテ直チニ應用セラル、ニ至レリ

而シテ此錯雜ナル狀況中ニ於テ吾人ハ彼ノ引渡證劵モ亦コレニ屬スルモノタルヲ見ルナリ

殊ニ玆ニ注意スヘキハ引渡證劵ト占有承繼トノ關係ヲ詳說セシ者ハ又「ストローハール」氏ナルコト、ス乃チ玆ニ同氏ノ所論ノ要點ヲ揭クルコトハ後段記述スル所ノ爲メニ蓋シ緊要ノ事タルヘシ同氏著述ノ「占有ニ關スル承繼」ト題スル小冊子中ニ曰ク「之ヲ余カ見解ノ立點ヨリシテ判斷スルニ玆ニ說明シタル商法上ノ事件(卽チ引渡證劵ノ件)ハ引渡ニ關スル他ノ事件ニ齊シク傳承的占有取得ノ部ニ屬セシムヘキモノトス之ニ參加スル占有者ノ順序上第一次ノ占有者トハ貨物ヲ船長ニ又ハ運輸業者ニ又ハ倉庫業者ニ引渡シタル者若クハ其名義ニテ此引渡ヲ了シタル者トス而シテ引渡證劵ヲ引渡スノ行爲ハ引渡ノ機關ニシテ此機關ニ依リテ承繼行爲ハ本來第一次占有者ノ利益ノ爲メニ存在セシ占有ノ事實ニ結著シタル權利ニ媒介セラル、モノナリ(中略)然ルニ證書ニヨリテ占有取得ヲナス普通ノ場

合ニ於テハ從來ノ占有者若クハ其代理者ニヨリテ證書ノ引渡ヲ行ハレテ玆ニ始メテ後繼者ハ取得スルナレトモ此引渡證券ノ場合ニ於テハ法律ハ時トシテハ引渡證券ノ不法所持者カ之ヲ合法取得者ニ引渡スノ行爲ニモ亦彼ノ承繼ヨリ生スル結果ヲ連結スルナリ」ト

上來述フル所ニヨリテ之ヲ觀ルニ引渡證券トハ其時々ノ所持者ノ承繼ヲ媒介スル證書ナリト構說セハ直チニ再ヒ制限ヲ受クル所アルナリ而カモ彼ノ承繼關係ヲハ大ニ妨クルノ制限ヲ受ケサルヘカラサルナリ卽チ此構說ニ對シテ制限スルモノトハ何ソヤ是レ時々ノ證券所持者相互間ノ關係ヲ論セスシテ寧ロ證券發行者ト證券所持者トノ關係ヲノミ主唱スルヲ以テ適當トスヘキニアラスヤ又此ノ如クセハ各證券所持者ニ許與スルニ其前者ヨリ傳承セシ權利ヲ以テスルヲ得ルカ故ニ則チ發行者ト所持者トノ關係ヲ主唱スルコソ適當ナルニアラスヤ而シテ各證券所持者ニ許與スルニ發行者ニ對スル原始的權利ヲ以テスルコトハ一般ニ有價證券制度ニ適スルノミナラス引渡證券制度ニモ亦大ニ適スルモノトスト云フニアリ

故ニ吾人ハ是等ノ事情ヲ如何ニ解釋セハ可ナリヤト云フニ本來第一次占有者ノ利益ノ爲メニ存在スル占有事實ニ伴ヘル權利ヲ承繼スルナリトシテ之ヲ論スヘカラス寧ロ占有ノ事實ハ證券發行者—卽チ占有代理者—ニ伴ヒテ存スルモノニシテ又占有事實ヨリ生スル權利ハ其時々引渡證券ヲ所持スル者—卽チ占有上ノ被代理者ノ利益ノ爲メニ有之モノナリト觀察セサルヘカラス

是レ卽チ占有ノ代理ニシテ「ゴールドシュミット」氏カ引渡證券說ノ根據トナセシ「所持ノ代理」ナル說ノ根源ナリト謂フヘシ而シテ吾人ハ更ニ附加シテ言ヘハ是レ實ニ著名ナル著述中ニ於テ數々顯ハル、法律上ノ要點ニシテ彼ノ本來ノ引渡證券ノ理論ヲモ亦悉クコレニ含有ス又吾人若シ批評的見地ニ立タントセハ則チ此連絡關係ニ於テ論據トナス所ノ要點ナリ

然レトモ他ノ一方ニ於テハ此法律上ノ要點ハ之ヲ標式的引渡及ヒ占有ノ承繼ノ兩說ニ對照シテ引渡證券ノ爲メニハ比較的好適スルカ如キ事實アリト雖モ之レカ爲メニ引渡證券ニ關スル他ノ構說ヲ玆ニ列擧スルヲ妨ケス而シテ他ノ構說トハ齊シク證券發行者ヲ證券所持者ニ對立セシメ卽チ此點ニ於テハ占有代理ノ說

ニ相似タリト雖モ而カモ占有代理以上ニ出テ直チニ占有權ヲ論據トスルモノナリトス此種ノ構說ニ二種アリ彼ノ證券ノ發行者モ所持者モ共ニ同等ニ論スル所ノ代理說ニ反シ一ツハ證券發行者ニ重キヲ置キ他ハ所持者ヲ主トシテ論スルモノナリ

第一ノ議論卽チ證券發行者ヲ重視スル說ノ代表者トシテハ就中「レグヴキ」氏ヲ推サヽル可ラス同氏ハ法律上ノ占有ハ證券所持者ニアリト認ムヘカラス引渡證券ノ發行者卽チ船長又ハ運輸業者倉庫業者ニアリト認ムヘシトノ意見ヲ有シ曰ク「自己ノ權利ヨリ物件上ノ權利ヲ造出スル者ハ物件上ノ權利ヲ有セサルヘカラス（中略）保管者モ尙又船長モ或ハ證券或ハ船荷證ニ於テ其法律上ノ占有ヲ表示ス（中略）彼カ其法律上ノ占有ヲ一般ニ告知シタル其證書ヲ彼ニ提示セラルヽヲ要ス此事アリテ玆ニ始メテ彼ノ法律上ノ占有ハ停止ス其以前ニハ停止セサルナリ」ト之ニ反シテ第二ノ議論卽チ證券所持者ヲ主トシテ論スル者ノ中ニ就テハ「ウローブレウスキ」氏ヲ推サヽルヘカラス同氏ハ之ニ關スル意見ヲ直接ニ其占有ニ關スル一般ノ理論ニ連結シテ論シ謂ヒラク「占有ノ本體ハ從來人々ノ稱セシ如ク占有

者ノ物ニ對スル特種ノ關係ニアリト謂フヘカラス寧ロ第三者ノ排斥ニアリト謂フヘシ然ルニ一定ノ第三者ハ元來自己ヲ排斥スル者ハ誰ナルヤヲ知ルヲ要セス例ヘハ甲者ノ花園ニ傍フテ逍遙スル多數ノ人アルモ恐ラクハ其中一人トシテ自己ノ風紀正シキ事ハ恰モ甲者ノ利益トナルナリト知ルモノナシ之レニ齊シク所持者ハ自己ニ命令スヘキ占有者ヲ知ルヲ要セス卽チ船長又ハ倉庫業者ハ船荷證又ハ倉庫證券ノ所持者ヲ知ルノ必要ナキナリ」ト又曰ク「彼ノ花園ニ傍フテ逍遙スルモノハ皆各他人ノ物ニ對シテ善ク氣ヲ付ケテ苟モ之ヲ忽セニセス恰モ船長自カ身ニ貨物ノ信托セラレシコトヲ忘レス又倉庫業者カ其保管スル物品ニ係ル他人ノ權利ヲ保護スル爲メノ禁制ヲ遵守スルカ如シ（中略）一定ノ物件ノ周圍閉塞セラレシ其時ニハ事實上ニ於テ占有ノ實體既ニ存スルナリ而シテ代理占有ノ場合ニ於テモ亦此ノ如ク閉塞ハ成立スルナリ而シテ占有者タルモノハ誰ナルヤハ是レ積極的法律規定ニヨリテ定メラル、ナリ今若シ法律ニシテ現ニ物件ニ伴ハサル引渡ヲ是認スルヲ得ハ則チ貨物ノ引渡請求ヲ爲シ得ル絕對的權利ヲ與フル所ノ證券ニ連結スルニ占有取得ヲ以テスルヲ得ヘキナリ」ト以上述フル所ハ是レ曩ニ要望シタル特別ノ説明ナルモノ、大體ニシテ今ヤ此説明ニヨリテ起リタル最終ノ疑問—卽チ上ニ記シタル諸種ノ學説ニ對シテ如何ナル地位ヲ取ルヘキヤノ疑問ハ結局之ヲ斷決センニハ更ニ進ンテ引渡證券ノ進化及ヒ性質ヲ個々明細ニ攷究スルニアラサレハ能ハサルナリ先ツ吾人カ全體ニ於テ感スル所ハ玆ニ吾人カ觀タル所ノモノハ衝突背馳スル絶對的學則ニアラスシテ寧ロ善ク調和シ得ル比較的ノ判斷ナリト云フニアリ卽チ其當時々々ノ著述ノ目的ヲ標準トシテ引渡證券ニ就テ意見ヲ種々ニ發表シタルモノニ過キサルカ如シ例ヘハ「レヴキ」氏ノ學説ヲ觀ルニ其學説ノ結局ト著者ノ意見トニ據レハ立法論トシテノ見解ヲ基礎トスルモノニシテ卽チ船長、倉庫業者ノ管理者同樣ノ地位ハ事實上ノ理由ヨリシテ之ヲ確固ニ爲スヘク從フテ之ニ占有ヲ附隨セシメサルヘカラスト謂ヘリ又「ウローブレウスキ」氏ノ學説ハ其者自ラハ明ニ純然タル學則《ドクマ》的論説ニシテ卽チ其説ハ引渡證券ニ關スル狀態ヲ其有リノ儘ニ記述シ而カモ吾人ノ觀ル所ニテハ極メテ明ニ且ツ簡單ニコレヲ爲シタルモノナリ而シテ他ノ一方ニ於テ別ニ兩學説ニ對シテ共通ノ反對極點トナルノ學説アリ卽チ標式的引渡及ヒ更ニ進ンテ占有承繼ニ關係スルモノニシテ此學說ハ就中法律歷史的ノ性質ノモノトス又此學說ハ引渡證券設定ノ要素トシテ或ル法律上ノ要點ヲ基礎トナシ此要點ヲ上ニ述ヘタル如ク普國法律ニ於テハ疑モナク引渡證券ノ創設及ヒ進歩ニ大ナル影響ヲ與ヘ其他ニ於テモ恐ラクハ大ニ影響セシナルヘシ偖一方ニ於テハ此法律歷史的學說アリ他ノ一方ニハ他ノ實際的立法論又ハ理論的學則論アリテ相對時スト雖モ更ニ此二者ノ間ニ介立スル一學說アリ是レ卽チ占有ニ於ケル代理說ヲ有効ノ要素ナリト認ムルモノナリ何トナレハ此學說ハ學則論ニ同シク又立法論ニ齊シク證券發行者ト證券所持者トノ關係ヲ重視シテ第一ノ證券所持者ト第二ノ者トノ關係以下順次ノ關係ニ重キヲ置カサルモノナレハナリ然レトモ此學說ハ之ト同時ニ他ノ一方ニ於テハ法律歷史的學說カ唱道スル占有承繼論ニ酷似シタル占有權ノ主義ヲ主唱スルモノナリ卽チ其主唱スル所ハ彼ノ歷史的學說ノ如クニ標式的引渡ト稱スル最モ事實的ナル占有權上ノ制度ニハアラサレトモ占有ニ於ケル代理ト云フノ主義ニアルナリ

此ノ如キ關係ナルヲ以テ此占有代理ノ學說ハ占有權ニ據リテ立論セシ學說總體

ノ中心ト稱スルヲ得ヘシ從テ此學說カ恰モ現今行ハル、所持代理ノ學說卽チ狹義的引渡證券說ノ模型タリシコトハ決シテ偶然ニアラサルナリ

以上概說セシ所ニヨリテ之ヲ見ルニ一般ニ關スル占有權上ノ學說カ其根據トナス所ノ實際狀況モ尙又特ニ法律歷史的學說ノ基礎トナル所ノ實際狀況モ皆共ニ彼ノ質債權者ノ法律的占有ヲハ縱令ヒ必要條件トハ看做サストモ而カモコレニ便宜ヲ與フルモノタルヤ明瞭ナリ而シテ彼ノ質債權者ハ引渡證券ニヨリテ始メテ其權利的地位ニ進ムモノナリ之ヲ要スルニ一般ニ關シテハ證券所持者ヲ(時トシテハ其創設者證券發行者ヲモ亦)占有者ナリト解釋スル意見ハ上述質債權者ノ占有ニ就テノ說ニ近キ意見ニシテ獨リ質入ノ場合ニ於テ全然之ヲ無視シタリトハ殆ント信スヘカラス而シテ此質入ノ場合トハ特ニ屢々發生シ且ツ重要ナルモソニシテ所有權讓渡ト共ニ所謂原始的ノモノナリ又吾人カ前ニ見タリシ如ク普通法ノ精神ニ於テハ法律上ノ占有ヲ應用センカ爲メニ豫メ撰定セシハ此質入ノ場合ナリト謂フヘシサテ特ニ法律歷史的學說ニ關シテハ標式的引渡ハ澳國法律ニ於ケル如ク其特別ニ成立スル所ニ於テハ通常二個ノ應用ノ場合ヲ包含スルコ

トヲ認ムヘシ此二個ノ場合トハ卽チ占有ノ引渡ト相伴フ所有權引渡ノ場合及ヒ之レト同樣ニ占有移轉ニ伴フ質入ノ場合ナリトス是故ニ標式的引渡ニシテ苟クモ所有權引渡ニ際シテ及ヒ總シテ最初ヨリ占有移轉ヲ執行スルモノナリトセハ質入ノ場合ニ於テモ亦明ニ同一ノ作用ヲ失ハサルコトヲ期スル事ヲ示サヽルヘカラス然リ標式的引渡ハ少クトモ此方針ヲ抱負セサルヘカラス假令ヒ外ニ表ハサヽルモ內ニ之ヲ含有セサルヘカラス而シテ內ニ之ヲ含有シ抱負スルトセハ外ニ之ヲ表顯スルニ最適當ナル機會ハ普通法上ノ歷史ヲ有スル引渡證劵カ標式的引渡ノ行ハルヽ區域上ニ顯ハレ來ルノトキナリトス

是ニ由リテ之ヲ見レハ引渡證劵ニ依リテ設定セラレタル質關係ニ於テ法律上ノ占有ノ主義カコレニ影響ヲ及スコトハ、引渡證劵其者ニ就テ下セシ理由ノ一般ニ關スルモノモ特別ニ關スルモノモ、共ニ一致シテ是認スル所ナリ然ラハ此事實ハ他ニ如何ナル影響ヲ及スカ又引渡證劵ノ質裏書從フテ又特ニ玆ニ攷究シツヽアル質入證劵第一裏書ニ對シテ彼ノ事實ハ如何ナル勢力ヲ有スルカ

既述ノ關係狀態（質關係）中ヘ占有ノ主義ヲ注入セシ爲メニ是等關係狀態ハ新光明

ニヨリテ照射セラルヽコトハ既ニ上段ニ於テ之ヲ示セリ茲ニハ更ニ此論斷ヲ一層詳シク説明セント欲ス殊ニ吾人ノ證明セント欲スルハ先ツ(質權上ノ)占有ノ見地ヨリシテ質裏書モ尙又質入證劵ノ第一裏書モ皆引渡作用ヲ執行スルモノナルコトニアリ又特ニ質入證劵ノ第一裏書ヨリ生スル引渡作用ニ就テ之ヲ觀ルニ前ニ吾人カ失望セシ預證劵ト質入證劵トノ連絡ノ如キモ此引渡作用ハ能ク之ヲ成功シ然カモ嚴重ナル法律上ノ意義ニ於ケル連絡ヲ造出セリ而シテ是レ亦吾人ノ茲ニ證明セント欲スル所ナリ

從前ノ學説カ質裏書及ヒ質入證劵ノ第一裏書カ有スル讓渡作用ヲ如何ニ説明セシヤト云フニ蓋シ彼ノ學説ハ之ヲ以テ質入者ニ所屬スル所有權ノ中ヨリ質權ヲ分割セシモノナリ詳シク之ヲ言ヘハ所有權限中ニ於テ質權ニ適合スル部分ヲ質債權者カ承繼スルナリト云フヲ以テ彼ノ讓渡作用論ヲ組織セシナリ此學説ノ代表者トシテ明ナル「シユミツト」氏曰ク「質入ハ質入者ノ當該權利ノ特種ノ承繼ヲ設定ス而シテ當該權利カ通常ノ單獨承繼ニ異ナルハ恰モ役權ノ許容ニヨリテ設定セラレタル承繼ト所有權ノ讓渡ニヨリテ設定セラレタル單獨承繼トノ相異ナルカ

如シ即チ單獨承繼ノ如ク權利ノ全體ニアラスシテ唯タ其或ル部分而カモ債權ノ保證ニ適當ナル部分ヲ創設者ヨリ後繼者ニ承繼スルナリ（是レ役權ニ異ナル所ナリ）而シテ殘リノ部分ハ創設者ノ財產ニ屬シ而カモ本來ノ重要部分ニシテ彼ノ分割セラレタルモノヲ再ヒ復歸セシメンコトヲ勉メツヽアリ」ト

然ルニ玆ニ質入ニ關シ及ヒ役權設定ニ關スル議論ハ皆反駁ヲ受ケタリ

第一ニ「シユミツト」氏ノ著述前ニ於テ既ニ役權ニ對比シテ質入ヲ論セシモノアリ即チ「ブユツヘル」氏トス又「バツハヲーフエン」氏モ大體ニ於テ「ブユツヘル」氏ト同意見ナリ故ニ今「ブユツヘル」氏ノ言一節ヲ參照スルニ、曰ク「役權トハ所有權ヨリ分割セラレタル而カモ法律ニ從フテ分割セラレタル個々ノ部分ヲ含ムモノニシテ即チ此個々ノ部分ハ元來所有權中ニ屬セシモノナリコレニ反シテ質物件ニ係ル質債權者ノ權トハ物件ニ就テノ全ク新シキ權利ニシテ其內容ノ成分ニ從フテ見ルモ所有權トハ全ク別種ノモノトスサレハ之ヲ詳シク言ヘハ質入以前ニ於テモ亦其物質的內容ニ從フテ見ルモ所有權ノ範圍內ニ含有セラレサリシモノニシテ此物件ハ或ル債權ノ爲メニ（中略）拘束セラルヘシト規定セラレテ玆ニ始メテ質債權

者ハ權利ハ成立スルナリ」ト

サテ次ニ役權其者ニ就テ上述「シユミット」氏ノ意見ニ反對スルモノトシテ「シユエネマン」氏ノ言ニ從フニ卽チ「所有權者カ役權ヲ設定スルハ自己ノ權利又ハ其執行ノ一部ヲ讓渡スルニアラスシテ更ニ新タナル獨立ノ權利ヲ設定スルナリ」ト謂ヘリ

此反駁モ亦彼ノ反駁モ共ニ今日ハ一般ニ採用是認セラレテ以テ他物權(Jus in re aliena)ハ所有權(dominium)ヨリ承繼的ニ分割セシナリトノ學說ハ全體ニ於テ今日ハ全然敗レタルナリ尤モ裁判判決ニ於テハ當時尚舊說ニ依ルモノアルヲ見ルコトアリ然ルニ學者界ニ於テハ大ニ異ナルナリ特ニ質權設定ニ關シテ承繼ノ主義ヲ言フハ「母權(卽チ所有權)ヲ基礎トシテ却ツテ母權トハ性質ノ相違スル權利(卽チ質權)ヲ設定スルヲ意味スル」ノ精神ニ過キサルナリ然ルニ承繼ニ關スル此定義ハ(「エキスネル」氏ハ此場合ニ於テ移動的承繼ナルコトヲ云フ)上ニ述ヘタル意義トハ全ク別ニシテ又結局所有權ハ物權(故ニ又質權)ニ對スル定義上ノ豫定條件トナルモノナリト云フニ歸スルカ故ニ則チ此ノ如クニ解釋スルハ彼ノ質債權者ハ所有權

限ノ一部分ヲ承繼スルナリト言フ學說ヲ今日ハ全ク排除シタルノ證據ト見做スヲ得ヘシ

之ニ反シテ從來吾人カ解釋シ來タル所ヲ結論スルニ卽チ質被裏書人從フテ又質入證劵ノ第一被裏書人ハ(質債權者トシテ)質物ノ占有ニ於テ質裏書人又ハ質入證劵第一裏書人(質債務者トシテ)ニ繼續スルモノナリトノ論ハ之ヲ今日ノ學者界ノ趨勢ニ鑑ミテ啻ニ是認スヘキノミナラス又勸奬スヘキモノナルカ如シ

尤モ「サウイグニー」氏ハ質債權者及ヒ他ノ之ニ類スル者ノ爲メニ傳承的占有ナル定義ヲ採用セリト雖モ而カモ此定義カ法律上ノ承繼ヲ指示スルモノタル事ハ同氏ノ明ニ反對スル所ナリ蓋シ同氏ハ此定義ヲハ他人ノ原始的占有上ニ建設セラレタル占有ナリトノ意味ニテ解釋センコトヲ欲セシナリ又此外ニ於テモ質權設定ニ際シテ占有承繼ヲ否トスルノ論斷少ナカラス例ヘハ「デルンブルヒ」氏ノ如キ其一人ナリ曰ク「此學說ハ占有ノ根本的性質トハ一致シ難キモノナリ實ニ占有トハ隨時ニ一人ヨリ他人ニ移轉シ得ルノ權利ニアラス占有トハ或ル人カ或ル物件ニ對シテ自ラ處スル狀態ナリ、一定ノ關係ナリ卽チ各人自ラ造出スヘキモノニシテ讓渡セラレ得ルモノニアラス從來ノ占有者ハ他人ヲシテ占有ニ著手セシメンカタメニ自己ノ占有ヲ廢棄シテ以テ他人ニ其地ヲ與フルヲ得此場合ニ於テハ言語ノ形容上或ハ占有ノ交付ナルコトヲ言フヲ得ン然レトモ占有ヲ構成スルノ事實上及ヒ心理上ノ處置カ承繼者其人ニ缺乏スル時ハ則チ權利創設者ノ占有ハ承繼者ニ占有ヲ與フル能ハサルナリ」ト

「デルンブルヒ」氏カ否認ノ理由ヲ表面記述スル所ニ從フテ之ヲ見ルハ頗ル有益ナリ何トナレハ此理由ハ特ニ質關係ニ適スル等ノ考慮ヨリ出シニアラスシテ唯占有承繼主義其者ニ反對スル一般ノ杞憂ナルヲ以テナリ然ルニ此ノ如キ杞憂ニ就テハ吾人ハ已ニ確論セシ如ク此問題ニ關シテハ新著述ノ爲メ杞憂ハ殆ント消滅セリ又彼ノ占有ハ權利ニアラストノ反駁ニ就テハ占有ハ多數ノ權利行爲ノ條件ナリト云フコトヲ以テ辨明セハ足ルナリ尚其他ニ反駁論アレトモ之ニ關シテハ元ヨリ玆ニ細論スルヲ要セス唯タ反駁論ニ對スル反對論アリ而シテ此反對論ハ排斥スヘカラサル確定論ナリト云フヲ以テ足ルナリ

「デルンブルヒ」氏等ノ反駁ハ上ニ述ヘタル如クナルカ尚此上ニ質權ニ係ル占有承

繼ヲ否認スルノ理由ハ一ツモコレナキナリ却ツテ此原則ヲ全ク有効ナラシムルノ論述ハ益々顯ハレ來レリ例ヘハ「プリンツ」氏曰ク「一度存立シタル上ハ占有ハ引渡ニヨリテ廢止セラレ且ツ又前ニモ後ニモ物件ヲハ決シテ自己ノ爲メニ所持スルヲ欲セサル者ニ彼ノ占有ヲ移轉スルヲ得(所謂傳承的占有)卽チ質ノ爲メニ與ヘラル丶場合ニハ此事必要ナリトス」ト又「ビニンスキー」氏ハ更ニ詳シク述ヘテ曰ク「占有者ハ占有取得ハ占有ノ承繼ニ依テ定メラルヘシトノ義ヲ有スル意志ヲ言明スルヲ得ヘシ(中略)此事ハ所謂傳承的占有ノ設定ノ場合ニ就テ言フヘキコトトス。質債權者トナリ又ハ特許者トナリ又ハ管理人トナリテ物件ヲ取得スル者アリトセハ是等ノ者ハ蓋シ實際此權利關係ハ合法的契約ニ依リテ規定セラレタル場合ニ於テノミ能ク法律上ノ占有者タルヲ欲スレトモ若シ然ラサレハ單ニ物件所持者タルヲ欲スル者ナルヘシ是故ニ傳承的占有ノ場合ニ於テハ占有ノ取得ハ傳承的(非原始的)ナルヲ常トス」ト

今ヤ質債權者ノ占有承繼カ是認セラル丶トセハ則チ―兹ニ占有ニ關シテ―明ニ質入行爲ノ移轉作用ヲ言フヲ得ヘク從フテ又質裏書ノ及ヒ結局質入證券第一裏

書ノ移轉作用ヲ言フヲ得ヘシ吾人ハ上ニ述ヘタル所ニヨリテ普通法ノ影響ヲ認ムル以上ハ則チ「ガライス」氏カ決然主唱スル所ノ「倉庫質入證劵ノ第一裏書ニ就テハ移轉作用ヲ言フヲ得ス」トノ說ハ全ク正鵠ヲ射タルモノニアラサルカ如シ吾人ハ寧ロ「アドレル」氏カ同意セシ「コッホ」氏ノ謂フ彼ノ裏書ハ「唯ニ現在ノ諸權利ヲ讓渡スルノミニアラス」トノ說ニ左袒スルヲ得ヘシ但シ玆ニ「諸權利」ト云フ定義ニ代ユルニ之ヨリモ稍々廣キ意味ノ定義ニシテ全ク自然ニ占有ヲモ包含スルモノヲ擇フヲ要セシナルヘシ

次キニ質債權者ノ占有承繼ニ連續シテ更ニ一ノ法律上ノ說明ヲ生スルナリ此說明ハコレニ連關シテ大ニ必要ニシテ從來ハ質入者ト質債權者トノ關係ハ其一方ツヽニ就テ之ヲ解釋シ來リシナレトモ玆ニハ此關係ヲ一體トシテ說明セント欲スルナリ卽チ吾人カ玆ニ特ニ謂フトコロノ說明ナルモノハ如何ナルモノナリヤト言フニ一般ニ於テ質入ヲナスノ權限ナルモノハ唯タ所有權者ノミナリ(從フテ又其被委任者)ト云ヒ又(殊ニ引渡證劵ノ質裏書尙又質入證劵ノ第一裏書ニ就テ)質入者ハ實際ノ所有權者ナルカ又ハ少クトモ併シ(證劵發行者及第三者ニ對シテハ)

推定所有權者ナリトノ事由ヲ基礎トスルモノナリ卽チ是等ノ事ニ對シテ之ヲ觀ルニ承繼占有者ナル質債權者ト所有權者ナル質入者トノ間ノ關係ハ元來如何ニ解釋スヘキヤトノ疑問ハ蓋シ明ニ起ルヲ以テナリ

此疑問ヲ最明瞭ニ決答スルハ先ツ本來ノ且ツ最モ普通ノ承繼事件ニ準據シテ卽チ所有權讓渡ヲ目的トスル引渡ニ際シテ引渡者ト受取者トノ關係ハ如何ナルモノナルヤヨリ攷究スルヲ可トス之ニ關シテ「クラムタッツ」氏曰ク「余ノ意見ニテハ所有權取得ノ一方法タル引渡行爲ノ性質ニ適セシムルニハ此行爲ヲ二個ノ全ク獨立スル部分ニ分解スルヲ要ス卽チ所有讓渡ノ意志存在ノ時ニ際シテ所有讓受ノ言明ト占有取得トス」ト又更ニ曰ク「引渡主義カ就中遂行スルノ目的ハ所有權ノ內容卽チ權利ト勢力（卽チ所有權其者ト占有）トヲ法定ノ處分方法ニヨリテ同一ノ人ニ掌握セシメ且ツ之ニ依リテ權利ト勢力トノ分離ヲ避ケントスルニアリ」ト

サテ茲ニ避クルヲ要スト云ヒシ分離モ所謂傳承的占有ノ設定セラル、場合特ニ質入ノ場合ニ於テハ有意ノ分離ナリ從來所有者ト占有者トヲ兼ネタリシ質入者ハ今ヤ所有ヲ保留スルモ占有ハ之ヲ離別ス又ハ之ヲ換言セハ所有及ヒ占有ハ質

入以前ニ於テハ唯タ一人(所有者)ニノミ屬セシモ質入後ハ二個ノ相異ナル人(所有者及ヒ質債權者)ニ屬スルナリ

羅馬法及ヒ普通法ニ據ルニ質入ニ就テノ狀態ハ上ノ如シ茲ニ又再ヒ普通法カ特ニ質債權者ノ占有ヲ確認スル以上ハ一枚證券ノ質裏書ニ就テモ亦質入證券第一裏書ニ就テモ其有樣ハ上ニ述ヘタルカ如シ而シテ從來統一ナリシ倉庫證券(同時ニ所有證券及ヒ占有證券ナリ)ハ今ヤ質入證券ノ第一裏書ニヨリテ二葉ノ單獨證券即チ預證券(本來ノ所有證券)及ヒ質入證券(本來ノ占有證券)ニ分割セラル、ナリ。曩ニ一層完全ナル見地ヲ求メンコトヲ望ミシカ即チ法律歷史的見解ノ意義ニ從ヘルモノハ是ニヨリテ之ヲ得タルナリ學則的見解ニヨレハ預證券ニ就テノ(推定的)所有權ト質入證券ニ就テノ對物債務(從テ又對物債務的關係)ト相對立スルニ至ルモ法律歷史的見解ニ依レハ預證券ニ就テノ(推定的)所有權ト質入證券ニ就テノ占有ト相對スルナリ又對物債務ハ本來ハ所有權ニ掌握セラレシ物體ヲ全然無關係ニ全然隨意ニ「新タニ掌握」スルナレトモ法律歷史的見解ニ依レハ預證券ト質入證券ノ連結ハ實ニ善ク之ヲ見ルヲ得ルナリ其故ハ彼ノ占有證券ヲモ含有スト稱スル本來ノ所有證券卽チ預證券ヨリ如何ニシテ彼ノ占有證券ハ分岐セシヤ卽チ今ヤ分離シテ有効トナリテ特別ノ質入證券ナル形態ニ於テ現ハレシヤノ事實ヲ最モ明細ニ現示スルモノナレハナリ

結論

大陸ニ於ケル二枚證券制度ニ特有ノ二種證券相互間ノ關係ハ第三編ニ於テ之ヲ說明セリ卽チ此關係トハ結局預證券ヨリ質入證券ヲ分離スルノ瞬間ニ於テ占有ハ所有ヨリ分割サル丶ナリト謂フニ過キス而シテ其由テ來ル所ハ第二編ニ於ケル論說ノ根據トナセシ見解ニ在リテ此關係ハ卽チ此見解ヨリ生セシ最終ノ結論ナリ偖テ又此第二編ニ於テ基礎トセシ見解トハ大陸ノ二枚證券制度ニ於テハ引渡證券法上ノ要素ヲハ主タル且ツ重要ナルモノト看做シ之ニ反シテ手形法上ノ要素ハ稍ヤ輕キ且ツ通シテ從タルモノト看做セシニ在ルナリ

然レトモ之ニ反シテ手形法上ノ要素ヲ主タルモノト看做サハ如何ナル結果ニ至ルヤ又此見地ヨリ觀察セハ彼ノ二個ノ證券間ニ於テ如何ナル關係ヲ生スヘキヤ之ヲ解釋スルニ唯タ一事ノ之ヲ能クスルモノアリ卽チ此場合ニ於テハ手形法上ノ要素ヲ一々其法律上ノ特性ニ從フテ穿鑿スルニ非スシテ却ツテ其經濟上ノ全體ノ結果ニ於テ綜合シテ觀察スルナリ要スルニ質入證券ヲ手形類似ノ證券トシ

テ即チ(質物ヲ以テ保證セラレタル)債權ナルカ故ニ一定ノ金額、一定ノ貨幣價額ヲ表示スル有價證券トシテ看做スナリサテ此質入證券ニ對シ預證券ヲシテ連絡ヲ保タシムルタメニハ又此預證券ヲ以テ單ニ貨物所有ニ就テノ證券ナリト看做サスシテ多少確定シ得ヘキ價額ヲ有スル貨物ニ就テノ所有ヲ表ハス證券ナリト看做スヲ要スルナルヘシ結局質入證券ヲ分離スルトハ何時ニテモ現實ニナシ得ル價額(數字ヲ以テ示シ得ル貨幣價額)ヲハ先ツ寧ロ之レ有リト認ムヘキ貨物價額(貨物其物ニ含有サレタル價額)ヨリ分割スルヲ云フナリト看做スヘシ

既ニ此ノ如キ見解ヲ基礎トナストキハ法律ノ關係ハ之ヲ見ル能ハスシテ經濟上ノ關係ヲ見ルニ至ラサルヘカラス而シテ明ニ此經濟上ノ關係ハ手形法上ノ要素ニ重キヲ置クニ適シ恰モ之ニ反シテ引渡證券法上ノ要素ニ重キヲ置クトキハ唯タ法律上ノ關係ニ歸着スルカ如シ又明ニ此ノ如キ二樣ノ見解即チ二樣ノ關係アリテ爰ニ始メテ大陸ニ於ケル二枚證券制度ノ特性即チ形式的法律上ノ作用及ヒ實質的經濟上ノ作用ナル此特性ヲ充分ニ研究スルヲ得ルナリ

是故ニ爰ニ結論シタル唯タ彼ノ一方ノ見地タル引渡證券法ヲ重視シテ法律上ノ

關係ニ集中シ來リタル論述ヲハ今ヤ終リニ臨ンテ他ノ學論卽チ手形法ヲ前面ニ進マシメ以テ能ク經濟上ノ關係ニ適合セシムル所ノモノヲ以テ之ヲ補フコトハ大ニ是ナルカ如シ

然レトモ終リニ述ヘタル學論ハ其自然ノ性質トシテ上ニ結論シタル研究トハ全ク關係ナキ且ツ純然タル經濟上ノ前提ヲ根據トスルモノナルカ故ニ從ッテ此學論ニ就テ研究スルコトハ特別ノ研究トシテ純然タル經濟學上ノ考察範圍內ニ行動スルモノナリ一言ヲ以テ云ヘハ經濟學上ノ研究ニ委任スルヲ以テ適當トナスナリ

此ノ如キ經濟學上ノ研究ハ先ッ第一ニ如何ニシテ經濟上ノ見解カ大陸ニ於ケル二枚證劵制度ノ歷史的成立及ヒ擴張ヲ來タセシカヲ說明スルヲ要スルナルヘシ卽チ一千八百五十八年ノ佛國倉庫法ノ成立(一千八百四十八年ノ尙一枚證劵制度ヲ保守セシ佛國倉庫法ニ續ヒテ)及ヒ之レニ連續セシ他ノ諸國ノ特別法律ノ成立殊ニ一千八百八十九年ノ澳國倉庫法ノ成立ヲ來タセシカヲ說明スルヲ要スルナルヘシ故ニ先ツ第一ニ二枚證劵制度ノ沿革ヲ經濟上ノ觀察ヲ以テ明ニスルヲ要

ス

第二ニハ純然タル經濟上ノ見解カ法律組成上ニ於テ卽チ法律上ニ於テ如何程迄採用セラレシカヲ證明スルヲ要ス若シ法律ニ於テ入庫貨物ノ評價ヲナスノ義務アリト規定セハ此場合ニ於テハ特ニ經濟上ノ見解カ法律ニ採用セラレシ事ヲ疑ヒモナク確認スルヲ得ルナラン然ルニ此ノ如キ規定ハ唯タ彼ノ大陸ニ於ケル二枚證劵制度ヲ採用スル直ク前ニ於テ發布セラレシ一千八百四十八年ノ佛國倉庫法ニ於テノミ之ヲ觀ルヲ得ヘシ之ニ反シテ本來大陸ノ二枚證劵制度ヲ規定スル諸法律ニ就テ之ヲ觀ルニ是等諸法律ニ於テ經濟上ノ見解ヲ引用シ唱道スル所ハ彼ノ佛國法律ニ比シテ實ニ輕微ナルニ過キスト雖モ然モ之ヲ深ク考フル片ハ其經濟上ノ見解ヲ唱道シツヽアルコハ疑フヲ得サル所ナリ何トナレハ經濟上ノ見解ニ依賴スルニアラサレハ彼ノ入庫貨物ノ評價ニ關シテ規定スル所ノ多數ノ法律規定ハ之ヲ統一的ニ理解スル能ハサレハナリ而シテ是等ノ規定カ入庫貨物ヲ評價スルヲ以テ縱令ヒ必要避クヘカラサルノ事務トハ規定セサレトモ尙之ヲ以テ多少一般ノ事務トナシ且ツ之ヲ多少一般ニ治キ仕方ニヨリテ行ヒ特ニ一定ノ

法式ニ從ヒ證券ニ記載スルニヨリテ之ヲ輕便ニ行ヘリ尚又貨物ノ價格(殊ニ保險價格)ヲ示スナル保險金額ハ法律ニ於テ豫定セラレタル評價ノ代リニ若クハ之ト共ニ發表セラルヽモノニシテ此保險金額ニ關スル規定ヲ理解セントセハ亦彼ノ經濟上ノ見解ニ依賴セサルヘカラス而シテ是等ノ問題ニ伴フテ更ニ一ノ研究ヲ要スルモノアリ卽チ倉庫カ自ラ貸付ヲナスニ就テノ疑問コレナリ此疑問ハ屢々研究セラレ且ツ討議セラレシモノニシテ一千八百八十九年澳國倉庫法ノ議會ニ於テ討議セラレシニ當リテモ此疑問ヲ以テ倉庫證券全體ニ關スル問題ノ要點ト認メラレ此疑問ヲ決スル爲メニハ甚タ洪瀚ノ材料ヲ議會ニ提出セラレシ程ニシテ更ニ此疑問ハ彼ノ經濟上ノ見解ト如何程迄關係密着スルヤヲ研究スルヲ要スソレ倉庫自ラカ貸付ヲナスヲ是ナリトセハ結局倉庫ハ直接ニ質入證券債務ノ責任者トナリ間接ニハ借入金額ノ保證者タルノミナラス亦此借入金額ノ標準ナル貨物價格ノ保證者トナルニ至ルニアラサルカ又個々ノ國ニ於ケル倉庫法中ノ或ル特別規定ニシテ經濟上ノ見解ニ依レルモノモアルヘシ就中白耳義及以太利ニ於ケル法律規定ノ如キ然リトス是等法律ニ據レハ質入證券ニ於テ質金額ノ高

ノ記載無キトキハ此證券ノ所持者ニ對シテ貨物ノ全價格其責ニ任ス卽チ茲ニハ經濟上ノ見解ナル貨物價格ヲ重視スルコト特ニ顯著ニ言明セラレタルヲ知ルヘシ

第三ニ攷究セントス欲スル點ハ彼ノ經濟上ノ見解ヲ法律上ニ採用セシ爲メニコレニ因リテ若クハ法律上ノ規定以上ニ於テ此見解ヲ有効ナラシムル特種ノ實際業務ハ如何程迄發達セシヤニアリ故ニ本來ノ貨物價格ト此價格ヲ標準トシテ質入證券ニ表記セシ金額トノ間ニ自然ノ平準ヲ得セシメン爲メニ取引上行ハル丶原則ハ如何ト攷究スルヲ要ス之ヲ例ヘハ貨物價格ノ下落セシニ際シテ貨物追徵ニ關スル規定、貨物ヲ內出スル爲メ質金額變更ニ關スル又貨物價格ト質金額トノ間ニ差額生セシ爲メ預證券ヲ質物トシテ供託シ以テ此ノ差額ニ對スル質入ヲナス等其他ニ關スル規定ハ皆之ヲ攷究スルヲ要スルナリ殊ニ銀行實務上ノ取扱慣例ニシテ質入證券ヲ受入レ殊ニ之ヲ割引スルニ關スルモノ又質入證券ノ割引ヲ以テ手形割引ニ並立スル業務トナサントスル慣例ノ如キ然リトス次ニ取引所ニ於ケル實務モ亦之ヲ注意セサル可カラス卽チ「ワラント」賣買ヲシテ物品定期取引ノ確定セシ機關ニ適應セシムルニハ如何ニシテ可ナルカ「ワラント」賣買ハ取引所カ要求スル所ニ如何程迄適應スルカヲ攷究セサルヘカラス之ヲ要スルニ「ワラント」卽チ質入證券ニ關スル業務ノ實際ノ歸着スル所ハ銀行ニ於ケル「質入證券」ノ割引ト取引所ニ於ケル其取引ナリトス

此二點ニ連關シテ第四ニ且ツ最終ニ吾人ノ研究ヲ要スルモノアリサテ質入證券ノ銀行以外ニ於テ及ヒ取引所以外ニ於テ取引セラル丶ヲ論スルニ當リテモ既ニ此取引ノ發達ヲ妨害スル難事少カラサルヲ目擊シタリサレハ「ワラント」制度ト銀行及ヒ取引所制度トノ關係ヲ緻密ニ攷究スルニ從フテ益々精微ノ注意ヲ以テ彼ノ難事ヲ邀ヘサルヘカラス殊ニ「ワラント」(質入證券)ヲシテ總テ行動ノ地ナカラシメントスル多數ノ且ツ甚タ有力ナル代用物アリテ可成的「質入證券」ヲ補充セントスルアルヲ注意セサルヘカラス取引所ニ就テ之ヲ觀レハ仕切書(Schluss-note 日商三百八條第一項參考 filière, effets gagés)等ニ依レル諸種ノ方法アリ又銀行ニ就テ之ヲ觀ルニ倉庫證券ヲ發行セスシテ銀行自ラ貨物ヲ預リ置ク物品擔保貸付ノ業アリ此場合ニ物品價格下落セシ時ハ或ハ物品ヲ追徵スルコトアリ或ハ貸付金額ヲ減スルコトアリ其他諸種ノ業務アリ茲ニ枚擧スヘカラス是等ハ皆攷究ヲ要スルモノナリ而シテ銀行ニセヨ取引所ニセヨ何レカノ方法ニ依リテ以テ倉庫證券ノ發行若クハ少クトモ質入證券ヲ特種ノ有價證券トシテ獨立セシムルコトヲ避ケントスルノ傾キアルハ銀行及ヒ取引所取引ノ一齊ニ有スル所ナルカ如シ

卽チ終ニ於テ述ヘタル所ニ依リテ倉庫證券殊ニ「ワラント」ノ使用ヲ制限スル實務慣例ノ一斑ヲ窺知スヘシ是レ卽チ倉庫證券及ヒ「ワラント」ニ關スル經濟上ノ批評ニシテ而カモ實務慣例ノ全體ヨリ觀察セシモノナリ而シテ上ニ述ヘタル如キ補充行爲ニ依リテ實行スヘキ意見ハ全ク此批評中ニ述ヘラル丶ナリ尙又此批評ヲ下スニハ多數ノ準備ヲ要スヘシ其準備ハ屈指ノ著述ニ於テ殊ニ多數ノ專門團體ニ於テ既ニ研究セシ所ニシテ其幾部ハ大陸ニ於ケル二枚證券制度一般ノ結果ニ就テ又殊ニ一千八百八十九年澳國倉庫法ノ結果ニ就テ悲觀的判斷トナリテ顯ハレタリ是レ亦多數ノ國ニ對シテハ正當ノ判斷ナリシナリ而シテ此等準備行爲ハ彼ノ不結果ノ原因ニ就テ綜合セラレ且ツ統一的ニ表明セラル丶ヲ要スルヲ以テ從フテ上述ノ如キ批評ハ益々之ヲ歡迎スルニ至ルヘシ

上ニ述ヘタル如キ綜合的批評カ其基礎トナシツヽアル原論ハ上ニ結末セシ攷究ニ依リテ既ニ十分明瞭トナリシモノニシテ今玆ニ簡單ニ此説ヲ組織セントス抑モ大陸ニ於ケル二枚證券制度殊ニ一千八百八十九年ノ澳國倉庫法ノ實用上ノ効力、實際ノ結果ヲ妨害セサルヘカラサル主因ハ何ナルヤト云フニ大陸ニ於ケル二枚證券制度ノ主義ニ從フテ發行セシ倉庫證券ヲ經濟上行動セシムルコト卽チ之ヲ經濟上使用スルコトヲ妨害スル所ノ障害中ニノミ彼ノ主因ハ存在スルニアラスシテ大陸ノ制度ニ於テ倉庫證券ノ經濟上ノ作用ハ或ル點ニ於テハ其法律上ノ作用ト分離スルヲ得トノ事實中ニ於テモ亦既ニ之レアルナリ之ヲ他ノ種類ノ有價證券―又一枚證券制度及ヒ英國ニ於ケル二枚證券制度ノ倉庫證券ニ就テ觀ルニ其法律上ニ有スル特性ハ同時ニ經濟上ノ特性ヲ參考スルコトナクシテハ之ヲ說明スルヲ得ス又其經濟上ノ特性ヲ明ニセントセハ同シク法律上ノ特性ヲ知ラサルヘカラサルナリ之ニ反シテ大陸ニ於ケル二枚證券制度ノ倉庫證券ニ於テ之カ法律上ノ特性ヲ知ラント欲セハ其引渡證券タル性質ヲ主トシテ論シ又其經濟上ノ特性ヲ求メハ之レカ手形タル性質ニ重キヲ置ケハ可ナルカ故ニ其法律上ノ特性ト經濟上ノ特性トハ啻ニ個々別々ニ觀察スルヲ得ルノミナラス却ツテ此ノ如キ二途ニ之ヲ研究スルノ止ムヲ得サルヲ見ルナリ是故ニ又此制度ノ證券ニ於テハ一定ノ經濟上ノ主義カ其内容的必要上確然タル法文トナリテ顯ハレ居ルモノヲ觀ス是レ他種ノ總テノ有價證券ト異ナル所トス而シテ此制度ニ於ケル法文ハ必スシモ經濟上ノ主義ヲ顧ミサルニアラサレトモ之レト論理上ノ連絡ヲ有スルニアラスシテ法文ハ唯タ任意ニ經濟上ノ主義ヲ陳述スルニ過キス從フテ諸種ノ他ノ補充方法ヲ以テ此法文ニ規定スル所ヲ避ケントスルニハ非常ニ餘地アルナリ

然ラハ結局彼ノ内容的必要ト云ヒ又ハ任意ノ陳述ト云フハ如何ナルコトナルヤ之ヲ簡單ニ云ヘハ他ノ總テノ有價證券ハ自然ノ進化順序ノ結果トシテ生セシナレトモ大陸ニ於ケル二枚證券制度ノ倉庫證券ハ―而カモ英國ニ於ケルモノハ彼レニ屬ス唯タ大陸ニ於ケルモノノミヲ云フハ緒論ニ云ヒシカ如シ―習慣法ヲ待タスシテ之ニ先ンシタル考按卽チ立法上ノ反映ノ結果ナリト謂フヘシ而シテ此基礎的事實ヲ詳細ニ説明スルコトハ上ニ示セシ經濟上ノ研究ニ依ルヲ要ス殊ニ

諸國ニ於ケル倉庫法ノ沿革ヲ論スヘキ第一ノ研究點ハ恰モ之ニ適當ス何トナレハ是等ノ法律ニ含有セラルヽモノハ卽チ反映相當ノ結果タルニ過キス—彼ノ第一ノ點ニ關シテ論スヘキコトナリ—畢竟法律ノ制定ニ際シ經濟上ノ見解、經濟上ノ主義知覺ハ總テ法律上ノモノト分離スルモノナリ徹頭徹尾獨立スルモノナリトシテ任意行動セシヲ以テナリ

倉庫證券論 終

明治三十八年八月二十日印刷
明治三十八年八月廿五日發行

倉庫證券論

定價金八拾錢

譯者　住友倉庫本店
大阪市北區中之島五丁目
代表者　草鹿丁卯次郎

發行者　合資會社吉川弘文館
東京市京橋區南傳馬町一丁目十二番地
代表者　吉川半七

印刷者　本間季男
東京市京橋區新榮町五丁目三番地

發行所　東京市京橋區南傳馬町　合資會社吉川弘文館

倉庫證券論　　日本立法資料全集　別巻 1194

平成30年6月20日　　復刻版第1刷発行

著　者　フォン・コスタネッキー
訳　者　住友倉庫本店
飜譯代表者　草鹿丁卯次郎

発行者　今井　貴
　　　　渡辺左近

発行所　信山社出版
〒113-0033　東京都文京区本郷6-2-9-102
モンテベルデ第2東大正門前
電　話　03（3818）1019
FAX　03（3818）0344
郵便振替　00140-2-367777（信山社販売）

Printed in Japan.

制作／(株)信山社，印刷・製本／松澤印刷・日進堂

ISBN 978-4-7972-7309-0 C3332

別巻　巻数順一覧【950～981巻】

巻数	書　名	編・著者	ISBN	本体価格
950	実地応用町村制質疑録	野田藤吉郎、國吉拓郎	ISBN978-4-7972-6656-6	22,000円
951	市町村議員必携	川瀬周次、田中迪三	ISBN978-4-7972-6657-3	40,000円
952	増補 町村制執務備考 全	増澤鐵、飯島篤雄	ISBN978-4-7972-6658-0	46,000円
953	郡区町村編制法 府県会規則 地方税規則 三法綱論	小笠原美治	ISBN978-4-7972-6659-7	28,000円
954	郡区町村編制 府県会規則 地方税規則 新法例纂 追加地方諸要則	柳澤武運三	ISBN978-4-7972-6660-3	21,000円
955	地方革新講話	西内天行	ISBN978-4-7972-6921-5	40,000円
956	市町村名辞典	杉野耕三郎	ISBN978-4-7972-6922-2	38,000円
957	市町村吏員提要〔第三版〕	田邊好一	ISBN978-4-7972-6923-9	60,000円
958	帝国市町村便覧	大西林五郎	ISBN978-4-7972-6924-6	57,000円
959	最近検定 市町村名鑑 附 官国幣社 及 諸学校所在地一覧	藤澤衛彦、伊東順彦、増田穆、関惣右衛門	ISBN978-4-7972-6925-3	64,000円
960	鼇頭対照 市町村制解釈 附 理由書 及 参考諸布達	伊藤寿	ISBN978-4-7972-6926-0	40,000円
961	市町村制釈義 完　附 市町村制理由	水越成章	ISBN978-4-7972-6927-7	36,000円
962	府県郡市町村 模範治績　附 耕地整理法 産業組合法 附属法令	荻野千之助	ISBN978-4-7972-6928-4	74,000円
963	市町村大字読方名彙〔大正十四年度版〕	小川琢治	ISBN978-4-7972-6929-1	60,000円
964	町村会議員選挙要覧	津田東璋	ISBN978-4-7972-6930-7	34,000円
965	市制町村制 及 府県制　附 普通選挙法	法律研究会	ISBN978-4-7972-6931-4	30,000円
966	市制町村制註釈 完　附 市制町村制理由〔明治21年初版〕	角田真平、山田正賢	ISBN978-4-7972-6932-1	46,000円
967	市町村制詳解 全　附 市町村制理由	元田肇、加藤政之助、日鼻豊作	ISBN978-4-7972-6933-8	47,000円
968	区町村会議要覧 全	阪田辨之助	ISBN978-4-7972-6934-5	28,000円
969	実用 町村制市制事務提要	河邨貞山、島村文耕	ISBN978-4-7972-6935-2	46,000円
970	新旧対照 市制町村制正文〔第三版〕	自治館編輯局	ISBN978-4-7972-6936-9	28,000円
971	細密調査 市町村便覧(三府 四十三県 北海道 樺太 台湾 朝鮮 関東州)　附 分類官公衙公私学校銀行所在地一覧表	白山榮一郎、森田公美	ISBN978-4-7972-6937-6	88,000円
972	正文 市制町村制 並 附属法規	法曹閣	ISBN978-4-7972-6938-3	21,000円
973	台湾朝鮮関東州 全国市町村便覧 各学校所在地〔第一分冊〕	長谷川好太郎	ISBN978-4-7972-6939-0	58,000円
974	台湾朝鮮関東州 全国市町村便覧 各学校所在地〔第二分冊〕	長谷川好太郎	ISBN978-4-7972-6940-6	58,000円
975	合巻 佛蘭西邑法・和蘭邑法・皇国郡区町村編成法	箕作麟祥、大井憲太郎、神田孝平	ISBN978-4-7972-6941-3	28,000円
976	自治之模範	江木翼	ISBN978-4-7972-6942-0	60,000円
977	地方制度実例総覧〔明治36年初版〕	金田謙	ISBN978-4-7972-6943-7	48,000円
978	市町村民 自治読本	武藤榮治郎	ISBN978-4-7972-6944-4	22,000円
979	町村制詳解　附 市制及町村制理由	相澤富蔵	ISBN978-4-7972-6945-1	28,000円
980	改正 市町村制 並 附属法規	楠綾雄	ISBN978-4-7972-6946-8	28,000円
981	改正 市制 及 町村制〔訂正10版〕	山野金蔵	ISBN978-4-7972-6947-5	28,000円

別巻　巻数順一覧【915～949巻】

巻数	書名	編・著者	ISBN	本体価格
915	改正 新旧対照市町村一覧	鍾美堂	ISBN978-4-7972-6621-4	78,000 円
916	東京市会先例彙輯	後藤新平、桐島像一、八田五三	ISBN978-4-7972-6622-1	65,000 円
917	改正 地方制度解説〔第六版〕	狭間茂	ISBN978-4-7972-6623-8	67,000 円
918	改正 地方制度通義	荒川五郎	ISBN978-4-7972-6624-5	75,000 円
919	町村制市制全書 完	中嶋廣蔵	ISBN978-4-7972-6625-2	80,000 円
920	自治新制 市町村会法要談 全	田中重策	ISBN978-4-7972-6626-9	22,000 円
921	郡市町村吏員 収税実務要書	荻野千之助	ISBN978-4-7972-6627-6	21,000 円
922	町村至宝	桂虎次郎	ISBN978-4-7972-6628-3	36,000 円
923	地方制度通 全	上山満之進	ISBN978-4-7972-6629-0	60,000 円
924	帝国議会府県会郡会市町村会議員必携 附関係法規 第1分冊	太田峯三郎、林田亀太郎、小原新三	ISBN978-4-7972-6630-6	46,000 円
925	帝国議会府県会郡会市町村会議員必携 附関係法規 第2分冊	太田峯三郎、林田亀太郎、小原新三	ISBN978-4-7972-6631-3	62,000 円
926	市町村是	野田千太郎	ISBN978-4-7972-6632-0	21,000 円
927	市町村執務要覧 全 第1分冊	大成館編輯局	ISBN978-4-7972-6633-7	60,000 円
928	市町村執務要覧 全 第2分冊	大成館編輯局	ISBN978-4-7972-6634-4	58,000 円
929	府県会規則大全　附 裁定録	朝倉達三、若林友之	ISBN978-4-7972-6635-1	28,000 円
930	地方自治の手引	前田宇治郎	ISBN978-4-7972-6636-8	28,000 円
931	改正 市制町村制と衆議院議員選挙法	服部喜太郎	ISBN978-4-7972-6637-5	28,000 円
932	市町村国税事務取扱手続	広島財務研究会	ISBN978-4-7972-6638-2	34,000 円
933	地方自治制要義 全	末松偕一郎	ISBN978-4-7972-6639-9	57,000 円
934	市町村特別税之栞	三邊長治、水谷平吉	ISBN978-4-7972-6640-5	24,000 円
935	英国地方制度 及 税法	良保両氏、水野遵	ISBN978-4-7972-6641-2	34,000 円
936	英国地方制度 及 税法	髙橋達	ISBN978-4-7972-6642-9	20,000 円
937	日本法典全書 第一編 府県制郡制註釈	上條慎蔵、坪谷善四郎	ISBN978-4-7972-6643-6	58,000 円
938	判例挿入 自治法規全集 全	池田繁太郎	ISBN978-4-7972-6644-3	82,000 円
939	比較研究 自治之精髄	水野錬太郎	ISBN978-4-7972-6645-0	22,000 円
940	傍訓註釈 市制町村制 並ニ 理由書〔第三版〕	筒井時治	ISBN978-4-7972-6646-7	46,000 円
941	以呂波引町村便覧	田山宗堯	ISBN978-4-7972-6647-4	37,000 円
942	町村制執務要録 全	鷹巣清二郎	ISBN978-4-7972-6648-1	46,000 円
943	地方自治 及 振興策	床次竹二郎	ISBN978-4-7972-6649-8	30,000 円
944	地方自治講話	田中四郎左衛門	ISBN978-4-7972-6650-4	36,000 円
945	地方施設改良 訓諭演説集〔第六版〕	鹽川玉江	ISBN978-4-7972-6651-1	40,000 円
946	帝国地方自治団体発達史〔第三版〕	佐藤亀齢	ISBN978-4-7972-6652-8	48,000 円
947	農村自治	小橋一太	ISBN978-4-7972-6653-5	34,000 円
948	国税 地方税 市町村税 滞納処分法問答	竹尾高堅	ISBN978-4-7972-6654-2	28,000 円
949	市町村役場実用 完	福井淳	ISBN978-4-7972-6655-9	40,000 円

別巻　巻数順一覧【878 ～ 914 巻】

巻数	書　名	編・著者	ISBN	本体価格
878	明治史第六編 政黨史	博文館編輯局	ISBN978-4-7972-7180-5	42,000 円
879	日本政黨發達史 全〔第一分冊〕	上野熊藏	ISBN978-4-7972-7181-2	50,000 円
880	日本政黨發達史 全〔第二分冊〕	上野熊藏	ISBN978-4-7972-7182-9	50,000 円
881	政党論	梶原保人	ISBN978-4-7972-7184-3	30,000 円
882	獨逸新民法商法正文	古川五郎、山口弘一	ISBN978-4-7972-7185-0	90,000 円
883	日本民法鼇頭對比獨逸民法	荒波正隆	ISBN978-4-7972-7186-7	40,000 円
884	泰西立憲國政治攬要	荒井泰治	ISBN978-4-7972-7187-4	30,000 円
885	改正衆議院議員選擧法釋義 全	福岡伯、横田左仲	ISBN978-4-7972-7188-1	42,000 円
886	改正衆議院議員選擧法釋義 附 改正貴族院令,治安維持法	犀川長作、犀川久平	ISBN978-4-7972-7189-8	33,000 円
887	公民必携 選擧法規ト判決例	大浦兼武、平沼騏一郎、木下友三郎、清水澄、三浦數平	ISBN978-4-7972-7190-4	96,000 円
888	衆議院議員選擧法輯覽	司法省刑事局	ISBN978-4-7972-7191-1	53,000 円
889	行政司法選擧判例總覽―行政救濟と其手續―	澤田竹治郎・川崎秀男	ISBN978-4-7972-7192-8	72,000 円
890	日本親族相續法義解 全	髙橋捨六・堀田馬三	ISBN978-4-7972-7193-5	45,000 円
891	普通選擧文書集成	山中秀男・岩本溫良	ISBN978-4-7972-7194-2	85,000 円
892	普選の勝者 代議士月旦	大石末吉	ISBN978-4-7972-7195-9	60,000 円
893	刑法註釋 卷一～卷四(上卷)	村田保	ISBN978-4-7972-7196-6	58,000 円
894	刑法註釋 卷五～卷八(下卷)	村田保	ISBN978-4-7972-7197-3	50,000 円
895	治罪法註釋 卷一～卷四(上卷)	村田保	ISBN978-4-7972-7198-0	50,000 円
896	治罪法註釋 卷五～卷八(下卷)	村田保	ISBN978-4-7972-7198-0	50,000 円
897	議會選擧法	カール・ブラウニアス、國政研究科會	ISBN978-4-7972-7201-7	42,000 円
901	鼇頭註釈 町村制　附 理由 全	八乙女盛次、片野続	ISBN978-4-7972-6607-8	28,000 円
902	改正 市制町村制　附 改正要義	田山宗堯	ISBN978-4-7972-6608-5	28,000 円
903	增補訂正 町村制詳解〔第十五版〕	長峰安三郎、三浦通太、野田千太郎	ISBN978-4-7972-6609-2	52,000 円
904	市制町村制 並 理由書　附 直接間接税類別及実施手続	高崎修助	ISBN978-4-7972-6610-8	20,000 円
905	町村制要義	河野正義	ISBN978-4-7972-6611-5	28,000 円
906	改正 市制町村制義解〔帝國地方行政学会〕	川村芳次	ISBN978-4-7972-6612-2	60,000 円
907	市制町村制 及 関係法令〔第三版〕	野田千太郎	ISBN978-4-7972-6613-9	35,000 円
908	市町村新旧対照一覧	中村芳松	ISBN978-4-7972-6614-6	38,000 円
909	改正 府県郡制問答講義	木内英雄	ISBN978-4-7972-6615-3	28,000 円
910	地方自治提要 全　附 諸届願書式 日用規則抄録	木村時義、吉武則久	ISBN978-4-7972-6616-0	56,000 円
911	訂正増補 市町村制問答詳解　附 理由及追輯	福井淳	ISBN978-4-7972-6617-7	70,000 円
912	改正 府県制郡制註釈〔第三版〕	福井淳	ISBN978-4-7972-6618-4	34,000 円
913	地方制度実例総覧〔第七版〕	自治館編輯局	ISBN978-4-7972-6619-1	78,000 円
914	英国地方政治論	ジョージ・チャールズ・ブロドリック、久米金彌	ISBN978-4-7972-6620-7	30,000 円

別巻　巻数順一覧【843～877巻】

巻数	書　名	編・著者	ISBN	本体価格
843	法律汎論	熊谷直太	ISBN978-4-7972-7141-6	40,000円
844	英國國會選擧訴願判決例 全	オマリー、ハードカッスル、サンタース	ISBN978-4-7972-7142-3	80,000円
845	衆議院議員選擧法改正理由書 完	内務省	ISBN978-4-7972-7143-0	40,000円
846	戇齋法律論文集	森作太郎	ISBN978-4-7972-7144-7	45,000円
847	雨山遺稾	渡邉輝之助	ISBN978-4-7972-7145-4	70,000円
848	法曹紙屑籠	鷺城逸史	ISBN978-4-7972-7146-1	54,000円
849	法例彙纂 民法之部 第一篇	史官	ISBN978-4-7972-7147-8	66,000円
850	法例彙纂 民法之部 第二篇〔第一分冊〕	史官	ISBN978-4-7972-7148-5	55,000円
851	法例彙纂 民法之部 第二篇〔第二分冊〕	史官	ISBN978-4-7972-7149-2	75,000円
852	法例彙纂 商法之部〔第一分冊〕	史官	ISBN978-4-7972-7150-8	70,000円
853	法例彙纂 商法之部〔第二分冊〕	史官	ISBN978-4-7972-7151-5	75,000円
854	法例彙纂 訴訟法之部〔第一分冊〕	史官	ISBN978-4-7972-7152-2	60,000円
855	法例彙纂 訴訟法之部〔第二分冊〕	史官	ISBN978-4-7972-7153-9	48,000円
856	法例彙纂 懲罰則之部	史官	ISBN978-4-7972-7154-6	58,000円
857	法例彙纂 第二版 民法之部〔第一分冊〕	史官	ISBN978-4-7972-7155-3	70,000円
858	法例彙纂 第二版 民法之部〔第二分冊〕	史官	ISBN978-4-7972-7156-0	70,000円
859	法例彙纂 第二版 商法之部・訴訟法之部〔第一分冊〕	太政官記録掛	ISBN978-4-7972-7157-7	72,000円
860	法例彙纂 第二版 商法之部・訴訟法之部〔第二分冊〕	太政官記録掛	ISBN978-4-7972-7158-4	40,000円
861	法令彙纂 第三版 民法之部〔第一分冊〕	太政官記録掛	ISBN978-4-7972-7159-1	54,000円
862	法令彙纂 第三版 民法之部〔第二分冊〕	太政官記録掛	ISBN978-4-7972-7160-7	54,000円
863	現行法律規則全書（上）	小笠原美治、井田鐘次郎	ISBN978-4-7972-7162-1	50,000円
864	現行法律規則全書（下）	小笠原美治、井田鐘次郎	ISBN978-4-7972-7163-8	53,000円
865	國民法制通論 上卷・下卷	仁保龜松	ISBN978-4-7972-7165-2	56,000円
866	刑法註釋	磯部四郎、小笠原美治	ISBN978-4-7972-7166-9	85,000円
867	治罪法註釋	磯部四郎、小笠原美治	ISBN978-4-7972-7167-6	70,000円
868	政法哲學 前編	ハーバート・スペンサー、濱野定四郎、渡邊治	ISBN978-4-7972-7168-3	45,000円
869	政法哲學 後編	ハーバート・スペンサー、濱野定四郎、渡邊治	ISBN978-4-7972-7169-0	45,000円
870	佛國商法復説 第壹篇自第壹卷至第七卷	リウヒエール、商法編纂局	ISBN978-4-7972-7171-3	75,000円
871	佛國商法復説 第壹篇第八卷	リウヒエール、商法編纂局	ISBN978-4-7972-7172-0	45,000円
872	佛國商法復説 自第二篇至第四篇	リウヒエール、商法編纂局	ISBN978-4-7972-7173-7	70,000円
873	佛國商法復説 書式之部	リウヒエール、商法編纂局	ISBN978-4-7972-7174-4	40,000円
874	代言試驗問題擬判録 全 附録明治法律學校民刑問題及答案	熊野敏三、宮城浩蔵 河野和三郎、岡義男	ISBN978-4-7972-7176-8	35,000円
875	各國官吏試驗法類集 上・下	内閣	ISBN978-4-7972-7177-5	54,000円
876	商業規篇	矢野亨	ISBN978-4-7972-7178-2	53,000円
877	民法実用法典 全	福田一覺	ISBN978-4-7972-7179-9	45,000円

別巻　巻数順一覧【810～842巻】

巻数	書　名	編・著者	ISBN	本体価格
810	訓點法國律例 民律 上卷	鄭永寧	ISBN978-4-7972-7105-8	50,000円
811	訓點法國律例 民律 中卷	鄭永寧	ISBN978-4-7972-7106-5	50,000円
812	訓點法國律例 民律 下卷	鄭永寧	ISBN978-4-7972-7107-2	60,000円
813	訓點法國律例 民律指掌	鄭永寧	ISBN978-4-7972-7108-9	58,000円
814	訓點法國律例 貿易定律・園林則律	鄭永寧	ISBN978-4-7972-7109-6	60,000円
815	民事訴訟法 完	本多康直	ISBN978-4-7972-7111-9	65,000円
816	物権法(第一部)完	西川一男	ISBN978-4-7972-7112-6	45,000円
817	物権法(第二部)完	馬場愿治	ISBN978-4-7972-7113-3	35,000円
818	商法五十課 全	アーサー・B・クラーク、本多孫四郎	ISBN978-4-7972-7115-7	38,000円
819	英米商法律原論 契約之部及流通劵之部	岡山兼吉、淺井勝	ISBN978-4-7972-7116-4	38,000円
820	英國組合法 完	サー・フレデリック・ポロック、榊原幾久若	ISBN978-4-7972-7117-1	30,000円
821	自治論 一名人民ノ自由 卷之上・卷之下	リーバー、林董	ISBN978-4-7972-7118-8	55,000円
822	自治論纂 全一册	獨逸學協會	ISBN978-4-7972-7119-5	50,000円
823	憲法彙纂	古屋宗作、鹿島秀麿	ISBN978-4-7972-7120-1	35,000円
824	國會汎論	ブルンチュリー、石津可輔、讃井逸三	ISBN978-4-7972-7121-8	30,000円
825	威氏法學通論	エスクバック、渡邊輝之助、神山亨太郎	ISBN978-4-7972-7122-5	35,000円
826	萬國憲法 全	高田早苗、坪谷善四郎	ISBN978-4-7972-7123-2	50,000円
827	綱目代議政體	J・S・ミル、上田充	ISBN978-4-7972-7124-9	40,000円
828	法學通論	山田喜之助	ISBN978-4-7972-7125-6	30,000円
829	法學通論 完	島田俊雄、溝上與三郎	ISBN978-4-7972-7126-3	35,000円
830	自由之權利 一名自由之理 全	J・S・ミル、高橋正次郎	ISBN978-4-7972-7127-0	38,000円
831	歐洲代議政體起原史 第一册・第二册／代議政體原論 完	ギゾー、漆間眞學、藤田四郎、アンドリー、山口松五郎	ISBN978-4-7972-7128-7	100,000円
832	代議政體 全	J・S・ミル、前橋孝義	ISBN978-4-7972-7129-4	55,000円
833	民約論	J・J・ルソー、田中弘義、服部徳	ISBN978-4-7972-7130-0	40,000円
834	歐米政黨沿革史總論	藤田四郎	ISBN978-4-7972-7131-7	30,000円
835	内外政黨事情・日本政黨事情 完	中村義三、大久保常吉	ISBN978-4-7972-7132-4	35,000円
836	議會及政黨論	菊池學而	ISBN978-4-7972-7133-1	35,000円
837	各國之政黨 全〔第1分冊〕	外務省政務局	ISBN978-4-7972-7134-8	70,000円
838	各國之政黨 全〔第2分冊〕	外務省政務局	ISBN978-4-7972-7135-5	60,000円
839	大日本政黨史 全	若林清、尾崎行雄、箕浦勝人、加藤恒忠	ISBN978-4-7972-7137-9	63,000円
840	民約論	ルソー、藤田浪人	ISBN978-4-7972-7138-6	30,000円
841	人權宣告辯妄・政治眞論一名主權辯妄	ベンサム、草野宣隆、藤田四郎	ISBN978-4-7972-7139-3	40,000円
842	法制講義 全	赤司鷹一郎	ISBN978-4-7972-7140-9	30,000円

別巻　巻数順一覧【776～809巻】

巻数	書　名	編・著者	ISBN	本体価格
776	改正 府県制郡制釈義〔第三版〕	坪谷善四郎	ISBN978-4-7972-6602-3	35,000円
777	新旧対照 市制町村制 及 理由〔第九版〕	荒川五郎	ISBN978-4-7972-6603-0	28,000円
778	改正 市町村制講義	法典研究会	ISBN978-4-7972-6604-7	38,000円
779	改正 市制町村制講義 附 施行諸規則 及 市町村事務摘要	樋山廣業	ISBN978-4-7972-6605-4	58,000円
780	改正 市制町村制義解	行政法研究会、藤田謙堂	ISBN978-4-7972-6606-1	60,000円
781	今時獨逸帝國要典 前篇	C・モレイン、今村有隣	ISBN978-4-7972-6425-8	45,000円
782	各國上院紀要	元老院	ISBN978-4-7972-6426-5	35,000円
783	泰西國法論	シモン・ヒッセリング、津田真一郎	ISBN978-4-7972-6427-2	40,000円
784	律例權衡便覽 自第一冊至第五冊	村田保	ISBN978-4-7972-6428-9	100,000円
785	檢察事務要件彙纂	平松照忠	ISBN978-4-7972-6429-6	45,000円
786	治罪法比鑑 完	福鎌芳隆	ISBN978-4-7972-6430-2	65,000円
787	治罪法註解	立野胤政	ISBN978-4-7972-6431-9	56,000円
788	佛國民法契約篇講義 全	玉乃世履、磯部四郎	ISBN978-4-7972-6432-6	40,000円
789	民法疏義 物權之部	鶴丈一郎、手塚太郎	ISBN978-4-7972-6433-3	90,000円
790	民法疏義 人權之部	鶴丈一郎	ISBN978-4-7972-6434-0	100,000円
791	民法疏義 取得篇	鶴丈一郎	ISBN978-4-7972-6435-7	80,000円
792	民法疏義 擔保篇	鶴丈一郎	ISBN978-4-7972-6436-4	90,000円
793	民法疏義 證據篇	鶴丈一郎	ISBN978-4-7972-6437-1	50,000円
794	法學通論	奥田義人	ISBN978-4-7972-6439-5	100,000円
795	法律ト宗教トノ關係	名尾玄乘	ISBN978-4-7972-6440-1	55,000円
796	英國國會政治	アルフユース・トッド、スペンサー・ヲルポール、林田龜太郎、岸清一	ISBN978-4-7972-6441-8	65,000円
797	比較國會論	齊藤隆夫	ISBN978-4-7972-6442-5	30,000円
798	改正衆議院議員選擧法論	島田俊雄	ISBN978-4-7972-6443-2	30,000円
799	改正衆議院議員選擧法釋義	林田龜太郎	ISBN978-4-7972-6444-9	50,000円
800	改正衆議院議員選擧法正解	武田貞之助、井上密	ISBN978-4-7972-6445-6	30,000円
801	佛國法律提要 全	箕作麟祥、大井憲太郎	ISBN978-4-7972-6446-3	100,000円
802	佛國政典	ドラクルチー、大井憲太郎、箕作麟祥	ISBN978-4-7972-6447-0	120,000円
803	社會行政法論 全	H・リョースレル、江木衷	ISBN978-4-7972-6448-7	100,000円
804	英國財産法講義	三宅恒徳	ISBN978-4-7972-6449-4	60,000円
805	國家論 全	ブルンチュリー、平田東助、平塚定二郎	ISBN978-4-7972-7100-3	50,000円
806	日本議會現法 完	增尾種時	ISBN978-4-7972-7101-0	45,000円
807	法學通論 一名法學初歩 全	P・ナミュール、河地金代、河村善益、薩埵正邦	ISBN978-4-7972-7102-7	53,000円
808	訓點法國律例 刑名定範 卷一卷二 完	鄭永寧	ISBN978-4-7972-7103-4	40,000円
809	訓點法國律例 刑律從卷 一至卷四 完	鄭永寧	ISBN978-4-7972-7104-1	30,000円

別巻　巻数順一覧【741 ～ 775 巻】

巻数	書　名	編・著者	ISBN	本体価格
741	改正 市町村制詳解	相馬昌三、菊池武夫	ISBN978-4-7972-6491-3	38,000 円
742	註釈の市制と町村制　附 普通選挙法	法律研究会	ISBN978-4-7972-6492-0	60,000 円
743	新旧対照 市制町村制 並 附属法規〔改訂二十七版〕	良書普及会	ISBN978-4-7972-6493-7	36,000 円
744	改訂増補 市制町村制実例総覧 第 1 分冊	田中廣太郎、良書普及会	ISBN978-4-7972-6494-4	60,000 円
745	改訂増補 市制町村制実例総覧 第 2 分冊	田中廣太郎、良書普及会	ISBN978-4-7972-6495-1	68,000 円
746	実例判例 市制町村制釈義〔昭和十年改正版〕	梶康郎	ISBN978-4-7972-6496-8	57,000 円
747	市制町村制義解　附 理由〔第五版〕	櫻井一久	ISBN978-4-7972-6497-5	47,000 円
748	実地応用町村制問答〔第二版〕	市町村雑誌社	ISBN978-4-7972-6498-2	46,000 円
749	傍訓註釈 日本市制町村制 及 理由書	柳澤武運三	ISBN978-4-7972-6575-0	28,000 円
750	鼇頭註釈 市町村制俗解　附 理由書〔増補第五版〕	清水亮三	ISBN978-4-7972-6576-7	28,000 円
751	市町村制質問録	片貝正晋	ISBN978-4-7972-6577-4	28,000 円
752	実用詳解町村制 全	夏目洗藏	ISBN978-4-7972-6578-1	28,000 円
753	新旧対照 改正 市制町村制新釈　附 施行細則及執務條規	佐藤貞雄	ISBN978-4-7972-6579-8	42,000 円
754	市制町村制講義	樋山廣業	ISBN978-4-7972-6580-4	46,000 円
755	改正 市制町村制講義〔第十版〕	秋野沆	ISBN978-4-7972-6581-1	42,000 円
756	註釈の市制と町村制 市制町村制施行令他関連法収録〔昭和4年4月版〕	法律研究会	ISBN978-4-7972-6582-8	58,000 円
757	実例判例 市制町村制釈義〔第四版〕	梶康郎	ISBN978-4-7972-6583-5	48,000 円
758	改正 市制町村制解説	狭間茂、土谷覺太郎	ISBN978-4-7972-6584-2	59,000 円
759	市町村制註解 完	若林市太郎	ISBN978-4-7972-6585-9	22,000 円
760	町村制実用 完	新田貞橘、鶴田嘉内	ISBN978-4-7972-6586-6	56,000 円
761	町村制精解 完　附 理由 及 問答録	中目孝太郎、磯谷郡爾、高田早苗、両角彦六、高木守三郎	ISBN978-4-7972-6587-3	35,000 円
762	改正 町村制詳解〔第十三版〕	長峰安三郎、三浦通太、野田千太郎	ISBN978-4-7972-6588-0	54,000 円
763	加除自在 参照条文　附 市制町村制　附 関係法規	矢島和三郎	ISBN978-4-7972-6589-7	60,000 円
764	改正版 市制町村制並ニ府県制及ビ重要関係法令	法制堂出版	ISBN978-4-7972-6590-3	39,000 円
765	改正版 註釈の市制と町村制 最近の改正を含む	法制堂出版	ISBN978-4-7972-6591-0	58,000 円
766	鼇頭註釈 市町村制俗解　附 理由書〔第二版〕	清水亮三	ISBN978-4-7972-6592-7	25,000 円
767	理由挿入 市町村制俗解〔第三版増補訂正〕	上村秀昇	ISBN978-4-7972-6593-4	28,000 円
768	府県制郡制註釈	田島彦四郎	ISBN978-4-7972-6594-1	40,000 円
769	市制町村制傍訓 完　附 市制町村制理由〔第四版〕	内山正如	ISBN978-4-7972-6595-8	18,000 円
770	市制町村制釈義	壁谷可六、上野太一郎	ISBN978-4-7972-6596-5	38,000 円
771	市制町村制詳解 全　附 理由書	杉谷庸	ISBN978-4-7972-6597-2	21,000 円
772	鼇頭傍訓 市制町村制註釈 及 理由書	山内正利	ISBN978-4-7972-6598-9	28,000 円
773	町村制要覧 全	浅井元、古谷省三郎	ISBN978-4-7972-6599-6	38,000 円
774	府県制郡制釈義 全〔第三版〕	栗本勇之助、森惣之祐	ISBN978-4-7972-6600-9	35,000 円
775	市制町村制釈義	坪谷善四郎	ISBN978-4-7972-6601-6	39,000 円